Timo Leuders
Qualität im Mathematikunterricht
der Sekundarstufe I und II

Dr. Timo Leuders lehrt und forscht als Professor für Mathematik und ihre Didaktik an der Pädagogischen Hochschule in Freiburg und ist Verfasser zahlreicher Praxishandbücher für Lehrerinnen und Lehrer. Er arbeitet in Projekten der Aufgaben- und Unterrichtsentwicklung, der Standardsetzung und -überprüfung und ist Mitherausgeber der Zeitschrift „Praxis der Mathematik in der Schule".

Timo Leuders

Qualität im Mathematikunterricht
in der Sekundarstufe I und II

Cornelsen
SCRIPTOR

Die in diesem Werk angegebenen Internetadressen haben wir überprüft (Redaktionsschluss September 2005). Dennoch können wir nicht ausschließen, dass unter einer solchen Adresse inzwischen ein ganz anderer Inhalt angeboten wird.

Cornelsen online http://www.cornelsen.de

Bibliografische Information
Die Deutsche Bibliothek verzeichnet diese Publikation in der Deutschen Nationalbibliografie; detaillierte bibliografische Daten sind im Internet über http://dnb.ddb.de abrufbar.

Dieses Werk berücksichtigt die Regeln der reformierten Rechtschreibung und Zeichensetzung.

| 6. | 5. | 4. | 3. | 2. | € | Die letzten Ziffern bezeichnen |
| 09 | 08 | 07 | 06 | 05 | | Zahl und Jahr der Auflage. |

© 2001 Cornelsen Verlag Scriptor GmbH & Co. KG, Berlin
Das Werk und seine Teile sind urheberrechtlich geschützt. Jede Verwertung in anderen als den gesetzlich zugelassenen Fällen bedarf deshalb der vorherigen schriftlichen Einwilligung des Verlags.
Hinweis zu § 52a UrhG: Weder das Werk noch seine Teile dürfen ohne eine solche Einwilligung eingescannt und in ein Netzwerk eingestellt werden. Dies gilt auch für Intranets von Schulen und sonstigen Bildungseinrichtungen.
Redaktion: lüra – Klemt & Mues GbR, Wuppertal
Satz: stallmeister publishing, Wuppertal
Umschlaggestaltung: Bauer + Möhring, Berlin,
unter Verwendung einer Zeichnung von Klaus Puth, Mühlheim
Druck und Bindearbeiten: Clausen & Bosse, Leck
Printed in Germany
ISBN-13: 978-3-589-21425-9
ISBN-10: 3-589-21425-2

Gedruckt auf chlorfrei gebleichtem Papier ohne Dioxinbelastung der Gewässer.

Inhalt

Einleitung 7
Steht es schlecht um die Qualität von Mathematikunterricht? 7

Erster Teil: Was ist Unterrichtsqualität? 13

1 Grundzüge der aktuellen Qualitätsdebatte 13
Merkmale von Qualität in der Schule 14
Die aktuelle Qualitätsdebatte 17
Eingrenzung des Qualitätsbegriffs 19
Forschungsergebnisse 24
   Bekannte (Meta-)Studien über Schul- und Unterrichtsqualität 25
Evaluation 30
   Was hat Qualität mit Evaluation zu tun? 30
   Was ist Evaluation? 31
   Was kann Evaluation leisten? 31
   Welche Merkmale kann man evaluieren? 32

2 Qualität im Mathematikunterricht 35
Qualitätsmerkmale für den Mathematikunterricht 35
Ziele für den Mathematikunterricht 37
   Erwartungen an den Mathematikunterricht 37
   Die Bedeutung des Bildungsbegriffs 44
   Allgemeinbildender Mathematikunterricht 48
   Qualität im Spiegel der TIMSS-Debatte 61
Das konstruktivistische Bild vom Lernen 65
   Lernmodelle 65
   Das konstruktivistische Menschenbild 71
   Konstruktivismus und menschliches Handeln 76
Qualitätsmerkmale von Mathematikunterricht
aus konstruktivistischer Perspektive 78
   Mathematischer Konstruktivismus 88

Zweiter Teil: Instrumente zur Qualitätssicherung 94

3 Instrumente für den Unterricht: Aufgaben 94
Qualität durch Aufgaben 94
  Die Rolle von Aufgaben im Mathematikunterricht 94
  Dimensionen von Aufgabenqualität 98
  Qualitätsmerkmale: Authentizität – Bedeutsamkeit – Relevanz 100
  Qualitätsmerkmal: Offenheit 111
  Qualitätsmerkmal Aufforderungscharakter – oder:
  Was ist eine interessante Aufgabe? 121

4 Instrumente für den Unterricht: Methoden 141
Die Kritik am fragend-entwickelnden Unterricht 142
Ein Plädoyer für die Methodenvielfalt 147
Methoden für den Mathematikunterricht 154

5 Instrumente für die Arbeit in Fachgremien 198
Qualitätsentwicklung vor Ort 199
Unterrichtsentwicklung – „Problemlösen" 203
  Ein Einstieg in die Curriculumarbeit 205
  Beiträge zum Problemlösen 211
  Curriculare Freiräume schaffen 216
Unterrichtsbeobachtung – TIMSS-Video 218
  Die TIMSS-Video-Studie 218
  Japanischer Unterricht als Modell? 221
  Kollegiale Unterrichtsbeobachtung 226

Literaturverzeichnis 233
Schlagwortverzeichnis zu den Aufgaben 240

Einleitung

In den letzten Jahren sind Ziele und Wirksamkeit des Mathematikunterrichts kritisch in den Fokus des öffentlichen Interesses gerückt. Zwei Ereignisse jüngeren Datums stehen exemplarisch für die aktuelle Diskussion: Die erst kürzlich wieder entbrannte Diskussion um den Bildungswert des Mathematikunterrichts jenseits der siebten Klasse und das Abschneiden deutscher Schülerinnen und Schüler in internationalen Leistungsvergleichen, am bekanntesten darunter sicher die TIMSS-Studie.

Steht es schlecht um die Qualität von Mathematikunterricht?

HANS-WERNER HEYMANNS Positionsnahme bezüglich Bedeutung und Legitimation des heutigen Mathematikunterrichts jenseits der siebten Klasse fand in der Presse und Öffentlichkeit einen großen Widerhall. Auch wenn dieser durch eine z.T. verfälschte und überpointierte Darstellung keineswegs den Intentionen HEYMANNS entsprach, so traf die These von der lebenspraktischen Unbedeutsamkeit des „höheren" Mathematikunterrichts doch einen Nerv, der das Fach unter erheblichen Legitimationsdruck setzte. Mit einer unerwarteten Vehemenz wurde deutlich, dass Fragen wie die folgenden gestellt werden dürfen und müssen:

- Ist es vertretbar, dass das Fach Mathematik für sich eine so zentrale Position im Fächerkanon behauptet? Ist der starke Selektionscharakter, der dem Fach beigemessen wird, Rechtfertigung genug?
- Wird das problemlösende Denken, dessen Schulung dem Fach üblicherweise zugeschrieben wird, im heutigen Unterricht wirklich gefördert – und zwar so, dass die erlernten Fähigkeiten auch auf Lebenssituationen jenseits der Schulbuchaufgaben transferierbar sind?
- Sind die Themen des heutigen Mathematikunterrichts noch zeitgemäß? Sind viele hier eingeübte Fertigkeiten für die Schüler in ihrem späteren Berufsleben nicht völlig irrelevant – selbst wenn sie einmal mathematiknah arbeiten sollten?
- Die Kluft zwischen der objektiven Bedeutung mathematisch-naturwissenschaftlichen Wissens für unsere Lebenswelt auf der einen Seite und der gesellschaftlichen Wertschätzung und Wahrnehmung naturwissenschaft-

licher Zusammenhänge andererseits wächst zunehmend. Darf man hoffen, dass der Mathematikunterricht einen spezifischen Beitrag dazu leisten kann, dieser so genannten Aufspaltung der *zwei Kulturen* entgegenzusteuern?

Bei den Bemühungen, auf solche Fragen konsensfähige Antworten zu finden, erhält das Bild vom Mathematikunterricht ganz neue Facetten und Perspektiven, die den faktischen Unterricht langfristig deutlich verändern können.

Während HEYMANNs Thesen grundsätzliche Fragen an den Mathematikunterricht aufwerfen, beziehen sich die Ergebnisse der seit einiger Zeit viel diskutierten TIMSS-Studie (TIMSS=*Third International Science and Mathematics Study*) auf eine ganz andere Dimension des Unterrichts, nämlich seine Effizienz. Seitdem uns 1997 verbrieft wurde, dass der deutsche Mathematikunterricht im weltweiten Vergleich der großen Industrienationen im unteren Mittelfeld rangiert, kann man wohl von einem „TIMSS-Schock" sprechen. Die bequeme Selbsteinschätzung des deutschen Bildungssystems, das sich selbst immer eine hohe Qualität attestierte, war so nicht mehr haltbar. Die seitdem allseitig einsetzenden Aktivitäten haben eine ungeheure Bewegung in die mathematisch-naturwissenschaftliche Bildungslandschaft gebracht, die es nun konstruktiv zu nutzen gilt. Einen kurzen Überblick über die aktuelle Situation sollen die folgenden Punkte geben:

- In den Bundesländern wurden allenthalben von einzelnen, ausgewählten Schulen getragene **Initiativen** ins Leben gerufen, wie z.B. der BLK-Modellversuch „Steigerung der Effizienz des mathematisch-naturwissenschaftlichen Unterrichts an allgemeinbildenden Schulen". Hier werden fachliche und überfachliche Ziele des Unterrichts definiert, Materialien entwickelt und verfügbar gemacht, die einem modernen Verständnis von Unterrichtsqualität entsprechen. Ungeklärt ist jedoch die Frage, wie man gewährleisten kann, dass sich die Ergebnisse dieser Aktivitätswelle in den Unterrichtsalltag *aller* Schulen fortpflanzen.
- Ein wesentlicher Aspekt der aktuellen Diskussion ist ein sich entwickelndes Verständnis vom Vorgang der **Qualitätssicherung**. Man hat erkannt, dass Qualität nicht allein über Richtlinien – sozusagen inputgesteuert – implementiert und gegebenenfalls seitens der Schulaufsicht kontrolliert werden kann. Qualitätsentwicklung erfordert immer **Evaluationsprozesse** vor Ort. Wie aber regt man die Gesamtheit aller Schulen und Lehrer dazu an, die Prozesse und Ergebnisse ihres Unterrichts kontinuierlich auf den Prüfstand zu stellen? Hier fehlt es oft an konkreten Instrumenten: Wie

Einleitung 9

soll eine solche Selbstevaluation aussehen, wie lässt sie sich unter den Bedingungen des Unterrichtsalltags realisieren? Ebenso gilt es beim professionellen Selbstverständnis des Lehrers, alte Gewohnheiten zu überwinden. Die vielbeschworene pädagogische Freiheit hat sich vielerorts zum pädagogischen Einzelkämpfertum entwickelt. Und selbst bei Vorliegen aller organisatorischen Voraussetzungen ist es für die Beteiligten nicht leicht, in einem so komplexen Handlungsfeld, wie es der Unterricht darstellt, mit wechselseitiger Beobachtung und Kritik umzugehen. Offensichtlich müssen hier Maßnahmen wie z.B gegenseitige Hospitationen oder der regelmäßige Diskurs über Unterrichtsziele und Unterrichtsprozesse erst noch zur pädagogischen Selbstverständlichkeit werden. Ein Vorstoß in dieser Hinsicht, nämlich die ministerielle Verordnung von **Parallel- bzw. Vergleichsarbeiten**, hat sehr zwiespältige Reaktionen hervorgerufen.

- Ein ganz anderer Bereich bildungspolitischer Bemühung um eine Qualitätsverbesserung ist die Bereitstellung von finanziellen Mitteln. Hier sind die aktuellen Bemühungen bestenfalls als halbherzig zu bezeichnen – die Rücksichtnahme auf Sparzwänge der öffentlichen Hand ersetzt oder verwässert leider allzu oft ernsthafte bildungspolitische Maßnahmen. Eine wirkliche Änderung des Schulalltags auf der ganzen Breite kann nicht allein durch das Vorbild einiger weniger Modellschulen erreicht werden. Hier ist es unbedingt nötig, an den Schulen **Freiräume für Qualitätsentwicklung** zu schaffen. Unter den jetzigen Bedingungen (Zahl der Unterrichtsstunden, Anforderung durch Leistungsbewertung, Erfüllung der Obligatorik der Curricula) ist es nicht vorstellbar, wie die Lehrerschaft als Ganzes (nicht nur die „hyperaktiven Selbstausbeuter") zusätzlich qualitätssichernde Aktivitäten wie z.B. gegenseitige Hospitationen, die Entwicklung von Unterrichtseinheiten für schulspezifische Curricula oder die Organisation von Aktivitäten zur Öffnung von Schule etc. bewältigen sollen. Eine bessere technische Ausstattung der Schulen oder eine Verringerung der Klassengrößen ist in diesem Zusammenhang sicherlich wünschenswert, aber noch kein Garant für eine substanzielle Verbesserung des Unterrichts.

- Schließlich gibt es noch einen weiteren Bereich, in dem die Aktivitäten beträchtlich zugenommen haben. Derzeit werden nämlich die deutschen Schulen von einer beispiellosen Welle von **Tests und Leistungsvergleichen** (SCHWEITZER 1998) überrollt. In Bayern, Brandenburg und Rheinland-Pfalz wurden in der Nachfolge von TIMSS Zehntausende Schüler zu

Mathematiktests gebeten. Unabhängig davon läuft seit dem Jahr 2000 in Dreijahresabständen der von den Staaten der OECD getragene PISA-Test, welcher mit unterschiedlichen Schwerpunkten auch die Mathematikkenntnisse der Schüler abfragt. Unzufrieden mit den internationalen Test-Items hat die deutsche PISA-Kommission noch eine nationale Erweiterung hinzugefügt, nach der nun auch ein Qualitätsvergleich der Bundesländer möglich sein wird. Bildungsforscher rufen bereits nach einer *neuen Testkultur*. Ob aber die hierbei gewonnenen Kenntnisse in eine Verbesserung der Unterrichtsqualität umschlagen, ist fraglich.

Die Auswirkungen derartiger Tests und Leistungsvergleiche auf die Qualitätsdiskussion sind allerdings auf einer anderen Ebene deutlich zu spüren: Allein die Testkonstruktion und Aufgabenauswahl solcher Tests definiert bereits eine deutliche Zielvorstellung von den Ergebnissen ‚guten' Mathematikunterrichts. Als gemeinsamer Nenner aller Tests hat sich dabei wohl ergeben, dass deutsche Schülerinnen und Schüler große Schwierigkeiten haben, sobald von ihnen verlangt wird, ihr Mathematikwissen problemlösend in Kontexten einzusetzen, in denen mehr als nur die unreflektierte Anwendung eingeübter Routinen verlangt wird.

In jedem Fall kann festgestellt werden, dass in der Situation, in der sich der heutige Mathematikunterricht befindet, unleugbar erhöhte Anforderungen an die unterrichtenden Lehrerinnen und Lehrer bestehen, sei es von außen durch politischen und gesellschaftlichen Druck über immer neue Regelungen, Erlasse und zusätzliche Evaluationsaufgaben, oder sei es von innen durch vermehrte Eigeninitiative und Innovationsbereitschaft.

Was kann dieses Buch leisten ?

Trotz des anspruchsvollen, weil beinahe universellen Titels kann dieses Buch eines nicht leisten, nämlich klar und endgültig definieren, was Qualität im Mathematikunterricht sei, und was man zu tun habe, um sie zu erreichen. Das liegt nicht nur daran, dass der Qualitätsbegriff als solcher schillernd und nebulös zugleich (und daher wohl auch so beliebt) ist, sondern vor allem daran, dass aufgrund der Komplexität des Wirkungsgefüges *Unterricht* sich niemand anmaßen darf, den Stein der Weisen zu besitzen. Dennoch will ich mich aus zwei Perspektiven der Frage nach der Qualität des Mathematikunterrichts nähern, so dass der Leser und die Leserin mit der berechtigten Hoffnung an die Lektüre gehen kann, von ihr zu profitieren.

Aus eher theoretischer Perspektive soll die folgende Frage im Mittelpunkt stehen:

Einleitung

> Welche Ziele und Merkmale kann zeitgemäßer (und damit auch zukunftsorientierter) Mathematikunterricht haben?

Hierbei wird eine Reihe von Zielvorstellungen angeboten werden, über die sich in den letzten Jahren ein relativ breiter Konsens herausgebildet hat. Demjenigen, der sich bereits mit der Materie befasst hat, werden dabei immer häufiger Schlagworte begegnet sein, wie *neuer* oder *konstruktivistischer Lernbegriff, intelligentes Wissen, kumulatives Lernen, Unterrichtskultur, „aus Fehlern lernen", angemessenes Bild von Mathematik* etc. In diese Begrifflichkeiten will dieses Buch eine klärende Übersicht bringen.

Zugleich sollen diese Themen unter einer zweiten, eher pragmatischen Perspektive behandelt werden:

> Welche Materialien/Methoden/Konzepte/Verfahren können helfen, Unterrichtsqualität zu sichern und zu entwickeln?

Die Darstellung in diesem Buch gliedert sich entsprechend in zwei Teile. Der **erste Teil** widmet sich der **aktuellen Qualitätsdiskussion** im Allgemeinen (1. Kapitel) und im Speziellen bezogen auf den Mathematikunterricht (2. Kapitel). Alle Positionen und Standpunkte hier zu Wort kommen zu lassen, wäre ein vergebliches Unterfangen. Vielmehr soll hier für diejenigen, die sich bisher nur wenig mit dem Thema befasst haben, ein (unweigerlich subjektiv gefärbtes) Bild von den Begrifflichkeiten, Erwartungen und Hintergründen des Themas *„Qualität"* gezeichnet werden.

Ein ungleich höheres Gewicht kommt in diesem Buch, das schließlich in einer Praxis-Reihe erscheint, dem **zweiten Teil** zu, in dem die Vorstellungen von Unterrichtsqualität eine konkretere Form annehmen sollen. Hier werden **Materialien und Instrumente** angeboten, die zur Qualitätssicherung und -entwicklung im konkreten Schulalltag eingesetzt werden können. Unterschieden wird dabei nach Materialien, die für den Unterricht der einzelnen Lehrkraft angelegt sind (3. und 4. Kapitel), und solchen, die für die gemeinsame Arbeit in Fachgesprächen verwendet werden können (5. Kapitel).

Wie lassen sich die Materialien in diesem Buch für die Qualitätsentwicklung im Unterrichtsalltag nutzen?

Zum einen besitzen sie ein pragmatisches Orientierungspotenzial. Man kann konkrete Unterrichtsmaterialien oder methodische Arrangements anhand der hier angebotenen Kriterienlisten auf ihre Stimmigkeit prüfen und ihre

Möglichkeiten ausloten, indem man sich Fragen wie z. B. diese stellt:
- Inwieweit hat mein Unterricht das beschriebene Merkmal?
- Welche Aspekte halte ich persönlich für relevant für Unterrichtsqualität?
- Welche Dimensionen scheinen mir in meinem Unterricht vernachlässigt? Welche Perspektiven könnte ich stärker berücksichtigen?

Zum anderen ist die Darstellung der Materialien in Teil 2 auf die praktische Arbeit hin konzipiert – es finden sich beispielsweise:
- konkret ausformulierte und didaktisch kommentierte Aufgaben, die direkt als Vorlage für den Unterricht verwendet werden können
- Unterrichts- oder Aufgabenideen, die die Leserin bzw. der Leser für die eigene Unterrichtspraxis aufgreifen und individuell weiterentwickeln kann
- Beschreibungen unterrichtsmethodischer Arrangements, immer bezogen auf konkrete Einsatzmöglichkeiten
- Vorlagen für die Arbeit in Fachkonferenzen oder anderen Fachgremien
- Verweise auf weiterführende Literatur, vor allem auf Quellen mit unterrichtspraktischer Relevanz
- Fundstellen im Internet zu Themen und Materialien für den Mathematikunterricht

Wo die Unterrichtsmaterialien nicht mit einem Literaturverweis gekennzeichnet sind, wurden sie für diese Veröffentlichung neu entwickelt, mit dem Ziel, nicht nur bereits allseits bekanntes Material zusammenzustellen, sondern auch neue Anregungen für eine moderne Unterrichtspraxis einzubringen.

Abschließend sei noch darauf hingewiesen, dass in diesem Buch oft das generische Maskulin verwendet wird – nicht zuletzt zu Gunsten eines lesbaren Stils. Ich beziehe mich dabei ausdrücklich auf Personen weiblichen und männlichen Geschlechts. Um dies zu bekräftigen, werden in regelmäßigen Abständen immer wieder beide Formen verwendet.

Für das Zustandekommen dieses Buches bin ich vielen Freunden und Bekannten zu Dank verpflichtet. Meine Frau Juliane hat den Text nicht nur durch viele Anregungen bereichert, sondern durch ihr unermüdliches Korrekturlesen der Lesbarkeit ein Stück näher gebracht. Ebenfalls möchte ich allen Kolleginnen und Kollegen, die mich in Fachgesprächen kompetent beraten haben, für ihre Unterstützung danken. Besonders erwähnt sei hier Gerd Eikenbusch, dem ich wesentliche Teile des ersten Kapitels verdanke.

Erster Teil

Was ist Unterrichtsqualität?

1 Grundzüge der aktuellen Qualitätsdebatte

In einer groß angelegten Artikelserie zum Stand des deutschen Bildungssystems am Ende der neunziger Jahre berichtet die ZEIT:
> [...] die Kultusminister der Länder [hatten] sich und anderen immer wieder anerkennend bestätigt, wie gut ihre Schulen seien. Die staatlich geregelte Lehrerausbildung, die Lehrpläne und die Schulbücher – so die sorgsam gepflegte Überzeugung – sorgten schon für eine gute Schule. Und zur Kontrolle gebe es ja immer noch die Beamten der Schulaufsicht. Diese so genannte Input-Steuerung, so glaubten die Bildungsbürokraten, würde die Schulqualität auf hohem Niveau halten. Internationale Experten hatten die Deutschen sogar in diesem Irrglauben bestärkt. Noch 1994 stellte die OECD in einem Bericht fest, dass das deutsche System der Qualitätssicherung gut funktioniere, obwohl es praktisch keine Evaluation gab. Die TIMS-Studie traf die deutsche Bildungspolitik und -forschung genau in ihrem blinden Fleck. Seither sind die Kultusminister aufgeschreckt. Plötzlich sind Leistungsvergleiche in deutschen Schulen nicht mehr tabu. Nun dringen selbst Methoden wie Benchmarking und Total Quality Management, mit denen VW und die Deutsche Bank die Qualität ihrer Produkte zu sichern versuchen, in die Welt der Erziehung vor. (KERSTAN 1999)

Was ist geschehen? Wie ist die Heftigkeit, mit der das Bildungsthema die öffentliche Bühne wieder erobert hat, zu erklären? Was ist von der neuen Hochkonjunktur des Qualitätsbegriffs zu halten? Was meinen diejenigen überhaupt, die den Begriff *Qualität* im Munde führen? Und: Wie kann Schule mit solchen Konzepten sinnvoll umgehen?

Die zentrale Rolle, die die TIMS-Studie in der neu entfachten Bildungsdiskussion einnimmt, zeigt, wie eng die Frage nach gutem Mathematikunterricht mit der allgemeinen Qualitätsdebatte verzahnt ist. Es erscheint daher zunächst sinnvoll, einen Überblick über Entwicklungen und wichtige Positionen dieser Debatte zu gewinnen. Dies soll unter anderem die Aufgabe des ersten Kapitels sein.

Merkmale von Qualität in der Schule

Was hier als Experiment zur Einführung in die Qualitätsdebatte vorgestellt wird, ist von der Grundstruktur her für viele Eltern – zum Teil bittere – Realität. Ausgangspunkt ist folgende Situation: Sie stehen aktuell vor der Entscheidung, Ihr Kind für eine weiterführende Schule (Klasse 5 bzw. 7) anzumelden. Die Leistungen Ihres Kindes und das örtliche Schulangebot lassen es zu, dass Sie für Ihr Kind zwischen drei Schulen wählen können. Sie haben diese drei Schulen an jeweils einem Informationsnachmittag besucht und können sich danach vorstellen, dass jede der Schulen für Ihr Kind in Frage kommen könnte. Sie und Ihre Familie wissen nicht, wie Sie sich entscheiden sollen. Sie informieren sich, lesen Ratgeber. Dabei stoßen Sie in einer Zeitschrift auf die folgende Checkliste, von der hier nur ein Ausschnitt wiedergegeben ist, und die Eltern, Lehrkräften und Schülern einer Schule gleichermaßen vorgelegt werden kann:

In meiner/unserer Schule ...	immer ++	+	+/−	−	nie −−
▪ beginnt und endet der Unterricht pünktlich.	☐	☐	☐	☐	☐
▪ ist die Notengebung transparent.	☐	☐	☐	☐	☐
▪ besteht ein großes Lehrangebot (viele Fächer).	☐	☐	☐	☐	☐
▪ arbeiten Schule und Elternhaus zusammen.	☐	☐	☐	☐	☐
▪ bilden sich die Lehrkräfte systematisch fort.	☐	☐	☐	☐	☐
▪ erhalten schwächere Schüler besondere Unterstützung.	☐	☐	☐	☐	☐
▪ fallen wenige Stunden aus, gibt es wenig Vertretungen.	☐	☐	☐	☐	☐
▪ gibt es außerunterrichtliche Aktivitäten (AGs ...).	☐	☐	☐	☐	☐
▪ gibt es ein Schulprogramm.	☐	☐	☐	☐	☐

Merkmale von Qualität in der Schule

In meiner/unserer Schule …	immer ++	+	+/−	−	nie −−
■ haben Lehrer eine positive Einstellung.	☐	☐	☐	☐	☐
■ hat das verwendete Lernmaterial eine hohe Qualität.	☐	☐	☐	☐	☐
■ ist der Unterricht anspruchsvoll, er fördert und fordert.	☐	☐	☐	☐	☐
■ ist die Eigenaktivität der Schüler hoch.	☐	☐	☐	☐	☐
■ ist die Hausaufgabenpraxis transparent.	☐	☐	☐	☐	☐
■ macht Schülern der Unterricht Spaß.	☐	☐	☐	☐	☐
■ sehen die Lehrer sich als verantwortlich an für die Leistungen der Schüler.	☐	☐	☐	☐	☐
■ sind die Klassenräume angenehm.	☐	☐	☐	☐	☐
■ stimmen sich die Lehrer über Ziele und Methoden des Unterrichts ab.	☐	☐	☐	☐	☐
■ werden die Schüler zum selbstständigen und kooperativen Arbeiten erzogen.	☐	☐	☐	☐	☐
■ werden Regeln gemeinsam festgelegt und es wird auf deren Einhaltung geachtet.	☐	☐	☐	☐	☐
■ wird im Unterricht auf Schülerbeiträge eingegangen.	☐	☐	☐	☐	☐

Indem Sie sich (als Elternteil!) damit beschäftigt haben, welche Fragen Sie für wichtig erachten und Einschätzungen von Eltern, Schülern und Lehrern eingeholt haben, haben Sie sich bereits mit Merkmalen über Qualität in der Schule beschäftigt. Die Items der Checkliste greifen Erkenntnisse der Forschung über Schulqualität auf (vgl. Darstellungen bei FEND 1998, S. 87–237, EIKENBUSCH 1998, S. 81 ff., BURKARD/EIKENBUSCH 2000, S. 56 ff.). Wahrscheinlich haben Sie festgestellt, dass die Perspektive, aus der man Qualität betrachtet, wesentlich darüber mitentscheidet, wie man sie definiert. Für Eltern kann Qualität von Schule etwas ganz anderes bedeuten, als dies für Lehrer, Bildungspolitik oder Schulaufsicht der Fall ist.

Oft bringt die Durchführung einer solchen Bewertung (vor allem in der Elternarbeit und Lehrerfortbildung) vorwiegend Verunsicherung mit sich:

- Nicht für jeden Einzelnen oder für jede Gruppe haben die Merkmale für Schulqualität das gleiche Gewicht. „Gute Schulen" sind nicht für alle Schüler gleichermaßen gut. (ILEA 1990)
- Dass man messen kann, inwieweit Merkmale erfüllt werden, bedeutet noch nicht, dass man am Ergebnis auch etwas verändern kann. Manche Ergebnisse hängen wesentlich von Rahmenbedingungen ab.
- Die Erfüllung bzw. Nichterfüllung bestimmter Merkmale bzw. die Gesamtzahl der (Nicht-)Erfüllung der Merkmale insgesamt sagen nichts über Qualität in der Schule aus.
- Es ist nicht immer klar, was genau durch das entsprechende Merkmal erfasst wird: Inhalte, Arbeit und Verhalten von Personen oder das Funktionieren von Organisationen (Was bedeutet es z. B., wenn Hausaufgaben nicht transparent sind? Wie könnte das geändert werden?)

Diese Einschätzungen dürfen jedoch nicht zu der Schlussfolgerung führen, die Auseinandersetzung über Merkmale der Qualität von Schule führe zu nichts – im Gegenteil. Auch wenn die Forschung über Qualität in der Schule viele Fragen offen lässt (insbesondere zur Güte von Fachleistungen, vgl. TILLMANN 1999, S. 17), auch wenn wichtige Bereiche nicht miteinander verknüpft bzw. ungeklärt sind, auch wenn die Ergebnisse der Qualitätsforschung sich fast durchweg auf weiche Qualitätskriterien konzentrieren (POSCH/ALTRICHTER 1999), so belegen sie doch nachhaltig:

- Lernerfolg und Lernergebnisse sind nicht unabänderlich vorgegeben oder für immer festgelegt, man kann sie beeinflussen und gestalten.
- Qualität von Schule und Unterricht entsteht nur im Zusammenwirken verschiedener Merkmale, es gibt nicht den einen Königsweg für alle. Deshalb müssen die Beteiligten in der Schule lernen, sich darauf zu verständigen, was sie unter Qualität verstehen wollen und müssen.
- Aus drei Bereichen sind Merkmale für die Qualität von Schule wichtig: *Kontextmerkmale* (gegebene schulische und außerschulische Umwelt, Ausstattung usw.), *Prozessmerkmale* des Unterrichts (Strukturierung, Zeitnutzung, didaktische Gestaltung) sowie *Wirkungsqualitäten* (erzieherische Wirkungen, kognitive Effekte) (vgl. KLEMM 1999). Wenn man von Qualität in der Schule spricht und sich damit auseinander setzen will, muss man diese Bereiche beachten.

Beides, die Defizite und die Erträge der bisherigen Qualitätsdebatte, sind also Anlass und Aufforderung genug, sich (weiter) mit der Frage der Qualität von Schule und von Unterricht zu befassen. Die folgenden Abschnitte bieten dazu Gelegenheit.

Die aktuelle Qualitätsdebatte

- Wie ist die aktuelle Debatte über Qualität in der Schule entstanden?
- Welche Bedeutung kommt hierbei der TIMS-Studie zu?

Gäbe es eine eindeutige Definition über Qualität in der Schule, wären die Indikatoren, an denen man Qualität messen kann, klar, und bestünde ein Konsens darüber, wie die Ergebnisse einzuschätzen und zu bewerten sind – vielleicht wäre dann die aktuelle Debatte über Qualität in der Schule nicht entstanden. Vielleicht aber eben doch! Über Qualität der Arbeit und der Ergebnisse in der Schule zu diskutieren, gehört zum professionellen Handwerkszeug der Lehrer und Schüler, es gehört zur ureigenen Arbeit in der Schule. Vielleicht gibt es insofern doch eine eindeutige (wenn auch negative) Definition von Qualität:

> Eine Schule, in der es keine Auseinandersetzung über die Qualität der eigenen Arbeit und der Arbeitsergebnisse gibt, hat keine Qualität. Im besten Falle hat sie erhebliche Qualitätsprobleme.

Dass es also vor einiger Zeit in der Schule und in der Bildungspolitik keine deutlich wahrnehmbare Qualitätsdebatte gegeben hat, musste man als alarmierendes Zeichen einschätzen. Die nun einsetzende Qualitätsdebatte lässt sich – bei aller Kritik an Versuchen, sie zu instrumentalisieren oder einseitig zu gestalten – deshalb im Grunde nur positiv einschätzen. Damit ist nicht gesagt, dass sie auch zu einem positiven (vorläufigen) Ende führen wird.

Fragt man nach dem Auslöser für die gegenwärtige Debatte, wird vor allem die **TIMS-Studie** genannt. So verbreitet die Rede vom „TIMSS-Schock" aber auch ist, sie erklärt nur einen Teil des Entstehens jener Debatte um Qualität in der Schule, die 1996/97 scheinbar plötzlich losbrach. „Seit 1996/97, also relativ zeitgleich zur TIMS-Studie, besannen sich die Bildungspolitiker mehrerer Bundesländer (Nordrhein-Westfalen, Bremen, Hamburg, Brandenburg) auf die Steuerung der Schulentwicklung durch zentrale Leistungskontrollen" (SYGUSCH 1999, S. 2), auch wenn diese keine Abschlussprüfungen wie in anderen Bundesländern darstellten. Offensichtlich bestand zu diesem Zeitpunkt aus unterschiedlichen Motiven und Anlässen heraus ein Interesse an einer Diskussion über die Qualität von Schule. Nur wenige Jahre vorher hatte der 1989 erschienene Bericht der OECD

"Schulen und Qualität" (OECD 1991) höchstens in Insider-Kreisen Aufmerksamkeit erregt – ganz im Gegensatz zu den Ergebnissen der seit 2000 laufenden PISA-Studie (*Programme for International Student Assessment*) der OECD. Ihren Ergebnissen hinsichtlich der mathematischen und naturwissenschaftlichen Kenntnisse und Lesefähigkeit einer riesigen Schülerpopulation fiebert man allseits geradezu entgegen.

Was bewirkte, dass 1996/97 ausgerechnet die TIMS-Studie einen solchen unerwarteten Schock auslöste?

- Die unterschiedliche und z. T. konkurrierende **Ausgestaltung des Schulwesens in den Bundesländern** wurde als problematisch wahrgenommen: Das Bemühen, die im Grundgesetz verlangte "Einheitlichkeit der Lebensverhältnisse" und die "Freizügigkeit zwischen den Ländern" zu gewährleisten, schlug sich in Absprachen und Vorhaben nieder, für vergleichbare qualitative Standards der Ergebnisse schulischer Arbeit zu sorgen.
- Angesichts größerer Selbstständigkeit der Einzelschule wuchs das Bedürfnis nach Sicherung der **Vergleichbarkeit der Abschlüsse** (KLEMM 1998, S. 274): Der Möglichkeit, dass die einzelne Schule mehr Gestaltungsfreiheiten bei ihrer Arbeit, Struktur und Verwaltung in Anspruch nimmt, wurde das "funktionale Äquivalent" (ebd. S. 275) der externen Evaluation, von Tests und zentralen Prüfungen entgegengesetzt.
- **Duales System bzw. Hochschulen** versuchten die angeblich versagende Selbststeuerung des Gesamtsystems ihrerseits durch Einführung von Eingangsprüfungen zu "reparieren": Die Behauptung, das System der Selbststeuerung des Bildungssystems habe versagt, wird belegt mit dem Überangebot derer, die über eine schulisch erworbene und auch zertifizierte Berechtigung einen Zugang zum Dualen System bzw. zur Hochschule suchen. Dieses Überangebot sei entstanden, weil zu viele Schüler in den nachfolgenden Systemen (besonders im Gymnasium) aufgenommen worden seien und dort dann die Leistungsstandards preisgegeben werden müssten (vgl. KLEMM 1998, S. 273). Man kann diesen Befund auch drastischer formulieren: Angesichts eines Überangebots an Schülern neigen höhere Schulen und Universitäten dazu, über die angeblich falschen (d.h. schlecht ausgebildeten, ungeeigneten) Schüler zu klagen und den naiven Schluss zu ziehen: Hätten wir weniger Schulen oder kein Überangebot, wären unsere Leistungen und die der Schüler besser.
- Durch die **Veröffentlichungsstrategie** wurde die TIMS-Studie gezielt lanciert (BRÜGELMANN 1999, S. 82): Nicht zuletzt angesichts der oben genannten bildungspolitischen Diskussionsprozesse bestand in der Öffentlichkeit

und in der Politik ein hohes Interesse an Daten und Ergebnissen zur Qualität von Schule. Dabei verbarg sich hinter dem Interesse „häufig ein diffuses Verständnis von Qualität schulischer Arbeit" (KLEMM 1999). Die Reaktionen auf die Veröffentlichung der TIMS-Studie konzentrierten sich zuerst auf testtheoretische und empirisch-methodische Probleme sowie auf den Grundansatz der Studie, weiteten sich aber zunehmend zu einer allgemeinen Diskussion über Qualitätsentwicklung und -sicherung aus.

- Die reformorientierte Schulforschung hatte über Jahre hinweg die **Fachleistungs-Dimension** vernachlässigt (TILLMANN 1999, S. 17): Die Befunde der öffentlichkeitswirksamen TIMS-Studie, gefolgt von Studien wie LAU (= Aspekte der Lernausgangslagen an Hamburger Schulen; LEHMANN/PEEK 1995) oder PISA enttabuisierten die Frage nach der Güte der Fachleistungen.
- Nicht zuletzt konnte die TIMS-Studie einen Schock auslösen, weil es schon seit längerem (u. a. in der **Reformpädagogik**) eine **Kritik an der Qualität** und den Ergebnissen der Schule gibt: Allerdings wird hier weniger das Problem thematisiert, ob die Schüler auch genug und im Vergleich zu anderen Ländern besser lernen. Hier wird die Frage gestellt, ob die Schüler überhaupt das Richtige richtig lernen.

Die TIMS-Studie ist also offensichtlich nur ein Teil der Qualitätsdebatte. Sie hat die Debatte richtig ins Rollen gebracht, aber sie umfasst sie nicht. Die Astöße durch Schul- und Unterrichtsentwicklung, Schulforschung und Reformpädagogik haben wesentlich zur aktuellen Qualitätsdebatte beigetragen. Es ist wichtig, dass sie in der weiteren Diskussion beachtet werden.

Eingrenzung des Qualitätsbegriffs

- „Was ist überhaupt Qualität? heißt: „Welche Qualität und für wen?"
- Wie wird der Qualitätsbegriff heutzutage verwendet?
- Welche Aspekte hat er, die für die Schule bedeutsam sein könnten?

Eine Möglichkeit, die Unsicherheit über das, was Qualität in der Schule ausmacht, zu verringern, könnte darin bestehen, der Definition des Begriffes „Qualität" im heutigen Sprachgebrauch nachzugehen und dann von dort aus weiterzukommen.

Der Qualitätsbegriff begegnet uns in einer zunehmenden Zahl von Begriffsbildungen, die die schillernde Farbe des Wortes Qualität bemühen: *Qualitätskontrolle*, *Qualitätsnormen*, *Qualitätssicherung* und *Qualitätsverbesserung* sind Schlüsselbegriffe in Industrie, Dienstleistungs- und Finanzgewerbe geworden. Als illustrierendes Beispiel sei hier ein Auszug aus einer Erläuterung der Industrienorm ISO 9000 (*Total Quality Management*) angeführt. Diese Norm müssen beispielsweise Betriebe erfüllen, die auf Aufträge der öffentlichen Hand hoffen.

ISO 9000 ist eine internationale Norm, die Mindeststandards vorgibt, nach denen die Abläufe in einem Unternehmen zu gestalten sind, damit sichergestellt wird, dass die Kunden die erwartete Qualität erhalten. [...] Was bedeutet Qualität? – Qualität bedeutet, den festgelegten oder vorausgesetzten Anforderungen der Kunden zu entsprechen. [...] Kundenorientierung ist die Ausrichtung nach den Erfordernissen des Marktes und nach dem, was der Kunde wirklich will. Im Sinne der Kosten ist es wichtig, Qualität so gut wie gefordert, aber nicht so gut wie möglich zu liefern. Perfektionismus in unwesentlichen Punkten, den der Kunde nicht bezahlt, erzeugt übermäßig hohe Kosten, die dem Kunden verrechnet werden müssen. Daraus entsteht ein verschlechtertes Preis-Leistungsverhältnis aus Sicht des Kunden. (www.iso9000.co.at/Information.htm)

Bietet ein solches Qualitätskonzept eine Grundlage für die Weiterentwicklung von Schule? Sicherlich nicht – man kann sogar die berechtigten Bedenken anmelden, ob eine Orientierung an ökonomischer Effizienz hier in die richtige Richtung führt: Man ersetze in obigem Text doch einmal versuchsweise *Unternehmen* durch *Schule*, *Markt* durch *Gesellschaft* und *Kunde* durch *Schüler* bzw. *Eltern*. Ignorieren darf man diese Auffassung von Qualität schon deswegen nicht, weil Politik und Presse immer häufiger den Eindruck vermitteln, der Schulbetrieb kranke allein an einer mangelnden betriebswirtschaftlichen Effizienz. Eine ähnliche Entwicklung ist auch bei anderen „Unternehmen" der öffentlichen Hand zu erkennen, etwa wenn Theater- und Opernbetriebe im Zuge von Einsparungsbestrebungen von bekannten Wirtschaftsprüfern auf ihre „Qualität" hin untersucht werden.

Betrachten wir also stattdessen eine schulnahe Definition von Qualität, um zu sehen, ob sich hier ein hilfreicher Orientierungspunkt findet. In der Denkschrift „Zukunft der Bildung – Schule der Zukunft" (BILDUNGSKOMISSION NRW 1995, S. 194) findet man zum Stichpunkt Qualität:

Qualitätssicherung soll als aktive Qualitätssorge aller Beteiligten ausgestaltet werden, bei der verschiedene Formen der Qualitätsüberprüfung in

Eingrenzung des Qualitätsbegriffs

einen Prozess kontinuierlicher Qualitätsverbesserung eingebunden sind. Dies ist wirksamer als Formen der Kontrolle, die sich auf die Einhaltung „sicherstellender" Vorschriften beschränkt.
Erneut wird der Prozess beschrieben, von dem man annimmt, dass er Qualität gleichsam erzeugt. Darüber, wie die erreichte oder angestrebte Qualität aussieht, erfahren wir nichts. Allein die Frequenz, mit der das Wort *Qualität* in diesen Texten auftritt, bestätigt den Eindruck, dass schon seine Verwendung bildungspolitischen Aussagen einen gewissen Glanz verleiht. Was dabei unter Qualität verstanden wird, wird in der Regel nicht gesagt. Ein Konsens darüber besteht derzeit ohnehin weder in der Wirtschaft, noch in der Politik, noch in der Schule. Statt zu fragen: „Was ist Qualität?", müsste es daher eigentlich lauten: „Welche Qualität ist gemeint – und für wen soll diese Definition zutreffen?"

An den vorangegangenen Beispielen ist klar geworden: Die Faszination, die der Qualitätsbegriff ausübt, geht in nicht unerheblichem Maße auf seine mangelnde Fasslichkeit zurück. Dennoch ist es wichtig, verschiedene Aspekte des vielschichtigen Begriffs voneinander zu unterscheiden. Hierzu seien drei unterschiedliche Sichtweisen auf den Qualitätsbegriff angeboten:

1. Lexikalische Bedeutungsebenen des Qualitätsbegriffs

- *Qualität = Beschaffenheit, Eigenart*
  In seiner primären (wenn auch nicht landläufigsten) Bedeutung ist der Qualitätsbegriff **deskriptiv und wertfrei**. Die Qualität eines Systems zu untersuchen, heißt demnach nur, **das System in seinen Merkmalen möglichst umfassend zu beschreiben**, vielleicht noch, die wesentlichen, bestimmenden Merkmale herauszuarbeiten. In dieser Verwendung stellt der Begriff also allenfalls ein Instrument zur Analyse, z. B. von Unterricht dar. Will man ihn praxistauglich machen, muss man den Blick erweitern:
- *Qualität = Angemessenheit, Normerfüllung*
  Qualität lässt sich auffassen als das Maß, in dem gestellte Anforderungen erfüllt, formulierte Ziele erreicht werden. Als Qualität bezeichnet man also eine **Übereinstimmung zwischen Ist- und Sollzustand**. Eine solche Verwendung des Qualitätsbegriffs klammert bewusst die Entscheidung darüber aus, wie der Sollzustand aussehen *soll*. Die Überprüfung von Qualität wird so mit empirischen Mitteln überprüfbar, ist aber abhängig von Definitionen, die festlegen, welche Merkmale Qualität konstituieren. Dies bedeutet auch, dass sich Qualität als Zauberwort strategisch und aus der jeweiligen Nutzerperspektive heraus einsetzen lässt.

- *Qualität = Güte, Wert*
Der Qualitätsbegriff, wie er in schulischen Zusammenhängen überwiegend gebraucht wird, ist **normativ**. Wenn von der Qualität einer Schule, des Unterrichts, eines Lehrbuchs usw. die Rede ist, so liegt dem meist eine explizite oder implizite Vorstellung zu Grunde, wie Schule, Unterricht usw. aussehen soll. Damit befindet man sich aber bereits inmitten des *Normenproblems*: Es gibt **keine wissenschaftliche Methode, auf deren Grundlage man entscheiden könnte, wie eine gute Schule auszusehen hat.** Dies bekommt man immer dann zu spüren, wenn Entscheidungen zu treffen sind, sei es über Bildungsziele (Richtlinien, Gesetze), über Auswahl von Unterrichtsstoff (Lehrpläne, Parallelarbeiten) oder auch nur über die Organisation einer Schulstunde oder Klassenarbeit (Beispielaufgaben). Immer bleiben Fragen, die sich nur normativ beantworten lassen: „Welches sind die übergeordneten Ziele der schulischen Ausbildung? An welcher Stelle zwischen den Polen Emanzipation des Individuums und gesellschaftlicher Eingliederung liegt die Bestimmung der Schule? Anhand welcher Themen und in welchen Organisationsformen sollen die Ziele erreicht werden?" – Das Problem der Stoffauswahl ist keineswegs über ein einfaches Ziel-Mittel-Kalkül lösbar.

In dieser wertenden Dimension von Qualität liegt die eigentliche Problematik des Qualitätsbegriffs. Die Qualitätsauffassung ist abhängig vom gesellschaftlichen Konsens und somit wechselhaft. Auch vor dreißig Jahren war die Schule um eine Qualitätsentwicklung bemüht, nur dass im Zeichen des Sputnik-Schocks eine rigorose Wissenschaftsorientierung die Vorstellungen davon prägte, was „guter" Unterricht sei.

2. Facetten des normativen Qualitätsbegriffs

Der Verwendung des Qualitätsbegriffs in seiner normativen Bedeutung liegen oft unterschiedliche Vorstellungen über die Zielkriterien von Qualität zu Grunde: „Wann ist eine gute Qualität erreicht?"

- *Qualität als Erfüllungsnorm*: Angemessenheit von Curricula bzgl. der Richtlinien, Gewährleistung von Unterrichtszeiten laut Stundenplan usw.
- *Qualität als Gleichheitsnorm*: vergleichbare Anforderungen an Schüler und unterrichtende Lehrer durch Zentralabitur oder Parallelarbeiten
- *Qualität als Kontrollinstrument*: Bewertung von unterschiedlichen Komponenten des Schulbetriebs durch externe Evaluation
- *Qualität als prozessuales Merkmal*: In der Schule befinden sich alle Beteiligten in einem kontinuierlichen Dialog: Lehrerinnen und Lehrer

Eingrenzung des Qualitätsbegriffs 23

untereinander über Leistungsanforderungen, Schülerinnen und Schüler mit ihren Lehrern über die Gestaltung ihres unterrichtlichen und außerunterrichtlichen Schullalltags, Schule mit der Gesellschaft über die Möglichkeiten der Öffnung von Schule in beide Richtungen.

3. Dimensionen zur Einordnung von Qualitätsdefinitionen

Einen Anhaltspunkt zur Einschätzung von Qualitätskonzepten bietet die folgende Übersicht, mit der die Bedeutung bestimmter möglicher Merkmale von Qualität gekennzeichnet und damit die Richtung des Qualitätsbegriffes eingeschätzt werden kann. (Die Übersicht bezieht sich bereits konkret auf Schule und stammt von Teilnehmern einer „Zukunftswerkstatt" zum Thema: „Was ist heute/in Zukunft wichtig für die Qualität von Schule?")

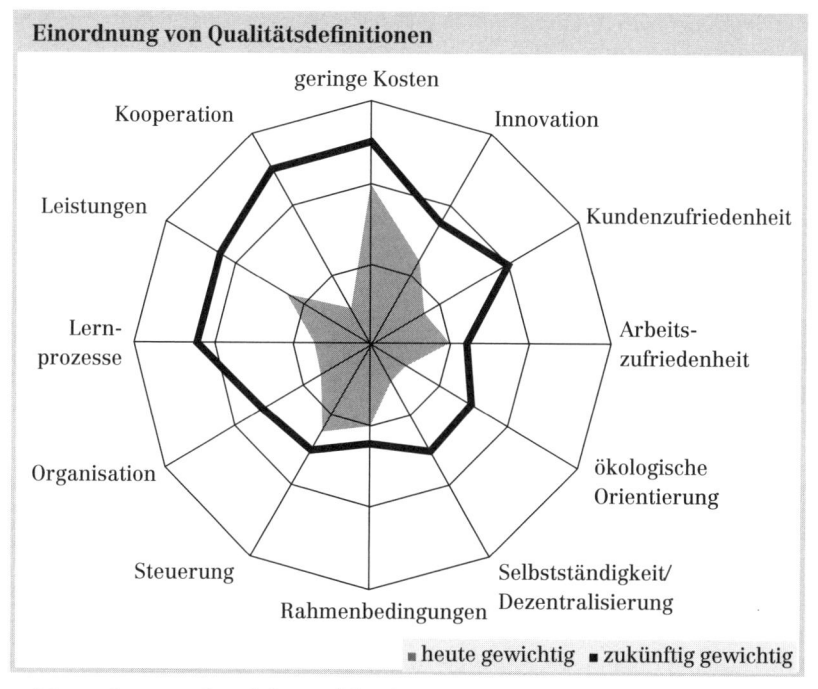

Einordnung von Qualitätsdefinitionen

Achsen: geringe Kosten, Innovation, Kundenzufriedenheit, Arbeitszufriedenheit, ökologische Orientierung, Selbstständigkeit/Dezentralisierung, Rahmenbedingungen, Steuerung, Organisation, Lernprozesse, Leistungen, Kooperation

■ heute gewichtig ■ zukünftig gewichtig

Man erkennt anhand der auf den letzten Seiten angebotenen drei Aspekte des Qualitätsbegriffs deutlich, dass es keine einheitliche, quasi-objektive Definition geben kann. Das liegt insbesondere an der geschilderten Schwierigkeit, Forschungsergebnisse über das Zusammenwirken und die Stabilität von Qualitätsmerkmalen vorzulegen und die langfristige Wirkung und

Bedeutung bestimmter Merkmale zu bestimmen. Bezogen auf die Schule resümiert DITTON, „dass insgesamt unklar ist, auf welcher Ebene [...] und mit welchen Verfahren [...], anhand welcher Bewertungsmaßstäbe und Erwartungen [...] reliable und valide Aussagen über die schulische Qualität oder Grade der Zielerreichung getroffen werden können." (DITTON 2000, S. 2).

Forschungsergebnisse

An welchen wichtigen und nützlichen Forschungsergebnissen über Schul- und Unterrichtsqualität kann man sich orientieren?

Zu Beginn dieses Kapitels ist bereits angesprochen worden, wie schwierig und komplex es sein kann, die Forschungsergebnisse über Schul- und Unterrichtsqualität einzuordnen, zu gewichten und für die Praxis in der Schule fruchtbar zu machen. Der folgende Überblick soll zur Nutzung der Forschungsergebnisse anregen und deren Umsetzung erleichtern. Er bietet Material für Verständigungsprozesse in Fachgruppen, sowohl über eigene Zielvorstellungen als auch über Verfahren, wie man die Qualität in der Schule selbst untersuchen kann.

Die Zahl allgemeiner Studien über Schul- und Unterrichtsqualität ist nicht mehr überschaubar. In zahllosen Projekten werden in unterschiedlichsten Formen und mit diversen methodischen Ansätzen (von der Handlungsforschung über Experimente bis hin zu repräsentativen Befragungen) einzelne Elemente oder Gesamtstrukturen untersucht. In umfassenden Meta-Studien wird dann versucht, die Ergebnisse der Einzelstudien zusammenzufassen und zu bewerten.

Ein großer Teil der Forschungsergebnisse über Schul- und Unterrichtsqualität stammt aus Ländern, deren Bedingungen und Strukturen von Schule nur sehr bedingt mit denen in Deutschland zu vergleichen sind. So ist beispielsweise eine Übertragung von Forschungsergebnissen aus den Vereinigten Staaten über die Bedeutung von Schulleitung für Schulentwicklungsprozesse und Qualitätsentwicklung nur sehr eingeschränkt möglich.

Neben den umfangreichen Studien von FEND (1998), deren Ergebnisse z. T. für die Checkliste des Eingangsexperiments (S. 14 f.) verwendet wurden, sind die folgenden Studien bzw. Metastudien in der deutschen Diskussion über Schul- und Unterrichtsqualität immer wieder aufgegriffen worden. Ihnen kann man eine große Zahl von Merkmalen für Qualität bezogen auf verschiedene Teilsysteme entnehmen.

Bekannte (Meta-)Studien über Schul- und Unterrichtsqualität

Nachfolgend sind stichpunktartig die wichtigsten Merkmale zusammengefasst, die die genannten Studien herausgearbeitet haben.

Schwerpunkt 1: Kontext- und Prozessmerkmale
nach STEFFENS (1995, S. 38):
- Leistungsorientierung der Schule
- förderndes Lernen
- pädagogisches Engagement der Lehrer
- kontrollierte Beobachtung und Begleitung der Lernfortschritte der Schüler
- Sicherung der Mindestbedingungen von Disziplin und Ordnung in der Schule
- Führungsqualitäten von Leitungs- und Lehrpersonen in der Schule
- Klima des Vertrauens
- arbeitsorganisatorisches Funktionieren einer Schule
- Lehrerkooperation
- Innovationsbereitschaft und -fähigkeit der Lehrer
- Einbeziehung der Eltern
- flankierende schulaufsichtliche Stützmaßnahmen

nach FULLAN (1985, S. 400)
Faktoren für Schule als eine gute Organisation:
- ein Gefühl für den Prozess der Führung
- eine gemeinsame Wertorientierung (z. B. Einigkeit über hohe Erwartungen, klare Regeln, formulierte Ziele ...)
- intensive Interaktion und Kommunikation
- gleichzeitiger Zug und Druck von außerhalb und innerhalb der Schule
- gemeinsame Planung und Umsetzung

Schwerpunkt 2: gute Schule und guter Unterricht

nach SCHEERENS (1992, S. 83, 45):

Auf der Unterrichtsebene:
- strukturierter Unterricht (klare Ziele, adäquates Material, angemessene Lernumgebung, Übungsmöglichkeiten, Lernfortschrittskontrollen)
- effektive Nutzung der Lern-/Unterrichtszeit z. B. durch Erstellung schuleigener Lehrpläne, durch Betonung von Lernen als Zentrum von Unterricht, durch Schaffung lernunterstützender Arbeitsatmosphäre
- enger Zusammenhang zwischen dem, was unterrichtet und was geprüft wird

Auf der Schulebene:
- Betonung von Leistung und Lernen als ausdrücklichem Ziel der Schule
- unterrichtsbezogene Leitung von Schule
- qualifizierte Lehrer
- Fähigkeiten der Schule zur Evaluation
- angemessene finanzielle und materielle Möglichkeiten der Schule
- gutes Schulklima

Ergänzend dazu nach MORTIMORE u. a. (1988, S. 250-256):
- Höchstmaß an Kommunikation zwischen Lehrern und Schülern, Mischung von Interaktion mit Einzelnen, Gruppen und Klasse
- aktive Beteiligung der Lehrer an Erarbeitung schulinterner Lehrpläne, Beteiligung an Entscheidungsprozessen in der Schule

Schwerpunkt 3: gute Lehrer

nach PORTER/BROPHY (1988):

Gute Lehrer sind ‚teilautonome Professionals'. Sie ...
- sind sich im Klaren über ihre Unterrichtsziele.
- beherrschen die inhaltliche Umsetzung der Ziele und wissen, mit welchen Methoden man sie unterrichten kann.
- vermitteln ihren Schülern, was von ihnen erwartet wird – und warum.
- nutzen vorhandene Unterrichtsmaterialien fachmännisch, um mehr Zeit zu gewinnen für Übungen, die den Inhalt anreichern und klären.
- kennen ihre Schüler, können ihren Unterricht an deren Bedürfnisse anpassen und evtl. vorhandene falsche Vorstellungen berücksichtigen.
- erklären ihren Schülern Lernstrategien und -methoden und geben ihnen Gelegenheit, sie zu üben und anzuwenden.
- behandeln fachlich sehr anspruchsvolle und auch fachlich weniger anspruchsvolle Themen.

- versichern sich durch ein regelmäßiges, geeignetes Feedback, dass die Schüler die Unterrichtsinhalte verstanden haben.
- stimmen ihre Unterrichtspraxis mit der in anderen Fächern ab.
- nehmen ihre Verantwortung für die Leistungen der Schüler an.
- überdenken und reflektieren ihre Praxis.

Eine exemplarische Übersicht über Forschungsergebnisse zur Schul- und Unterrichtsqualität hat DITTON (2000) vorgelegt. Für den Unterricht wichtige Faktoren sind nach seinem Modell: *Qualität, Motivierung, Angemessenheit* und *Unterrichtszeit*. Auf der Ebene der Schule sind dies: *Schulkultur, Kooperation* und *Koordination, Schulmanagement* und *Personalentwicklung*.

Wichtige Faktoren für die Qualität von Unterricht	
Qualität (Quality)	**Motivierung (Incentives)**
■ Struktur und Strukturiertheit des Unterrichts ■ Klarheit, Verständlichkeit, Prägnanz ■ Variabilität der Unterrichtsform ■ Angemessenheit des Tempos (Pacing) ■ Angemessenheit des Medieneinsatzes ■ Übungsintensität ■ Behandelter Stoffumfang ■ Leistungserwartungen und Anspruchsniveau	■ Bedeutungsvolle Lehrinhalte und Lernziele ■ Bekannte Erwartungen und Ziele ■ Vermeidung von Leistungsangst ■ Interesse und Neugier wecken ■ Bekräftigung und Verstärkung ■ Positives Sozialklima in der Klasse
Angemessenheit (Appropriateness)	**Unterrichtszeit (Time)**
■ Angemessenheit des Schwierigkeitsgrades ■ Adaptivität ■ Diagnostische Sensibilität / Problemsensitivität ■ Individuelle Unterstützung und Beratung ■ Differenzierung und Individualisierung ■ Förderungsorientierung	■ Verfügbare Zeit ■ Lerngelegenheiten ■ Genutzte Lernzeit ■ Inhaltsorientierung, Lehrstoffbezogenheit ■ Klassenmanagement, Klassenführung

nach DITTON (2000)

Wichtige Faktoren für die Qualität von Schule	
Schulkultur ▪ Gemeinsam akzeptierte, handlungsrelevante und eindeutige Ziele ▪ Gemeinsam geteiltes Aufgabenverständnis ▪ Einigkeit hinsichtlich der primär zu erfüllenden Aufgabe ▪ Eine gemeinsame Vision	**Schulmanagement** ▪ Organisatorische und pädagogische Leitung ▪ Geklärte Entscheidungsbefugnisse und –verfahren ▪ Geregelte Zuständigkeiten und Verantwortlichkeiten ▪ Geregelte Aufgabenverteilung
Kooperation und Koordination ▪ Koordinierter Schul- und Unterrichtsbetrieb ▪ Kooperation innerhalb der Schule (Schulleitung-Lehrer-Schüler) ▪ Kooperation mit Partnern außerhalb der Schule (Eltern, Administration, Berater etc.)	**Personalpolitik und Personalentwicklung** ▪ Rekrutierung, Sozialisation und Weiterbildung der Lehrer ▪ Einführung neuer Lehrer ▪ Regelungen der Fort- und Weiterbildung ▪ Erfahrungsaustausch/Wissens-Sharing

nach DITTON (2000)

ALTRICHTER/MESSNER (1998) unterscheiden die Faktoren, die Schul- und Unterrichtsqualität ausmachen, nach den Bereichen *Input, Prozess, Ergebnis* und *Kontext* (siehe Tab. S. 29). Auch wenn die Definition einzelner Faktoren noch allgemein bleibt und sich deren Wirkung zum Teil nur schwer messen und von der anderer Faktoren abgrenzen lässt, so ist die Grundaufteilung der Bereiche als Orientierungsrahmen bei der Analyse von Qualität durchaus hilfreich und produktiv.

DITTONS strukturierte Zusammenstellung von Forschungsergebnissen zur Unterrichts- und Schulqualität oder der Gliederungsvorschlag von ALTRICHTER sowie die Tabelle bekannter (Meta-)Studien können nicht dazu verwendet werden, die Qualität einer Schule oder von Unterricht (scheinbar) objektiv zu analysieren und zu bewerten. Ob ein Merkmal aus diesen Übersichten in der Schule vorkommt oder nicht, gibt noch keine Auskunft über die Qualität. Auch die Summe erreichter bzw. nicht erreichter Merkmale kann für sich allein genommen nichts über die Qualität einer Schule oder von Unterricht sagen.

Evaluation

Wie die einzelnen Merkmale zusammenwirken, muss in einem Analyse- und Verständigungsprozess in der einzelnen Schule herausgearbeitet werden. Dabei können die Übersichten über Qualitätsmerkmale sinnvoll als Grundlage für Analysen und Forschungen sowie zur Strukturierung oder Reflexion eingesetzt werden. An ihnen kann man sich orientieren, wenn man die Arbeit der Schule und seinen eigenen Unterricht untersuchen will.

Die Qualitätsfaktoren Input, Prozess, Ergebnis und Kontext

Input	Prozess	Ergebnis
in das System eingehende Faktoren sind u. a.: ■ Qualifikation der Lehrkräfte, ■ räumliche Ausstattung, ■ die verfügbaren Materialien, ■ Ressourcen sowie ■ Gesetze und Regelungen, die das Verhalten in den Institutionen normieren.	das Schulleben und seine Kultur: ■ [...] die Interaktionen zwischen Lehrkräften und Schülerinnen und Schülern, ■ die Interaktion zwischen Lehrkräften, ■ [...] die Aktivitäten der Schülerinnen und Schüler im Unterricht, ■ [...] die Auseinandersetzung der Schülerinnen und Schüler mit Aufgaben usw.	Ergebnisse schulischer Arbeit, z. B.: ■ Leistungen von Schülerinnen und Schülern nach einem gewissen Zeitraum, ■ Ergebnisse der schulischen Betriebsführung, ■ das öffentliche Image der Schule, ■ Zufriedenheit von Schülerinnen und Schülern, Lehrkräften, Eltern usw.

Kontext
Kontextmerkmale wirken im Umfeld der Schule und haben einen indirekten Einfluss auf die schulischen Prozesse [...].

(vgl. ALTRICHTER/MESSNER 1998, S. 297)

Evaluation

- Was hat Qualität mit Evaluation zu tun?
- Was ist Evaluation?
- Was kann Evaluation leisten?
- Welche Merkmale kann man evaluieren?
- Wie kann man ein Evaluationsvorhaben umsetzen?

Was hat Qualität mit Evaluation zu tun?

Den (eigenen) Unterricht und die Schule zu erforschen und herauszufinden, wo Stärken liegen und wo Schwächen auftreten – das ist ein Kernstück der Arbeit an der Qualität in der Schule, das ist Evaluation.

Mit Hilfe von Evaluation kann man systematisch Erkenntnisse über seine eigene Arbeit und über die Schule gewinnen und dann zu einer bestätigenden oder verändernden Bewertung kommen. Wie der Begriff „Qualität" genießt auch „Evaluation" das Ansehen eines Wundermittels oder von Teufelszeug. Beides ist sie nicht. Evaluation kann für den einzelnen Lehrer und die Schule sehr nützlich sein, viele neue und wichtige Erfahrungen zu vermitteln. Grundsätzlich soll Evaluation eine produktive Absicht verfolgen: Sie soll die eigene Arbeit besser verstehen helfen, sie soll Bestätigung geben und Entwicklungsfelder aufzeigen. Evaluation ist nicht gedacht als reaktive Abrechnung mit dem Status quo. Wer nichts mehr verändern will oder muss, für den gibt es auch keinen Anlass zu Evaluation.

Die Tatsache, dass Evaluation immer stärker zum Alltag von Lehrerinnen und Lehrern gehören wird – und oft schon lange gehört – kann man auch positiv darstellen: Evaluation schafft die Möglichkeit der Selbstvergewisserung über die Qualität der eigenen Arbeit, sie stellt Informationen für gemeinsame Entwicklungs- und Arbeitsprozesse zur Verfügung.

Evaluation ist Teil professioneller pädagogischer Arbeit. Sie ist eine Aufgabe, die auf allen Ebenen des Schulsystems eine wichtige Rolle spielt. Sie ist keine Sache, die man um ihrer selbst willen tun muss. Entscheidend ist, dass sie Folgen für das Lernen und die Lernergebnisse in der Schule hat.

In zweiten Teil dieses Praxishandbuchs werden Instrumente, Ansätze und Verfahren vorgestellt, mit deren Hilfe man in diesem Sinne Evaluation im Mathematikunterricht durchführen kann. Die folgenden Basisinformationen geben eine kurze Orientierung über Evaluation im Allgemeinen (nach BURKHARD/EIKENBUSCH 2000).

Was ist Evaluation?

Evaluation – eine Arbeitsdefinition	
Schulinterne Evaluation ist	**Schulexterne Evaluation** ist
<ul><li>ein kontinuierlicher systematischer Lern- und Arbeitsprozess der Schule selbst,</li><li>bei dem vor Ort, von den Beteiligten selbst</li><li>Informationen bzw. Daten</li><li>über das Lernen, den Unterricht und die Schule gesammelt werden.</li></ul>	<ul><li>eine durch Verpflichtung oder Vereinbarung veranlasste,</li><li>von schulexternem Personal (Schulaufsicht, anderen Schulen, Eltern) durchgeführte,</li><li>Analyse und Bewertung</li><li>vorhandener oder eigens erhobener Daten oder Informationen der Schule oder ihrer Mitglieder</li><li>über Ergebnisse, Bedingungen und Qualität</li><li>des Lernens, des Unterrichts bzw. des Schullebens.</li></ul>
Ziel ist dabei:	
Erkenntnisse aus ihnen zu gewinnen und begründet zu bewerten.	<ul><li>der Schule eine Rückmeldung über ihren Leistungsstand zu geben</li><li>die Vergleichbarkeit der Schulen und ihrer Anforderungen zu sichern</li><li>Schulentwicklung anzuregen</li><li>Grundlagen für Bildungsberichterstattung zu gewinnen</li><li>die Einhaltung von eingeräumten Frei- und Gestaltungsräumen zu gewährleisten</li></ul>

Was kann Evaluation leisten?

Evaluation kann drei grundlegende Funktionen wahrnehmen:
- **Werkzeug der Planung und Steuerung** – Daten und Informationen werden bei Beteiligten gesammelt, um ihre Sichtweise einzuholen, um Entscheidungen treffen zu können und um gesichertes Wissen über eingesetzte Verfahren oder von Konzepten zu erhalten.
- **Selbstvergewisserung, Forschung, Erkenntnisgewinn** – Mit Evaluation soll das Wissen über die eigene Situation erweitert, sollen neue Einsichten

gewonnen werden, um Handlungssicherheit und Orientierung zu erhalten. Dahinter steckt die Vorstellung, dass jemand, der mehr über die Wirkungen des eigenen Handelns, über die Realisierung von Zielen und die Voraussetzungen seines Arbeitsbereiches weiß, Situationen und Probleme besser verstehen und somit gezielter und wirkungsvoller handeln kann.

- **Rechenschaftslegung** – Evaluation untersucht und bewertet die Qualität von erreichten Ergebnissen und von Arbeitsprozessen. Durch Evaluation kann man sich selbst und anderen Rechenschaft über die eigenen Leistungen geben und die Einhaltung eigener oder fremder Standards sowie die Zielerreichung überprüfen.

Welche Merkmale kann man evaluieren?

Welche Bereiche, Faktoren oder Merkmale bei einer Evaluation in den Blick genommen werden müssen, hängt vom Ziel und der Funktion ab, die eine Evaluation erfüllen soll. Ziel einer Evaluation sollte es sein, die unterschiedlichen Dimensionen schulischer Arbeit zu verbinden und Antwort auf die Fragen wie die im Folgenden aufgeführten zu bekommen.

> **Evaluieren kann man alles, was Antwort auf folgende Fragen gibt:**
> - Wie können wir die Ergebnisse der Schule verbessern?
> - Von welchen (veränderbaren) Rahmenbedingungen und Strukturen wird die Arbeit besonders beeinflusst?
> - Wie sehen die Lernbedingungen in der Klasse aus?
> - Wie werden Schüler in Entscheidungen über Lernen einbezogen?
> - Welche Lernsituationen haben zu welchen Ergebnissen geführt?

Die folgende Übersicht gibt weitere Anregungen für die Entscheidung, welche Bereiche man evaluieren will. Auch für sie gilt, dass man bei der Auswahl von Merkmalen überlegt vorgehen muss, um nicht durch die Auswahl schon Ursache-Wirkungs-Zusammenhänge zu postulieren. Auch für scheinbar offensichtliche Zusammenhänge von *Input-Prozess-Output* (z. B. bei dem Zusammenhang von Klassengröße und Schülerleistung) lassen sich oft keine empirisch abgesicherten Belege finden. Das muss nicht bedeuten, dass kein Zusammenhang besteht, es kann auch einfach nur noch nicht gelungen sein, ihn nachzuweisen.

Evaluation

Qualitätsdimensionen des Unterrichts (ausgewählte Merkmale)

Input	Prozesse	Output (kurzfristige Wirkung)
■ Arbeitsbedingungen im Klassenraum (Licht, Luft, Lärm) ■ Ausstattung des Klassenraums ■ Differenzierungsangebot ■ Einbeziehung der Eltern ■ Erwartungen der Schulleitung, Eltern … ■ Fortbildung von Lehrkräften ■ Gemeinsame Planung in der Schule ■ Gesetzliche Rahmenbedingungen ■ Kenntnisse und Fähigkeiten des Fachlehrers im Fach und für Unterrichtsreihe/-stunde ■ Klassenstärke ■ Lehrkräftebestand ■ Materialien (Verfügbarkeit, Differenziertheit) ■ Normenklarheit ■ Schuleigener Lehrplan ■ Schülerbibliothek ■ Stundenplan / Organisation ■ Übungsmöglichkeiten außerhalb der Klasse ■ Ressourcen	■ Bearbeitung relevanter Themen/Inhalte ■ Beobachtung und Begleitung der Lernfortschritte der Schülerinnen und Schüler ■ Betonung: Lernen als Zentrum von Unterricht ■ Effektive Organisations- und Verwaltungsstruktur ■ Eigene Aktivität der Schüler im Lernprozess ■ Einbezug von Schülern in Entscheidung über Lernaktivitäten ■ Feedback, ob Unterrichtsinhalte verstanden wurden ■ Gestaltung der Lehr- und Lernprozesse ■ Gestaltung des Unterrichts ■ Kommunikation in der Klasse ■ Schaffung einer Leistungskultur ■ Mischung der Interaktion von Einzelnem, Gruppe, Klasse ■ Nutzung der Lernzeit ■ Reflexion der Praxis ■ Professionelles Handeln der Lehrenden ■ Gültige Standards für Methodenanwendung ■ Wertschätzung von Wissen und Kompetenz ■ Zusammenarbeit zwischen Schüler und Lehrer, Lehrer und Lehrer, Lehrer und Schulleitung	■ Erwerb intelligenten Wissens ■ Leistungen von Schülern nach einem gewissen Zeitraum ■ Zufriedenheit von Schülern, Lehrkräften, Eltern ■ Ergebnisse der schulischen Betriebsführung (besonders im Privatschulwesen) ■ Grundlegende Lernkompetenzen und Schlüsselqualifikationen **Outcome (langfristige Wirkung)** ■ Schüler stellen sich in eigener Initiative Herausforderungen ■ Langfristig vorhandenes hohes Schülerinteresse am Fach ■ Beruflicher Erfolg der Absolventen ■ Persönliche Identität und Stabilität ■ Anerkennung

Kontextbedingungen

■ Merkmale von Jugendkulturen ■ gesellschaftliche Veränderungen …

(BURKHARD/EIKENBUSCH 2000, S. 67)

Wie kann man ein Evaluationsvorhaben umsetzen?
Grundsätzlich unterscheidet man folgende Techniken und Verfahren der Evaluation:
- **Schriftliche Befragungen**: Zur Erhebung von Einstellungen und Meinungen werden Fragebögen mit vorgegebenen Antwortalternativen (*Multiple-Choice*) oder mit offenen Fragen eingesetzt. Diese Form der Befragung sichert die Anonymität der Befragten und bietet sich dann an, wenn die Sichtweisen von möglichst vielen Personen zu klaren und präzisen Fragestellungen berücksichtigt werden sollen.
- **Strukturierte Gespräche/Interviews**: Anhand eines Fragenkatalogs oder Leitfadens werden einzelne Personen oder Gruppen befragt. Diese Form der Datensammlung bietet die Möglichkeit für Rückfragen und Erläuterungen und ist geeignet, wenn es darum gehen soll, komplexe Themenstellungen zu untersuchen oder Ursachen für Probleme beziehungsweise Bedingungen für ein Gelingen zu identifizieren.
- **Auswertung vorhandener Daten/Dokumentenanalyse**: Zu vielen Sachverhalten liegen in Schulen bereits Daten vor, die für eine Evaluation herangezogen werden können. Dieses Verfahren hat den Vorteil, dass keine neuen Daten gesammelt werden müssen und bietet die Möglichkeit, rückblickend auch Prozessverläufe zu berücksichtigen.
- **Klassenarbeiten und andere Verfahren der Lernerfolgsüberprüfung**: Zur Evaluation von Lernergebnissen, Kompetenzen und Fähigkeiten von Schülerinnen und Schülern, beispielsweise mittels mündlicher Überprüfungen, schulpraktischer Arbeiten oder Klassenarbeiten, liegen in Schulen umfangreiche Erfahrungen vor. Im Rahmen von schulübergreifender Evaluation geht es aber weniger um die Bewertung von individuellen Schülerleistungen, sondern vielmehr um die Frage: Was sagen die Ergebnisse von Klassenarbeiten über die Arbeit im Unterricht aus? Die Problematik der Vermischung von Leistungsbewertung und Evaluation in Parallelarbeiten sollte man nicht aus den Augen verlieren.
- **Beobachtung**: Soll es nicht um die Erhebung von Meinungen und Einstellungen, sondern um Daten über unmittelbares Verhalten oder die Analyse von Prozessverläufen gehen, bietet sich als Evaluationsmethode die systematische Beobachtung von Situationen anhand von Beobachtungskategorien oder Leitfragen an. Diese Methode bietet den Vorteil, unmittelbaren Einblick in Abläufe zu erhalten. Auf die kollegiale Unterrichtsbeobachtung im Mathematikunterricht geht der Abschnitt auf S. 226 ff. näher ein.

- **„Kreative und expressive" Verfahren:** Es können auch Verfahren wie Collagen, szenische Darstellungen, das Erstellen von Bilden, Formulieren von Metaphern zur Situation der Schule oder eine Bestandsaufnahme per Polaroid-Kamera im Rahmen von Schulevaluation eingesetzt werden. Auch für diese Verfahren gilt, dass die Auswahl der Evaluationsmethode zur Kultur der Schule passen muss und die daran Beteiligten nicht überfordern darf.

2 Qualität im Mathematikunterricht

Qualitätsmerkmale für den Mathematikunterricht

- Wie gewinnt man Qualitätsmerkmale für „guten" Mathematikunterricht?
- Welche Ziele kann sich Mathematikunterricht setzen?
- Wie können diese Ziele umgesetzt werden?

Wo informiert man sich, wenn man Aufschluss darüber erhalten will, was guter Mathematikunterricht sei? Eine breites Spektrum von unterschiedlichsten Quellen kann hier jeweils unterschiedliche Beiträge leisten: In einer großen Zahl empirischer Untersuchungen wird dargestellt, welche Form von Unterricht bei den Schülern zu welcher Art Lernzuwachs führt (oder eben auch nicht führt). In den Richtlinien der einzelnen Bundesländer findet man wohl durchdachtes Expertenwissen. Die umfangreichen Schriften der Studienseminare für die Lehrerausbildung listen auf und erläutern, welche Fähigkeiten ein Referendar während seiner Ausbildungszeit erwerben, kultivieren und demonstrieren sollte. Wem die praktische Relevanz dieser Quellen nicht ausreichend erscheint, der kann auf eine große Zahl von Arbeiten in den einschlägigen didaktischen Fachzeitschriften, und vielleicht auch auf das in dieser Hinsicht leider immer noch viel zu unergiebige Internet zurückgreifen. Aus all diesen Quellen sollte man doch sicherlich einen Eindruck gewinnen, was unter „gutem" Mathematikunterricht verstanden wird. Abgesehen davon, dass eine systematische Darstellung dieser Materialien jenseits des Fassungsvermögens eines einzelnen Buches liegt, wird sich allerdings auch aus einer noch so systematischen Zusammenstellung so disparater Quellen kein stimmiges, für die Praxis wirklich brauchbares Gesamtbild ergeben.

Sinnvoller erscheint da der Weg, den HEYMANN (1996) mit seinem Ansatz der *Allgemeinbildung im Mathematikunterricht* beschritten hat. Auf der Grundlage eines bildungstheoretischen Entwurfes lassen sich Zielvorstellungen für den Mathematikunterricht auffinden, bewerten und gewichten, sowie Entscheidungen über Stoffauswahl oder Arbeitsmethoden treffen. Eine hohe Unterrichtsqualität würde sich somit daran messen, inwieweit der Unterricht zur Umsetzung solcher Zielvorstellungen beiträgt.

Neben einer Verständigung darüber, was Mathematikunterricht leisten *soll* (*normativer Aspekt*), muss bei einer Aufzählung von Qualitätsmerkmalen ebenfalls die Frage einbezogen werden, *mit welchen Mitteln* er diese Ziele erreichen kann. Während die erste Frage immer nur im Konsens aller (entscheidungstragenden) Beteiligten beantwortbar ist, ist die zweite der wissenschaftlichen Untersuchung (im Sinne empirischer Forschung) durchaus zugänglich. Eine klare Trennung zwischen diesen Aspekten wird in diesem Buch allerdings nicht durchweg verfolgt, da hierdurch schnell die Praxisorientierung verloren gehen kann. In diesem einführenden, noch eher theoretisch orientierten Kapitel jedoch sollen Qualitätsmerkmale getrennt nach den folgenden beiden Perspektiven dargestellt werden:

- Zunächst muss man sich über die **Ziele eines modernen Mathematikunterrichts** verständigen. In der heutigen Diskussion findet man teilweise sehr reduktionistische Argumentationen, die den Mathematikunterricht z. B. auf seinen lebenspraktischen Nutzen reduzieren wollen, aber auf der anderen Seite auch sehr differenzierte Ansätze, die Ziele und Möglichkeiten des Mathematikunterrichts aus der Perspektive eines Allgemeinbildungskonzepts bewerten. Die wesentlichen Zielvorstellungen eines solchen Konzepts sollen mit Blick auf die jeweilige Dimension von *Qualität* vorgestellt werden.
- Zugleich werden dabei auch Vorstellungen über die **essenziellen Elemente von gutem Mathematikunterricht** wiedergegeben, die zur Umsetzung dieser Ziele als notwendig erachtet werden. Dabei will ich mich weniger auf zusammengetragene empirische Daten aus der Unterrichtsforschung stützen als auf einen *konstruktivistischen Lernbegriff*. Da dieser äußerst fruchtbar für das professionelle Handeln im Umgang mit Menschen im Allgemeinen ist (und dies ist ja das pädagogische Hand-

lungsfeld im Besonderen), sollen seine grundsätzlichen Wesenszüge in einem eigenen Abschnitt erläutert werden.
Auf diese Weise gelingt es hoffentlich, ein Bild vom Qualitätsverständnis im modernen Mathematikunterricht zu zeichnen – das naturgemäß subjektiv gefärbt sein wird.

Ziele für den Mathematikunterricht

- Wer stellt welche Erwartungen an den Mathematikunterricht?
- Welche Ziele hat allgemeinbildender Mathematikunterricht?
- Was sind die Ergebnisse und Folgen der TIMS-Studie(n)?

Die folgenden Seiten lenken den Blick auf die normativen Aspekte des Qualitätsbegriffs. Dabei zeigt sich ein breites Spektrum von Erwartungshaltungen, Forderungen und Zielsetzungen. Die Diskussion darüber, was der Mathematikunterricht als Bestandteil des Fächerkanons leisten kann und soll, ist weder neu noch einstimmig. Im Folgenden können nur einige wesentliche Aspekte, die die heutige Debatte bestimmen, dargestellt werden. Als Ausgangspunkt der Argumentation ist die folgende zentrale These festzuhalten:

> Die Ziele des Mathematikunterrichts lassen sich nicht aus der Struktur des Faches ableiten. Sie entstehen durch Forderungen, die von außen, d.h. von der Gesellschaft (beispielsweise in Form eines Bildungs- oder Qualifikationsauftrags) an das Fach herangetragen werden.

Hieraus erklärt sich auch die Überschrift dieses Teilkapitels: „Ziele *für* den Mathematikunterricht."

Erwartungen an den Mathematikunterricht

Die Vorstellungen über die Aufgaben des Mathematikunterrichts sind so unterschiedlich, wie die geistigen und politischen Hintergründe ihrer jeweiligen Vertreter.

Auf der einen Seite finden sich Kritiker, die an den Grundfesten des aktuellen Mathematikunterrichts rütteln und für die die Qualitätsfrage nicht trennbar von der *Legitimationsfrage* ist: „Gibt es eine Notwendigkeit für das

Fach Mathematik, beispielsweise in der Form, dass bestimmte Bildungsziele (jenseits der elementaren Kulturtechniken) *nur* im Mathematikunterricht verwirklicht werden können?" PROFKE (1995) kommt zum Schluss, dass der Mathematikunterricht in dieser Hinsicht und insbesondere in seiner derzeitigen Ausformung verzichtbar ist.

Auf der anderen Seite stehen Erklärungen wie die folgende UNESCO-Resolution (gekürzt):

The General Conference
- *considering the central importance of mathematics and its applications in today's world with regard to science, technology, communications, economics and numerous other fields,*
- *aware that the language and the values of mathematics are universal, thus encouraging and making it ideally suited for international cooperation,*
- *stressing the key role of mathematic education, in particular at primary and secondary school level, both for the understanding of basic mathematical concepts and for the development of rational thinking,*

welcomes the initiative of the International Mathematical Union (IMU) to declare the year 2000 the World Mathematical Year and carry out, within this framework, activities to promote Mathematics at all levels world-wide.

Darüber, was der Mathematikunterricht leisten kann und soll, herrscht offenbar kein Konsens. Hier gilt, wie bereits angedeutet, die Devise: „Qualität = Qualität für wen?" Im Folgenden sollen einige maßgeblich betroffene Parteien zu Wort kommen.

Qualität aus der Perspektive der Schüler

Die folgenden Schüleräußerungen entstammen einer Umfrage zu Sinn und Unsinn des bestehenden Schulfächerkanons (nach HUTH/SCHRÖDER 1992):

Claudia, 8. Klasse, Realschule: *„Dann noch etwas zu Mathe, Physik und Musik. In diesen Fächern lernt man Dinge, die man später wohl nie verwenden kann. Vor allem aber in Mathe. Im Beruf braucht man's kaum, aber ohne Mathe bekommt man schon gar keine gescheite Stelle."*

Ulrike, 13. Klasse, Gymnasium: *„So habe ich z. B. die Erfahrung in der Mittelstufe gemacht, dass ich drei Jahre lang zusätzlich zum Grundstoff der Mathematik (der nach Lehrplan vorgeschrieben war) auch noch vielerlei mathematische Zusätze lernen musste mit dem Argument meiner Lehrerin, dass wir dies alles noch in der Oberstufe genauer durchnehmen würden – was größtenteils nicht der Fall war!"*

Ziele für den Mathematikunterricht

Yvonne, 8. Klasse, Realschule: *„Ich finde, bis zur 8. Klasse bekommt man so gut wie gar nichts von der Welt mit. Ich finde, ab der 5. Klasse müsste man ein Fach erfinden, wo man mehr von der Realität mitbekommt, eben das Fach ‚Real' wie Realität."*

Die Kritik vieler Schülerinnen und Schüler am Mathematikunterricht bezieht sich offenbar wesentlich auf die Dimension der lebenspraktischen Nützlichkeit von Mathematik. Das Fach wird nicht selten als realitätsfern und seine Bedeutung als instrumentell wahrgenommen. In weiteren Äußerungen plädierten Schülerinnen und Schüler in dieser Umfrage für eine freiwillige Neigungswahl, insbesondere von Fächern, wie Mathematik, Physik und Musik.

Qualität aus der Sicht von „Erwachsenen" (d.h. Nichtmathematikern)

Vielen Menschen, die in ihren (mathematikfernen) Berufen erfolgreich und zufrieden sind, ist vom Mathematikunterricht nur noch der Selektionsdruck und die Verwirrung, die er anrichtete, gewärtig (nach HEYMANN 1996):

Eine Juristin schreibt: *„Ich bin nach dem Abitur (das mir im Fach Mathematik mit gerade noch mangelhaft gelang) nicht ansatzweise je wieder mit Vektoren-, Integral- oder Differenzialrechnung konfrontiert worden. Wie vorteilhaft würde es sich bei meiner heutigen juristischen Tätigkeit auswirken, wäre stattdessen die alltäglich anzuwendende Dreisatz-, Bruch- und Prozentrechnung vertieft worden."*

Ein katholischer Militärpfarrer schreibt: *„Ich habe mir die höhere Mathematik natürlich eingeprägt, weil ich eine Vier im Zeugnis brauchte [...]. Verstanden habe ich bis heute nichts. Bei mir hörte das Begreifen auf bei der Formel: Minus mal minus ist plus. Warum das so ist, verstehe ich bis heute noch nicht. Wenn ich im praktischen Alltag so gerechnet hätte, wäre ich hochverschuldet und bankrott."*

Man sieht, dass Menschen, die die Bedeutung von Mathematik nicht in ihrem professionellen Alltag erleben (also wohl die meisten), keinen lebenspraktischen Nutzen in dem Fach sehen. Vor diesem Hintergrund wird der Sturm verständlich, der im Oktober 1995 losbrach, als die Zeitungen titelten: „Sieben Jahre Mathematik reichen völlig aus" und sich dabei auf die Habilitationsschrift von HEYMANN (1996) beriefen. Welche tiefen Risse hier in der mathematischen Bildungslandschaft klafften, wurde an der Reaktion der vielen Menschen deutlich, die sich HEYMANN als dem vermeintlichen Anwalt ihrer Ansichten schriftlich mitteilten (s. obige Zitate). Auf der anderen Seite gab es viel Schelte von all jenen, die professionell mit dem Mathematikunterricht beschäftigt sind, sprich von den Mathematikdidaktikern und -lehrern. Diese verweisen zu Recht darauf, dass sich die Qualität des Mathematikunterrichts nicht allein in seiner lebenspraktischen Nützlichkeit erschöpfe. Tatsächlich war dieser falsche Eindruck von HEYMANNS Position auch nur durch eine verkürzte Darstellung in der Presse entstanden, was aber viel über die Befindlichkeit der Bevölkerung aussagt: An der Heftigkeit der Debatte wurde offenbar, dass es dem Mathematikunterricht der letzten Jahrzehnte offensichtlich nicht gelungen war, ein angemessenes Bild von der Bedeutung der Mathematik und der Funktion des Mathematikunterrichts überzeugend zu vermitteln.

Qualität aus der Perspektive der Wirtschaft

Der folgende Text enstammt einem gemeinsamen Positionspapier der Industrie- und Handelskammern, der bundesweit als Broschüre herausgegeben wurde und in verschiedensten Fassungen bei den meisten Industrie- und Handelskammern sowie Berufzentren erhältlich ist (http://www.ihk-emden.de/publikat/beruf.html).

Was erwartet die Wirtschaft von den Schulabgängern?

Die Ausbilder in den Betrieben und die Berufsschullehrer müssen auf einem soliden Fundament aus Wissen und Fähigkeiten aufbauen können, das in der Schule vermittelt wurde. Die Wirtschaft erwartet, dass am Ende der Schulausbildung die Grundlagen für eine stabile Persönlichkeit, für Gemeinschaftsfähigkeit, für Lern- und Leistungsbereitschaft gelegt sind und dass grundlegende Kenntnisse in allen Fächern erworben wurden. Neben Schlüsselqualifikationen sowie persönlichen und sozialen Kompetenzen ist elementares Grundwissen unabdingbare Voraussetzung für eine Ausbildung im Dualen System und für den späteren beruflichen Erfolg.

Fachliche Kompetenzen
1. Die deutsche Sprache in Wort und Schrift
2. Einfache Rechentechniken (die vier Grundrechenarten, Rechnen mit Dezimalzahlen und Brüchen, Umgang mit Maßeinheiten, Dreisatz, Prozentrechnen, Flächen-, Volumen- und Massenberechnungen und fundamentale Grundlagen der Geometrie müssen bei Schulabgängern als bekannt vorausgesetzt werden können. Hinzukommen sollte die Fähigkeit, einfache Textaufgaben zu begreifen, die wichtigsten Formeln anzuwenden und mit Taschenrechnern mathematisch überlegt umzugehen.)
3. Grundkenntnisse in einer der Weltsprachen
4. Grundlegende naturwissenschaftliche Kenntnisse

Ziele für den Mathematikunterricht 41

5. Grundkenntnisse wirtschaftlicher Zusammenhänge
6. Geschichts- und Kulturkenntnisse

Persönliche Kompetenzen
1. Zuverlässigkeit – Sorgfalt – Gewissenhaftigkeit
2. Lern- und Leistungsbereitschaft
3. Ausdauer – Durchhaltevermögen – Belastbarkeit
4. Verantwortungsbereitschaft und Selbstständigkeit (Es geht um die Fähigkeit, für etwas einzustehen, auch wenn es einmal misslingt. Arbeit, Unangenehmes, Lästiges und Verantwortung sollen nicht auf andere abgeschoben werden.)
5. Fähigkeit zu Kritik und Selbstkritik (Kritikfähigkeit bedeutet nicht das pausenlose Diskutieren über alles und jedes, sondern die Fähigkeit, Wichtiges von Unwichtigem zu unterscheiden. Vorausgesetzt werden muss die Fähigkeit, eine Diskussion mit Argumenten für und wider aus der Natur der Sache heraus zu führen. Genauso wichtig ist die Fähigkeit, eigene Fehler einzusehen und zu Korrekturen bereit zu sein.)
6. Kreativität und Flexibilität (notwendig ist die Fähigkeit, im Ansatz auch eigene Ideen zu den alltäglichen betrieblichen Aufgaben und der Organisation des eigenen Arbeitsplatzes hervorzubringen und sich in neue Aufgabenbereiche einzuarbeiten.)

Soziale Kompetenzen
1. Kooperationsbereitschaft – Teamfähigkeit
2. Höflichkeit – Freundlichkeit
3. Konfliktfähigkeit
4. Toleranz

Eine derartige Aufzählung von **Schlüsselqualifikationen** (Terminus technicus in der Berufsbildung) zeigt unter anderem das Folgende:
- Die erwarteten fachlichen Kompetenzen aus dem Mathematikunterricht fallen vergleichsweise bescheiden aus. Oft wird beklagt, dass selbst diese Grundfähigkeiten nur unzureichend entwickelt sind.
- Größtenteils werden überfachliche Handlungskompetenzen erwartet. Was der Schulunterricht und insbesondere der Mathematikunterricht hier leisten kann, ist nicht immer leicht zu klären. Sicherlich lassen aber einige Aspekte wie z. B. der *Umgang mit Fehlern* oder die *Teamfähigkeit* eine Affinität zum Schulfach Mathematik erkennen.
- Hintergrund des Konzepts der Schlüsselqualifikationen, die typischerweise aus einer „Abnehmerbefragung" entstehen, ist immer die Perspektive, dass die vielbeschworene „Konkurrenzfähigkeit des Wirtschafts-

standorts Deutschland" nur auf der Basis eines effizienten Bildungssystems gewährleistet werden kann. Dieses Bild ist – abgesehen von der Problematik eines stark zu bezweifelnden einfachen Kausalzusammenhangs – im Hinblick auf zukünftige ökonomische und gesellschaftliche Entwicklungen zu eindimensional, wie E. U. VON WEIZSÄCKER andeutet: *Die konventionelle Vorstellung, nach welcher die Innovationsfähigkeit im Wesentlichen durch naturwissenschaftlich-technische und allenfalls sprachliche Kompetenz gegeben ist, ist nicht mehr zeitgemäß. Vielmehr geht es auch um kulturell-zivilisatorische Kompetenz. [...] Das Bildungssystem, welches bislang stark im Fächerkanon mit eng gefassten Lerncurricula stehen geblieben ist, müsste sich zur Vermittlung dieser erweiterten Kompetenzen viel stärker in interdisziplinärer und gesellschaftlicher Richtung fortentwickeln.* (ZEITSCHRIFT FÜR ERWACHSENENBILDUNG 4/97)

Qualität aus der Sicht der Universität (als beruflicher Ausbilder)

Das folgende Zitat stammt aus der Broschüre „Voraussetzungen für ein Studium an der Brandenburgischen Technischen Universität Cottbus":

> Begabung, Interesse und Verständnis für Naturwissenschaften und Mathematik sind berufsentscheidende, unverzichtbare Voraussetzungen in den Ingenieurwissenschaften. Ein solides Grundwissen aus der Schule in Mathematik und Naturwissenschaften ist für ein Studium ingenieurwissenschaftlich-technischer Fächer unerlässlich, wobei jedoch Leistungskurswissen nicht unbedingt vorausgesetzt wird. Wichtig ist ein gut entwickeltes räumliches Vorstellungsvermögen.
> Da Ingenieure im späteren Beruf in aller Regel in Gruppen arbeiten, sind persönliche Voraussetzungen, wie die Bereitschaft, andere zu verstehen, mit ihnen kooperativ zusammenzuarbeiten sowie die Fähigkeit zu konstruktiver Kritik von nicht zu unterschätzender Bedeutung. Die Fähigkeit, auf andere zuzugehen, sich mit anderen auseinander zu setzen, aber auch die Freude an der gemeinsamen Suche nach Problemlösungen sind persönliche Voraussetzungen, um erfolgreich und erfüllt studieren zu können.
> In den Bereich der sozialen Kompetenzen gehören auch eine gute sprachliche Ausdrucksfähigkeit und das Beherrschen von Fremdsprachen. Schwierige Fachtexte müssen verstanden, analysiert und zusammengefasst wiedergegeben werden können. Englisch ist im Bereich der Ingenieurwissenschaften heute die dominierende Sprache.

In diesem Ausschnitt deuten sich zwei wesentliche Tendenzen an:
- Die Spezialisierung des Mathematikunterrichts (z. B. im Leistungskurs) wird nicht als Studienvoraussetzung eingeschätzt. Insofern kann die Bedeutung einer schulischen Spezialisierung nur in der *exemplarischen* Ver-

Ziele für den Mathematikunterricht 43

tiefung der Arbeits- und Denkweisen des Faches liegen, nicht in dem zusätzlichen fachspezifischen Wissen. (Dies spiegelt sich in vielen Richtlinien wider, vgl. z. B. MSWWF-NRW 1999, S. 56.)
- Ein großes Gewicht für den Studienerfolg (und späteren Berufserfolg) ist die Fähigkeit zum **kooperativen Problemlösen**. Dies ist ein Lernziel, zu dem das Fach Mathematik eine besondere Affinität aufweist.

Qualität aus der Sicht der Didaktik der „Neuen Mathematik"

Will man die Situation des heutigen Mathematikunterrichts verstehen, so muss man auf das Bildungskonzept der siebziger Jahre zurückblicken. Auch wenn dieses lange überwunden ist, spielen seine Nachwirkungen in der aktuellen Auseinandersetzung um Qualitätsmerkmale des Mathematikunterrichts, besonders aber bei der Diskussion der Defizite heutiger Unterrichtsrealität immer noch eine Rolle. Hier soll ein kurzer Blick auf die wesentlichen Elemente der so genannten Neuen Mathematik und ihren Begründungszusammenhang genügen.
- Spätestens seit dem „Sputnikschock" befürchtete man in Deutschland, technologisch und ökonomisch in Rückstand zu geraten. Als Lösung wurden massive Investitionen in den Bildungssektor angesehen, insbesondere mit dem Ziel, auf breiter Front Techniker und Naturwissenschaftler zu qualifizieren, die das wirtschaftliche Wachstum tragen und befördern sollten. (Vergleiche zur heutigen Situation drängen sich auf, das Menetekel heißt jetzt allerdings Globalisierung.)
- Insbesondere die um sich greifende Technisierung schien es notwendig zu machen, an den Schulen Einblicke in die ihr zu Grunde liegenden Strukturen zu vermitteln. Von der Mathematik versprach man sich eine Strukturierung der Wirklichkeitswahrnehmung.
- Die Strukturen in der Mathematik waren seit den Bemühungen der BOURBAKI-Gruppe als die ganze Mathematik vereinheitlichende Axiomensysteme hervorgetreten. Sie boten gewissermaßen universell gültige Orientierungspunkte, auch für ein Schulcurriculum.
- Durch die **Wissenschaftsorientierung**, d.h. die Ausrichtung des Unterrichtsfaches an Inhalten und Argumentationsweisen der Fachwissenschaft Mathematik, sollte die Schulmathematik die Schüler auf die Anforderungen moderner, wissenschaftlicher Denkweisen vorbereiten können. Die Strukturmathematik wurde als so genannte Neue Mathematik an die Schulen getragen.
- Auf Seiten der Lernpsychologie erhielt diese Entwicklung eine Unterstützung durch die Erkenntnisse PIAGETs, der die Intelligenzentwicklung des

Kindes auf der Basis der fundamentalen Begriffe der Strukturmathematik beschrieb (vgl. z. B. OERTER/ MONTADA 1995, S. 518 ff.).
- Zusätzliche Unterstützung erhielt die fachwissenschaftlich orientierte Mathematik durch die emanzipatorischen Strömungen, die politisch unverdächtige Orientierungspunkte für das Curriculum suchten.

Aus dem heutigen Blickwinkel ist dieser Weg des Mathematikunterrichts längst als ein Irrweg abgetan – nicht zuletzt wegen der Transferproblematik. Wozu also diese Ausführungen? Die Schulmathematik in ihrer heutigen Praxis zehrt immer noch von ihrer damaligen Legitimation als Strukturmathematik. Der Themenkanon der heutigen gymnasialen Oberstufe etwa ist noch sehr fachpropädeutisch geprägt und erst allmählich werden „altbewährte" Inhalte in Frage gestellt. Will man die heutige Schulpraxis (repräsentiert durch Schulbücher, implementiertes Curriculum, Handlungstheorien der Lehrenden usw.) verstehen und diskutieren, so muss man sie immer vor dem Hintergrund der hier dargelegten Qualitätsauffassung sehen.

Die Bedeutung des Bildungsbegriffs

Wie lassen sich die unterschiedlichen Zielvorstellungen für den Mathematikunterricht ordnen und systematisieren, bewerten und kritisieren? Als regulatives Prinzip kann hier der Bildungsbegriff vermitteln. Er ist Orientierungspunkt für die Begründung und die Kritik von Erziehungszielen und Bildungsinhalten. SCHULZ (1988) spricht von der heuristischen, strukturierenden, legitimierenden und kritischen Funktion des Bildungsbegriffs für die pädagogische Arbeit an der Schule. Pragmatischer formuliert HEYMANN (1996, S. 34): „Das Problem, um das es in der neuen Diskussion um Bildung und Allgemeinbildung zentral geht, [ist] durch die Frage charakterisiert worden: ‚Was und wie sollte an öffentlichen Schulen unterrichtet werden?' (‚schulpädagogisches Grundproblem'). Als übergeifendes pädagogisches Leitkriterium muss dann Bildung bzw. Allgemeinbildung so expliziert werden, dass sich Vorschläge, die sich auf die Lösung dieses Problems beziehen (z. B. Lehrpläne, Curricula, Unterrichtskonzepte), sowie unterrichtliche Realisationen solcher Vorschläge im Hinblick auf ihre (allgemein-)bildende Qualität beurteilen lassen. Mit anderen Worten: Bildung bzw. Allgemeinbildung steht für einen Qualitätsanspruch an Unterricht und curriculare Vorgaben für Unterricht ."

In der Allgemeinbildungsidee findet man also eine normative Definition von Qualität. Diese ist als willkürliche Setzung abhängig vom historischen, politischen und weltanschaulichen Ort. Ein **Allgemeinbildungskonzept** ist somit niemals allgemeingültig, sondern „nimmt einen denkbaren gesellschaftlichen Konsens zu den übergreifenden pädagogischen Zielen von Schule aus der Sicht eines einzelnen Autors oder einer Gruppe von Autoren hypothetisch vorweg. Miteinander konkurrierende Explikationen von Allgemeinbildung in Gestalt unterschiedlicher Allgemeinbildungskonzepte sind letztlich Voraussetzungen für einen rational geführten gesellschaftlichen Diskurs, der eine Konsensfindung über neue Lehrpläne, Richtlinien, schulorganisatorische Maßnahmen usw. zum Ziel hat (ebd., S. 47)."

Die Offenheit eines solchen Allgemeinbildungsbegriffs ersieht man beispielsweise daran, dass auch die Bildungsvorstellungen der Siebziger ein damals konsensfähiges Allgemeinbildungskonzept darstellten. Offensichtlich können zwischen Allgemeinbildungskonzepten erhebliche Unterschiede bestehen, die sich unter anderem nach den folgenden Dimensionen charakterisieren lassen:

Emanzipation vs. Enkulturation

Offensichtlich steht die Schule auf dem Kreuzungspunkt des Bedürfnisses des Individuums nach Selbstverwirklichung und der Gesellschaft nach integrierten, produktiven Mitgliedern, also letztlich nach Systemstabilisierung. Der Mathematikunterricht läuft hier schnell Gefahr, sich von (scheinbaren oder tatsächlichen) gesellschaftlichen Ansprüchen funktionalisieren zu lassen. Die Forderungen der von der Wirtschaft und von der „Testindustrie" bedrängten Bildungspolitik nach einer „höheren Effizienz" der mathematischen Ausbildung blendet das Potenzial des Mathematikunterrichts für eine Erziehung zu Selbstbestimmung und Mündigkeit aus der Diskussion aus.

Formale vs. materiale Bildung

Konzepte einer *formalen Bildung* beziehen ihre Legitimation aus der Geschwindigkeit der heutigen gesellschaftlichen und technischen Entwicklungen. Die Lebensvorbereitung kann sich nicht in der Lehre bestimmter Inhalte erschöpfen, sondern muss den Jugendlichen Kompetenzen für lebenslanges Lernen mit auf den Weg geben. Hoffte man in den siebziger Jahren noch, das Denken in mathematischen Strukturen würde „irgendwie" in Handlungskompetenzen in realen Kontexten umschlagen, so weiß man heute, dass eine solche pauschale Transferannahme weit gehend ungerechtfertigt ist. (Im Volksglauben lebt diese Annahme in der oft gehörten Auffassung weiter, die Mathematik sei eine Art universelle Denkschule.)

Die heutige gesellschaftliche Situation ist nicht weniger problematisch als vor 30 Jahren, es sind sogar noch weitere, drängende Fragen nach der Notwendigkeit und „Machbarkeit" formaler Bildung hinzugetreten: „Wie kann die Schule den Umgang mit Medien und Informationsbeschaffung lehren? Wie soll man problemlösendes Arbeiten im Mathematikunterricht gestalten, damit sich universelle Problemlösekompetenzen heranbilden?"

Forderungen nach einem „sicheren Basiswissen" aber auch solche nach der Abschaffung des Mathematikunterrichts nach der siebten Klasse hingegen fixieren allein den Aspekt der materialen Bildung, oft wird dabei der Allgemeinbildungsgedanke auf eine traditionalistische Sichtweise eingeengt. (Im Zeitalter der Quizshows à la Trivial Pursuit wird Allgemeinbildung oft mit einem Kanon abfragbarer, unverbundener Tatsachen gleichgesetzt.)

Hier sollen mit Blick auf den zweiten Teil des Buches einige fundamentale Anforderungen an ein Allgemeinbildungskonzept formuliert werden.

> Ein stimmiges Allgemeinbildungskonzept muss einen Ausgleich zwischen der formalen und der materialen Dimension von Bildung finden. Formale Fähigkeiten werden immer nur an konkreten Inhalten gelernt. Inhalte müssen aus einem (immer größer werdenden) Spektrum von Möglichkeiten ausgewählt werden. Also gilt es,
> - fachbezogene, soziale und personale Kompetenzen zu definieren, von denen angenommen werden kann, dass sie in einer (unbestimmten) zukünftigen Lebenswelt relevant für die Emanzipation, Sozialisation und Qualifikation der Schüler sein können.
> - solche Kriterien für die (immer willkürliche) Auswahl von Inhalten anzugeben, die gewährleisten, dass entweder die Inhalte für die Zukunft der Schüler bedeutungsvoll sind, oder sich formale Kompetenzen daran erlernen lassen.
> - Inhalte und formale Kompetenzen so aufeinander zu beziehen, dass ein möglichst hohes Transferpotenzial unter den Bedingungen einer zukünftigen Lebenswelt zu erwarten oder zumindest nicht ausgeschlossen ist (etwa durch die Wahl von realitätsnahen, relevanten Kontexten).

Alle drei Aufgaben sind so dringlich wie empirisch unzugänglich. Man kann sie als Operationalisierung des KLAFKI'schen Begriffs der kategorialen Bildung verstehen (KLAFKI 1985). Gleichzeitig ist eine gewisse Parallelität zum ROBINSOHN'schen Konzept der systematischen Curriculumsentwicklung nicht zu bestreiten – nur dass die hier formulierten Aufgaben angesichts der Ungewissheit der zukünftigen Entwicklungen und der Komplexität der Lebenszusammenhänge nicht als Basis eines empirischen Forschungsprogramms verwendet werden können.

Eine weitere Dimension, nach der sich Allgemeinbildungskonzepte charakterisieren lassen, ist die nachfolgend dargestellte Unterscheidung (vgl. HEYMANN 1996, S. 19).

Funktionale vs. autonome Bildungskonzepte

Muss sich die allgemeinbildende Schule in ihrem Bildungsangebot jeweils dem aktuellen Stand der gesellschaftlichen, wissenschaftlichen und technischen Entwicklung anpassen (Funktionalitätsthese) oder müssen pädagogische Kriterien benannt werden, anhand derer beurteilt werden kann, in welchem Maße sich die Schule auf aktuelle Entwicklungen der Gesellschaft einlassen sollte (Autonomiethese)? Ein autonomer bildungstheoretischer Standpunkt fordert, dass die oben formulierten Aufgaben eines Allgemeinbildungskonzepts die vornehmliche Aufgabe jeglicher Fachdidaktik sind und ihr nicht durch andere Instanzen abgenommen werden können.

Der Standpunkt, den die Schule in dieser Hinsicht einnehmen soll, ist heutzutage allerdings weit weniger geklärt, als man annehmen möchte. Dies sei im Folgenden kurz an der Diskussion um den Einsatz des Computers im Unterricht belegt. Zwei gegensätzliche Positionen illustrieren zunächst die Situation – THOMAS SEIDEL vom Arbeitsbereich Medienforschung an der FU Berlin schreibt unter dem Titel „Bildung mit dem Computer in der Schule – Computerkompetenz als Schlüsselqualifikation":

Das Vertrautsein mit dem Computer wird für die neuen Generationen von großer Wichtigkeit sein, da die Menschen künftig in vielen Bereichen des täglichen Lebens mit den neuen Informations- und Kommunikationstechniken konfrontiert werden. Globalisierung wird neue Kommunikationsformen notwendig machen, und Teleworking wird zunehmen. [...] Diesen gesellschaftlichen Veränderungen müssen Kompetenzen und Qualifikationen auf der Seite der Nutzer entsprechen. Die Kompetenzen sollten so früh wie möglich im Erziehungsprozess erlernt werden.
(http://www.cmr.fu-berlin.de/~tseidel/Artikel/Psychologieheute.html)

Als ernst zu nehmender Warner vor den Auswüchsen einer „Computermanie" an den Schulen soll HARTMUT VON HENTIG (1993, S. 62) zu Wort kommen.

Seine Aussagen gründen sich auf einer sehr hellsichtigen Analyse von realisierten Projekten und erkennbaren Trends:
Alles, was man pädagogisch erreichen/vermeiden will, erreicht/vermeidet man besser ohne den Computer. Alle Dummheiten, die die Schule macht, macht sie mit ihm verstärkt. Das, was man nur an und mit dem Computer lernen kann, ist herzlich wenig und kann kurz vor der Entlassung in die Arbeitswelt realistischer und wirksamer absolviert werden. Eine Schule, die nur vermarktungsfähige Fertigkeiten hevorbringen will, wird dem schicksalhaften Unglück nicht entgehen, vor dem diese Sätze warnen. Dies kann nur eine Schule, die den wiederholt genannten pädagogischen Auftrag im Sinn hat: jungen Menschen helfen, in ihrer Welt erwachsen zu werden.

Die pädagogische Autonomie kann Schule auch dann verlieren, wenn sie sich in eine selbstverschuldete Abhängigkeit begibt. Hierzu FRIEDRICH SCHÖNWEISS, Professor für Sozialpädagogik an der Universität Münster:

Die Begeisterung über neue Formen des Unterrichts, die möglich geworden seien [...] hat sich so sehr in den Vordergrund geschoben, dass die bloße Erinnerung daran, dass Lernen und Lehren vielleicht auch noch etwas mit Inhalten (und nicht nur mit der Form ihrer Präsentation) [...] zu tun haben könnte, fast automatisch und ohne den Hauch eines Argumentes als ewig gestriges Festhalten an der traditionellen Schule erscheinen muss. Auch wenn es angesichts der Situation an unseren Schulen überfällig ist, ihnen die neuen Techniken zur Verfügung zu stellen, um für Entlastung zu sorgen – für mich hat die euphorische Begrüßung der neuen Medien ein ganzes Stück weit durchaus auch reaktionäre Züge: sofern sie nämlich die Hoffnung beinhaltet, man könne im Grunde alles beim Alten belassen, weil es der elektronische Zauberstab schon richten werde.
(nach: http://www.s-line.de/homepages/mivo/medkomp.htm)

Allgemeinbildender Mathematikunterricht

In diesem zentralen Abschnitt sollen wesentliche Aufgaben des Mathematikunterrichts im Rahmen eines Allgemeinbildungskonzepts entwickelt und erläutert werden.

Ein zeitgemäßes Allgemeinbildungskonzept für den Mathematikunterricht muss alle im letzten Abschnitt genannten Dimensionen sinnvoll integrieren. Einen solchen Ansatz stellt KLAFKIS kategoriale Bildung dar, in der die Gegenstände dem Menschen exemplarisch erschlossen sind (materialer

Ziele für den Mathematikunterricht 49

Aspekt) und hierdurch der Mensch den Gegenständen (formaler Aspekt). Wichtige Elemente seiner kritisch-konstruktiven Didaktik (KLAFKI 1985) sind die folgenden:
- Die Unterrichtsmethoden und -inhalte müssen auf die Ziele Selbstbestimmung, Mitbestimmung und Solidarität ausgerichtet sein.
- Die Unterrichtsthemen sind entweder instrumentell für die genannten Ziele oder potenziell emanzipatorisch. Zu der zweiten Kategorie zählt er die so genannten Schlüsselprobleme (Friedensfrage, Umweltfrage, globale Güterverteilung, Wissenschaftskritik etc.). Die Inhalte müssen für die Schüler eine Gegenwarts- und/oder Zukunftsbedeutung besitzen.

Da sich KLAFKI nicht explizit auf bestimmte Schulfächer bezieht, erscheinen seine Kategorien für den Mathematikunterricht mitunter zu eng oder zu weit. (Sollte der Satz des Pythagoras z.B. als rein instrumenteller Gegenstand angesehen werden, also als Werkzeug für eine (spätere) Wirklichkeitserschließung an „echten" Problemen? Ist der Versuch, sich der diesem Satz innewohnenden Ästhetik zu nähern, in irgendeiner Hinsicht relevant für die emanzipatorische Dimension?) Gerade die Besonderheiten des Schulfaches Mathematik, die wesentlich mit der Sonderrolle der Mathematik im Kanon der Wissenschaften korrelieren, machen es nötig, hier spezifische Kategorien zu definieren, die das Terrain dessen, was Mathematikunterricht für die Allgemeinbildung leisten kann und soll, besser abstecken.

Dem Ansatz dieses Buches entsprechend sollen im Folgenden unterschiedliche Dimensionen des Allgemeinbildungsgedankens erläutert und gegeneinander abgegrenzt werden. Damit wird ein Allgemeinbildungskonzept des Mathematikunterrichts formuliert, das wesentliche Anregungen aus der in dieser Hinsicht richtungsweisenden Arbeit von HEYMANN (1996)[1] bezieht. HEYMANNS sieben Aufgaben der allgemeinbildenden Schule (Lebensvorbereitung, Stiftung kultureller Kohärenz, Weltorientierung, Anleitung zu kritischem Vernunftgebrauch, Entfaltung von Verantwortungsbereitschaft, Einübung in Verständigung und Kooperation und Stärkung des Schüler-Ichs) finden darin alle Berücksichtigung, wenn auch in einer etwas anderen Strukturierung und Gewichtung.

Die im Folgenden aufgezählten und beschriebenen Kategorien und Kriterien sind weder vollständig oder überschneidungsfrei noch allgemein gültig. Auch ist die Auffassung über die Aufgaben und Möglichkeiten des Mathematikunterrichts größtenteils nicht neu (vgl z.B. PESCHEK 1981), die Ent-

---

[1] Kürzere Darstellungen: HEYMANN (1989, 1997), KÖHLER (1995), WEIGAND (1995, 1997).

wicklungen der letzten Jahre haben allerdings einige neue Perspektiven und Schwerpunkte ergeben. Die folgenden Ausführungen stellen somit einen Konsens über die Ziele des Mathematikunterrichts auf der höchsten Abstraktionsebene dar, wie er sich in der aktuellen didaktischen Auseinandersetzung (so auch z. T. in den Richtlinien der Bundesländer) niederschlägt.

1. Die Qualität des Mathematikunterrichts in seiner Funktion als Qualifikationsinstanz

> Die Schule hat die Aufgabe, die Enkulturation der Schülerinnen und Schüler auf einer grundlegenden Ebene sicherzustellen, d.h. der Mathematikunterricht soll für eine erfolgreiche Teilhabe am gesellschaftlichen Leben im Allgemeinen und für die berufliche Verwirklichung im Speziellen qualifizieren.

Hier erfüllt die Schule eine von der Gesellschaft an sie herangetragene Aufgabe. Auf der materialen Seite zählen hierzu die fundamentalen Kulturtechniken, auf der formalen Seite die bereits angesprochenen Schlüsselqualifikationen.

Die **Kulturtechniken** gehören durch ihre unmittelbare lebenspraktische Nützlichkeit wohl zu den anerkanntesten Aufgaben des Mathematikunterrichts. Der Übergang von den „klassischen" Kulturtechniken hin zu modernen formalen Qualifikationen ist allerdings fließend, wie die folgende Aufzählung einiger Beispiele deutlich macht:
- Grundrechenarten
- Prozentrechnung
- räumliche Strukturierung und Gestaltung
- Lesen und Interpretieren von grafischen Darstellungen
- Kopfrechnen
- Überschlagen und Schätzen
- Umgang mit dem Taschenrechner und Computer.

Gegenstand intensiver Diskussionen ist allerdings die Frage, inwieweit die letztgenannten Fertigkeiten andere verdrängen dürfen (Computer und Taschenrechner statt Grundrechenarten und Kopfrechnen?) oder ergänzen müssen (Überschlagen und Schätzen als wichtige Kontrollfunktion).

Der Begriff der **Schlüsselqualifikation**, der oft sehr unscharf verwendet wird, verweist darauf, dass die Geschwindigkeit der technischen und gesellschaftlichen Veränderungen mehr denn je eine hohe Flexibilität verlangt. Weder Lebens- noch Berufssituationen sind heute so beständig, dass es aus-

reicht, in Schule und Ausbildung ein einziges Mal mit einem Repertoire von Grundfähigkeiten ausgerüstet zu werden. Insofern kann man die Schlüsselqualifikationen als **Kompetenz zu lebenslangem Lernen** verstehen. (Hier ergeben sich viele Berührungspunkte und Überschneidungen mit sozialen Kompetenzen, s. S. 58). Einige oft genannte Schlüsselqualifikationen sind:
- Lern- und Arbeitstechniken
- Selbstständigkeit in Auswahl und Aneignung von Fähigkeiten
- Problemlösefähigkeit, Kreativität
- Teamfähigkeit und Kommunikationskompetenz.

Oft werden unter den Schlüsselqualifikationen auch noch die so genannten **Sekundärtugenden** genannt:
- Fleiß, Disziplin, Frustrationstoleranz, Anstrengungsbereitschaft etc.

Diese sind Dimensionen der **Leistungsmotivation** und haben sowohl lernpsychologische als auch kulturelle Aspekte. Das Internalisieren des Leistungs- und Konkurrenzprinzips unserer westlichen Gesellschaft ist immer auch ein Teil des versteckten oder offenen Lehrplans. Gerade die Leistungsbewertung und der Leistungsvergleich in der Schule üben einen (nicht immer positiven) Einfluss auf das Leistungsselbstbild aus (OERTER/MONTADA 1995, S. 803 f).

CZERWENKA (2000, S. 157 ff.) mahnt zu Recht an, dass der Begriff der Schlüsselqualifikation von der Wirtschaft oft als „Verschleierungsmetapher" für die problematischen Aspekte des Übergangs in die Berufswelt missbraucht wird. Es wird auf immer andere Defizite bei den Schulabsolventen verwiesen, aber das große Spektrum der verlangten Qualifikationen kann durch keinen „Zauberkasten der Pädagogik" erreicht werden.

Eine fundamentale Problematik des Mathematikunterrichts, insbesondere des gymnasialen, ist seine qualifikatorische Doppelrolle. Neben der Vermittlung fundamentaler lebenspraktischer Fertigkeiten für alle Schüler muss er ebenso für die Ausbildung in **mathematiknahen Berufen** qualifizieren. Die hier entstehenden Zielkonflikte werden besonders dann deutlich, wenn man nach der allgemeinbildenden Funktion des Mathematikunterrichts in den höheren Jahrgängen der Sekundarstufe fragt.
- Der Mathematikunterricht der gymnasialen Oberstufe muss die Studierfähigkeit *auch* in naturwissenschaftlichen und technischen Berufen gewährleisten. Er spielt eine zentrale Rolle bei der Rekrutierung des (natur-)wissenschaftlichen Nachwuchses zum Wohle der gesamten Gesellschaft.

- Er muss andererseits allgemeinbildend in dem Sinne sein, dass auch Schülerinnen und Schüler, die keine mathematischen Neigungen entwickelt haben, ein angemessenes Bild von der Mathematik aus der Schule mitnehmen, und zwar eines, das nicht durch Leistungsdruck, Überforderung und stoffliche Überfülle gekennzeichnet ist. Denjenigen Schülern, die die Schulausbildung mit der 10. Klasse beenden, darf keine formalistische Methodenschulung zugemutet werden, sondern ihnen muss ein realistisches und realitätsnahes Bild von Mathematik vermittelt werden.

Da eine solche konsequente Abtrennung der Qualifikationsfunktion im heutigen Schulsystem problematisch ist, gibt es Vorschläge zu einer systematischen äußeren Differenzierung des Mathematikunterrichts (z. B. HEYMANN 1996, S. 151 f.):

- Bis Klasse 8 ist das primäre Ziel des Mathematikunterrichts, eine „Fitness für die mathematische Alltagskultur" heranzubilden.
- Ab Klasse 9 setzt eine äußere Differenzierung ein: Schülerinnen und Schüler mit einem Neigungsschwerpunkt im mathematisch-naturwissenschaftlichen Bereich vertiefen ihre Mathematikkenntnisse systematisch und üben das mathematische Handwerkszeug für eine wissenschaftsorientierte Beschäftigung mit der Mathematik. Für die anderen Schülerinnen und Schüler wird ein allgemeinbildender Unterricht eingerichtet, der betont anwendungs- und alltagsorientiert arbeitet, und dabei exemplarische Einblicke in die Besonderheiten des Faches Mathematik gibt. Ansätze dieser Praxis sind bereits in Form von Differenzierungskursen in den Klassen 9/10 enthalten.
- In der bestehenden Trennung in der gymnasialen Oberstufe nach Grund- und Leistungskursen ist diese unterschiedliche Schwerpunktsetzung dem Prinzip nach bereits verwirklicht. Hier müssen insbesondere die Inhalte der Grundkurse sorgfältiger auf ihre allgemeinbildende Funktion überprüft werden, damit die Grundkurse nicht – wie in der Praxis immer noch häufig der Fall – als reduzierte Leistungskurse angelegt werden. Hier liefert die Realitätsorientierung wieder ein angemessenes Auswahlkriterium (z. B. Stochastik statt Vektorrechnung, Projektarbeit statt Routineschulung).

Sicherlich haben diese Forderungen auch problematische Aspekte (wie z. B. die Notwendigkeit einer vielleicht zu frühen Orientierungswahl der Schüler). Die andererseits immer wieder laut werdenden Forderungen nach einer Stärkung der Allgemeinbildung durch einen allgemeinen Ausbau des Schulfaches Mathematik (Pflichtkurse, starke Abiturrelevanz etc.) haben allerdings eindeutig die selegierende und nicht die allgemeinbildende Funktion des Mathematikunterrichts im Hintergrund. Die Rolle, die die Mathematik im gesellschaftlichen Bewusstsein spielt, wird hierdurch eher perpetuiert als verändert.

2. Qualität des Mathematikunterrichts in seiner Funktion als Kulturvermittler

Mathematik ist mehr als eine Ansammlung von Methoden und Begriffen, welche sich im alltäglichen Leben oder in der wissenschaftlich-technischen Berufswelt als nützlich erweisen. Ein Reduzieren der Schulmathematik auf diese Funktion entspricht der Degradierung der Mathematik zu einer „Hilfswissenschaft". Was aber ist Mathematik? Die Art und Weise, wie sich der Mathematikunterricht direkt oder indirekt mit dieser Frage beschäftigt, gehört zu seinen fundamentalen Qualitätsmerkmalen. Diese Position schlägt sich in der Forderung nieder:

> Der Mathematikunterricht soll ein angemessenes Bild von der Mathematik als Teil unserer Kultur vermitteln.

Dies soll anhand der folgenden drei Fragen konkretisiert werden: a) „Warum sollte er dies tun?", b) „Warum ist es schwierig?" und c) „Wie kann man diese Aufgabe angehen?".

a) Warum sollte er dies tun?
Gründe für das Individuum: Ein mathematikfernes Leben ist heutzutage problemlos möglich. Technische Hilfsmittel (deren Konstruktion und Wirkungsweise eine gehöriges Maß Mathematik enthält) nehmen uns mathematische Routinetätigkeiten ab, diverse Vermeidungs- und Kompensationsstrategien ermöglichen es dem „mathematischen Analphabeten" unerkannt zu bleiben. Ähnliches gilt für die Sprache: Eine Auslandsreise ist heutzutage problemlos durchführbar, ohne auch nur einen Laut der fremden Sprache zu verstehen. Allerdings bleiben dem Reisenden ohne die Kenntnis der Landessprache viele Aspekte der Welt verschlossen. Ebenso erschließt die Mathematik einen spezifischen Teil eines Ganzen, der ohne sie verborgen bleibt (JAHNKE 1995). Die mathematische Bildung bedeutet also eine spezifische Form der Weltaneignung. Dieser Aspekt von „Bildung als Mehrwert" findet seine Entsprechung in der Bedürfnishierarchie des Individuums als Wachstumsbedürfnis an der Spitze der Bedürfnispyramide (MASLOW).

Gründe für die Gesellschaft: Ein zentrales Problem unserer heutigen Gesellschaft ist die von SNOW (1959) beschriebene geistige Aufspaltung in zwei Kulturen, die mathematisch-naturwissenschaftliche auf der einen und die geisteswissenschaftlichekünstlerische auf der anderen. Die Atmosphäre zwischen diesen beiden geistigen Welten ist von Missverständnissen und offener gegenseitiger Abwertung geprägt – seit dem jüngsten Wiederaufflammen der Diskussion durch die so genannte SOKAL-Affäre[2] spricht man sogar von „Wissenschaftskriegen". Ob man diesen Zustand nun als Betriebsunfall oder als zwangsläufige Entwicklung unserer Geschichte ansieht, damit abfinden darf man sich nicht. Der spezifische Beitrag des Mathematikunterrichts liegt hier in der Vermittlung eines Verständnisses für die Methoden und Inhalte, die Stärken und Grenzen der mathematischen Denkweise, um der zerstörerischen Wirkung des Konflikts der zwei Kulturen entgegenzuwirken. Ein Dienst, den die Schule in dieser Hinsicht der Gesellschaft leisten kann, ist Technikangst und Technikfeindlichkeit durch einen reflektierten und kritischen Umgang mit Technik – zumindest bei Schülern – zu ersetzen. Dass es heutzutage gesellschaftlich schick ist, öffentlich mit seiner völligen mathematischen Unkenntnis zu kokettieren, ist ein deutliches Zeichen dafür, dass es dem Mathematikunterricht der letzten Jahrzehnte nicht gelungen ist, allgemeinbildende Aspekte mit Breitenwirkung zu vermitteln.

b) Warum ist es schwierig?
Die Schwierigkeiten des Mathematikunterrichts, ein angemessenes Bild von Mathematik zu vermitteln, sind sicherlich zum Teil mit Besonderheiten des Faches zu begründen:
- Die objektive Bedeutung der Mathematik für unsere gesamte technische Umwelt liegt für den unbedarften Beobachter nicht auf der Hand. Mathematik ist in den Konstruktionen und Algorithmen gleichsam versteckt.
- Mathematische Begriffe und Konzepte haben eine Tendenz zur Abstraktion und Symbolisierung. Die mathematische Denkweise ist tendenziell streng und rational. Oft werden mathematische Kontexte als kalt und unmenschlich empfunden. Solche Bewertungen sind ein durchaus legitimer Teil individueller, subjektiver Orientierungen.
- Die Verschlossenheit der Wissenschaft Mathematik führt zu einer ganzen Reihe von sich selbst reproduzierenden Klischeevorstellungen, die die Wahrnehmung behindern können.

---

[2] vgl. z.B. „Der Wissenschaftsschwindel des Physikers ALAIN SOKAL und seine Lehren" von PAUL BOGHOSSIAN, in: DIE ZEIT 5/97

Alle genannten Punkte können in ihrer Wirkung durch die Qualität des Mathematikunterrichts zumindest teilweise aufgehoben werden. Die Einflussmöglichkeiten der Schule sollten hier nicht unterschätzt werden.

Die Schwierigkeiten des Mathematikunterrichts, ein angemessenes Bild von Mathematik zu vermitteln, liegen auch in den Defiziten der heutigen curricularen Orientierung und Unterrichtspraxis. Neben den institutionellen Bedingungen des schulischen Lernens seien hier noch als spezifisch für den Mathematikunterricht die folgenden Punkte genannt:

- Vielen wird vieles zugemutet. Die Ziele der heutigen Unterrichtspraxis definieren sich oft über die Vermittlung eines umfangreichen Stoffkanons an *alle* Schülerinnen und Schüler. Die hierbei entstehenden Überforderungen prägen das Selbstbild vieler Schüler und damit auch das Bild von der Mathematik.
- Das Fach Mathematik wird aufgrund seiner Objektivierbarkeit für Selektionszwecke instrumentalisiert. Der Leistungsdruck wirkt prägender auf die Schülerinnen und Schüler als die Leistungsmotivation.
- Der Aspekt der Fachlichkeit wird oftmals zu früh in den Unterricht getragen. Zu frühzeitige Formalisierung und Begriffsfestlegung lassen Mathematik vielen Schülern als ein willkürliches Regelwerk erscheinen. WITTMANN (1991) spricht von der „Bedrohung des Verstehens durch den Formalismus". Der spielerische Umgang mit Mathematik, der bei vielen Schülern der Unterstufe noch vorherrscht, wird so vorzeitig erstickt.
- Mathematiklehrer vertreten explizit oder implizit ihr eigenes Bild von der Mathematik, das geprägt von der universitären Sozialisation bei vielen aber den Eindruck eines fertigen, in sich abgeschlossenen Gedankengebäudes hinterlassen hat, dem man seine Schätze nur unter Anstrengungen entringen kann. Zudem ist die Lehrmethode der universitären Ausbildung vornehmlich deduktiv strukturiert und lässt wenig Platz für Diskurs. Damit spiegelt sie den Charakter der Mathematik als Wissenschaft nur unzureichend wider.

c) Wie kann man diese Aufgabe angehen?

Damit der Mathematikunterricht ein angemessenes Mathematikbild vermitteln kann, müssen die Schüler Einblicke in die Mathematik als Kulturschöpfung und kulturelle Leistung erhalten (vgl. z. B. MSWWF-NRW, S. 32). Dazu müssen die Besonderheiten, aber auch die Grenzen der mathematischen Denkweise als Weltaneignung exemplarisch dargestellt werden. Hierunter zählen:

- *Die objektive Bedeutung der Mathematik in unserer technischen Umwelt*: Hierzu gehören Einblicke in die Wirkungsweise von Mathematik in Alltagskontexten, die durch eine authentische Anwendungsorientierung erzielt werden können. Auch der mathematische Gehalt heutiger Schlüsseltechnologien (wie z. B. der Algorithmisierung von mathematischen Routineaufgaben in Computern) spielt hier eine wichtige Rolle.
- *Das Potenzial der mathematischen Denkweise für zentrale Probleme der heutigen (globalen) Gesellschaft*: Die Umweltfrage, die Güterverteilung, das Bevölkerungswachstum etc. können mit mathematischen Methoden sicher nicht gelöst werden. Dennoch kann die Mathematik ihren spezifischen Beitrag leisten.
- *Die spezifische Beziehung der Mathematik zur „Wirklichkeit" über das Modellkonzept*: Hierbei können Möglichkeiten, aber auch Grenzen der mathematischen Denk- und Arbeitsweise deutlich werden (z. B. die Beschränkungen von prognostischen Modellen in komplexen Kontexten). Insbesondere wird über das Modellkonzept das besondere Verhältnis zu verwandten Wissenschaften, insbesondere den Naturwissenschaften, vermittelt.
- *Die methodische Sonderrolle der Mathematik als Wissenschaft*: Hier müssen die Charakteristika typischer mathematischer Arbeits- und Argumentationsweisen (Logik, Beweisen, Axiomatik, definitorische Begriffsbildung etc.) nicht nur in Grundzügen erlernt und angewendet, sondern auch in ihrer Tragweite und Abgrenzung gegen die Methoden der anderen Fächer thematisiert werden.
- *Die Universalität und Fundamentalität mathematischer Konzepte*: Auch in der Schule kann dieser Aspekt herausgearbeitet werden, z. B. durch eine Orientierung an so genannten zentralen Ideen der Mathematik (Zahl, Maß, Raum, Wahrscheinlichkeit etc.). Bei einer spiraligen Anlage des Curriculums, die sich immer wieder explizit auf diese Aspekte bezieht, kann den Schülern so die spezifische Struktur des Faches näher gebracht werden (z. B. bei der sukzessiven Erweiterung des Zahlbegriffs).
- *Der ästhetische Wert mathematischer Denkweisen*: Hierzu gehört nicht nur die Ästhetik der logischen Struktur (Beweise), sondern auch Kategorien wie Strukturieren (z. B. Verwandtschaftsbeziehung zwischen Vierecken) oder Symmetrien (in Geometrie und Umwelt).

All diese Aspekte sind in den heutigen Curricula explizit oder implizit angesprochen. Ihre unterrichtspraktische Implementation stellt noch viele ungelöste Aufgaben. An den hier angesprochenen Aspekten wird klar, dass sich allein durch die Wahl eines bestimmten inhaltlichen Stoffkanons die Vermittlung eines solchen Mathematikbildes nicht verwirklichen lässt.

3. Qualität des Mathematikunterrichts für die Schulung des Denkens und die Anleitung zum kritischen Vernunftgebrauch

Der populäre Begriff der „Denkschulung" stellt eine problematische populäre Verkürzung dar. Sicherlich wird im Mathematikunterricht nachgedacht, vielleicht nicht unbedingt intensiver als in anderen Fächern, zumindest aber auf eine besondere Weise. Vielleicht kommt in der populären Auffassung, die Mathematik schule das Denken, auch nur die Einschätzung zum Ausdruck, dass die mathematischen Inhalte in besonderem Maße kognitiv gefärbt sind. Die Übertragbarkeit der im Mathematikunterricht erworbenen „Denkfähigkeit" auf andere (mathematiknahe oder mathematikferne) Situationen, ist jedoch in höchstem Maße diskussionswürdig. Da der Einfluss der Kontexte für die Qualität des Lernens entscheidend ist, muss die Kategorie „Denkschulung" als unfruchtbar für die Unterrichtspraxis abgelehnt werden. Der Begriff des kritischen Vernunftgebrauchs, der den Horizont auf die Dimensionen Mündigkeit und Emanzipation erweitert (vgl. HEYMANN 1996, S. 89 f.), formuliert vielleicht etwas präziser, auf welche Weise der Mathematikunterricht das Denken des Individuums bereichern kann.

- Zunächst einmal stehen die für den Mathematikunterricht typischen Argumentationsweisen paradigmatisch für das **wissenschaftsorientierte Arbeiten** in der Schule. Wichtige Aspekte der wissenschaftlichen Rationalität, wie Selbstkontrolle, die wissenschaftliche Fragehaltung (Skeptizismus), die systematische Untersuchung etc., werden in der Schule propädeutisch, in überschaubaren Zusammenhängen eingeübt. Als einen Höhepunkt dieser Rationalität kann man die axiomatische Methode ansehen, die nicht zuletzt deshalb auch ihre Berechtigung im schulischen Bildungskanon findet.

- Daneben ist der Mathematikunterricht im besonderen Maße dazu geeignet, gewisse **formale Kompetenzen** zu fördern. Dabei sollte aber auch explizit demonstriert werden, inwieweit der Anwendungsbereich solcher Techniken über die Mathematik hinausgeht oder auf sie beschränkt bleibt. Beispiele für solche heuristische Kompetenzen sind: das Denken in komplexen Strukturen mit ausgeprägten wechselseitigen Abhängigkeiten *(systemisches Denken)*, die Durchdringung von systematischen Abhängigkeiten *(funktionales Denken)*, „das" Problemlösen *(heuristische Techniken)* etc.

- Die historische Herkunft des Begriffes der kritischen Vernunft aus der Aufklärungsphilosophie deutet bereits an, dass ein zentrales Ziel der Denkfähigkeit **Mündigkeit, Selbstständigkeit** und **Emanzipation** sein müssen. Hier geht es unter anderem um Kompetenzen wie die Fähigkeit zur Kritik von impliziten und expliziten Voraussetzungen in (logischen) Argumentationen oder um die mündige Rezeption von mathematikhaltiger Information (z. B. den „Milchmädchenrechnungen" vieler Politiker). Ziel ist hierbei die Befreiung des Individuums aus den offenen und verdeckten Abhängigkeiten von Medien, Kommerz und Politik. Eine spezielle Dimension von Mündigkeit, die so genannte Manipulationsresistenz, hat mit dem Hervortreten des Internets eine neues Gewicht erhalten: Es wird immer schwieriger, die Glaubwürdigkeit von Informationen zu bewerten. Die Mathematik liefert hier die Möglichkeit, Informationen auf ihre innere Konsistenz und ihre Stimmigkeit bezüglich leicht zugänglicher Alltagstatsachen zu überprüfen.

Damit der Unterricht dies leisten kann, muss er konsequent am Alltagsdenken ausgerichtet sein und verstehensorientiert argumentieren. Auch eine angemessene Unterrichtskultur (s. u.) ist in dieser Hinsicht ein wesentliches (weil notwendiges) Qualitätsmerkmal.

4. Qualität des Mathematikunterrichts als Förderer sozialer und personaler Kompetenzen

Das Recht auf Perönlichkeitsentfaltung und die Pflicht zur sozialen Verantwortung ist in den Grundlagen unserer Gesellschaftsordnung (und unserem Rechtssystem) verankert. Zum Selbstverständnis heutiger Schule gehört, dass die hiermit verbundenen Erziehungsziele keineswegs nebenbei erledigt oder an bestimmte Fächer oder Unterrichtsinhalte delegiert werden können. Auch wenn der Mathematikunterricht im Unterschied zu anderen Fächern oft keine unmittelbare *inhaltliche* Beziehung zu sozialen Themen hat, so muss er sich dennoch Rechenschaft darüber ablegen, wie er zur Förderung sozialer und personaler Kompetenzen beitragen kann. Die wichtigsten Aspekte seien hier erläutert.

Selbstständigkeit, Verantwortung für den eigenen Lernprozess: Eine so notwendige wie triviale Bedingung dafür, dass Schülerinnen und Schüler Selbstständigkeit und Verantwortungsbewusstsein entwickeln, ist, dass ihnen in reichlichem Maße auch Gelegenheiten dazu eingeräumt werden. Dies geschieht beispielsweise durch eine Beteiligung am Planungsprozess (ein im Mathematikunterricht besonders heikles, aber nicht unlösbares Problem).

Nicht nur mit zunehmendem Alter der Schüler, sondern auf jedem Niveau sollten selbstständige Arbeitsformen berücksichtigt werden. Dabei die Verantwortung für den eigenen Lernprozess zu übernehmen, fällt leichter, wenn zugleich explizit Techniken vermittelt werden, die das Lernen unterstützen.

Identitätsfindung, Persönlichkeits- und Kompetenzerfahrung: Eine solche „Stärkung des Schüler-Ichs" (HEYMANN 1996, S. 117 ff.) bezieht auch personale Kompetenzen wie die Reflexion der eigenen Stärken und Schwächen ein. Eine wichtige Voraussetzung hierfür ist die Existenz von Freiräumen für die Persönlichkeitsentfaltung. In einem Standardunterricht, der auf alle Schüler zugleich (und damit auf keinen Schüler) zugeschnitten ist, werden Abweichung von der Norm schnell als fehlgeschlagene Lernprozesse gewertet. Eine wirkliche Berücksichtigung der Individualität der Schüler kann nur durch Differenzierung in unterschiedlichen unterrichtlichen Arrangements (z. B. nach Lerntypen) gewährleistet werden. Hinzu kommt, dass die Schülerinnen und Schüler auch Gelegenheiten haben müssen, ihre außerunterrichtlich oder in anderen Fächern erworbenen Kompetenzen einzubringen. (Was machen die Schüler, deren Stärken im sanktionierten Schulkanon keine Anerkennung finden?) Weiterhin kann auch die verstärkte Berücksichtigung von Kreativität und Fantasie im Unterricht das Persönlichkeitswachstum unterstützen.

Schließlich darf man nicht vergessen, dass auch und besonders mit den *genuinen* Inhalten des Mathematikunterrichts Kompetenzerfahrungen gefördert werden können und müssen. Hierzu bedarf es einer spiraligen, kumulativen Organisation der Unterrichtsinhalte und des Arrangements von Reflexionsprozessen.

Angesichts des hohen Selektionscharakters des Mathematikunterrichts sind Lehrerinnen und Lehrer im Besonderen dazu angehalten, sich Gedanken darüber machen, wie man einer „Schwächung des Schüler-Ichs" durch Misserfolgsorientierung und Überforderungsangst vorbeugt – etwa durch eine deutliche Trennung von Lern- und Bewertungssituationen oder auch durch eine „kompetenzorientierte" Umsetzung des Curriculums.

Kooperativität, Verantwortung für den Lernprozess der Gruppe: Kooperative Arbeitsformen in der Schule können sehr unterschiedlich gestaltet sein. Eine Gruppenarbeit fördert das kooperative Arbeiten und Lernen allerdings nicht von Vornherein, sondern erst dann, wenn die Schülerinnen und Schüler Sinn und Nützlichkeit der gemeinsamen Bearbeitung erkennen können. Das Gruppenarrangement allein sichert noch nicht, dass eine echte Zusammenarbeit in gegenseitiger Verantwortlichkeit stattfindet – das Gegenteil ist oft der Fall. Geeignete Arrangements, wie z. B. das Gruppenpuzzle (s. S. 179 ff.), vermögen solche Bedingungen herzustellen.

Eine weitere Dimension von Kooperation liegt in dem Verhältnis zwischen dem Laien und dem Experten begründet. Die Verantwortung, jemanden sachgemäß und effizient von seinem Fachwissen zu „unterrichten", ist ein entscheidender Bestandteil einer für die gesellschaftliche Verständigung nötigen „Expertenkultur". Auch Schüler können zeitweise die Rolle eines Experten oder Tutors und damit die Verantwortung für das Lernen von Mitschülern übernehmen.

Interaktions- und Kommunikationskompetenzen: Entscheidend für die Qualität der Inhalte des Mathematikunterrichts ist die Art, wie über sie geredet wird, in welchen Formen Informationen und Meinungen ausgetauscht werden, wie die Beziehungen zwischen den interagierenden Partnern definiert werden. Hier geht es um die so genannte Unterrichtskultur (im engeren Sinne). Ein nicht zu unterschätzender Faktor ist dabei die Vorbildfunktion des Lehrers und der Lehrerin, welche schließlich den Umgang mit Mathematik steuern und demonstrieren. Einige wichtige Merkmale, die der Kommunikationskompetenz zuträglich sind, sind z. B. der Umfang und die Qualität der Kommunikation *zwischen* den Schülern (nicht über den Lehrer), der Umgang mit Fehlern und Kritik oder die behutsame Begriffsbildung im sozialen Konsens.

Fazit: Die vielen Aufgaben des Mathematikunterrichts

Natürlich ist der Mathematikunterricht nicht allein zuständig für die schulische Förderung aller hier genannten sozialen und personalen Kompetenzen (auch die Schule als Ganzes ist nur ein Einflussfaktor). Sicherlich gibt es Fächer, die methodisch und inhaltlich eine größere Affinität gegenüber sozialen Lern- und Erziehungszielen aufweisen. Dies darf allerdings kein Grund dafür sein, diese zu delegieren und aus dem Mathematikunterricht auszuklammern. Dies käme einer pädagogischen Resignation gleich. Zudem riskierte man, dass das Bild vom Mathematik*unterricht*, das die Schüler erwerben und das immer auch eine soziale Komponente hat, auf ihr Bild von Mathematik als Wissenschaft und Kulturgut zurückfällt.

Auch für den Mathematikunterricht gibt es Unterrichtsformen in denen ein großer Teil der genannten kognitiven und sozialen Kompetenzen berücksichtigt werden können. Eine solche Unterrichtsform ist beispielsweise die Projektmethode: Sie fordert und fördert selbstständiges Arbeiten, Verantwortung für das eigene und fremde Lernen, Kommunikation über Mathematik, Einbringen von Alltagserfahrungen und Kompetenzen aus anderen Bereichen usw. Die Projektarbeit ist damit nicht die ausschließlich maßgebliche Methode für den Mathematikunterricht, aber eine, die man unbedingt berücksichtigen sollte, wenn man die hier beschriebene soziale Dimension des Mathematiklernens ernst nehmen will.

Qualität im Spiegel der TIMSS-Debatte

Die Ergebnisse der TIMS-Studie(n) können, wie bereits angeklungen ist und wie im Verlaufe dieses Abschnittes noch einmal dargelegt wird, nur einen eng begrenzten Ausschnitt von der Qualität des Mathematikunterrichts beleuchten. Eine umfassende Vorstellung der Ergebnisse und Bewertungen würde an dieser Stelle das Ziel des Buches verfehlen. In späteren Kapiteln wird allerdings immer wieder auf Aussagen der TIMSS-Debatte zurückgegriffen. Daher soll an dieser Stelle eine kurze Übersicht über die zentralen Ergebnisse und vor allem die aus den Schlussfolgerungen sich ergebende Auffassung von Qualität im Mathematikunterricht gegeben werden.[3]

Vorab sei festgestellt, dass die TIMS-Studie der Anlage nach zwar ein deskriptives Instrument für einen internationalen Leistungsvergleich darstellt, dennoch aber wie jeder Test auch normative Elemente enthält, beispielsweise über die Auswahl der Aufgaben, die ja ein bestimmtes Bild von den erwarteten Schülerleistungen bereits in die Testanlage hineinsteckt. Insofern sind die folgenden Betrachtungen in diesem Teilkapitel „Ziele für den Mathematikunterricht" richtig verortet.

Wie lauten die wichtigsten Ergebnisse von TIMSS?
- In der Hauptstudie wurden in bis zu 41 Ländern jeweils drei Schülerpopulationen untersucht, davon befasst sich TIMSS/II mit den Dreizehnjährigen (das sind in Deutschland Schüler der 7. und 8. Klasse) und TIMSS/III mit den Abschlussjahrgängen der Sekundarstufen. Das zu Grunde liegende Messinstrument war ein in einem internationalen Konsensprozess entstandener Aufgabenkatalog.
- Neben diesem Leistungsvergleich wurden umfangreiche parallele Erhebungen zu den allgemeinen Schul- und Unterrichtsbedingungen durchge-

---

[3] Material findet sich bei BLUM/NEUBRANDT (1998), BAUMERT/BOS/WATERMANN (1998), KAISER (1998), MATHEMATIK LEHREN (10/98) und im Internet beim Max-Planck-Institut für Bildungsforschung (www.mpib-berlin.mpg.de).

führt. Detailliertere Informationen finden sich in den angegebenen Quellen. Über die ebenfalls durchgeführte Videostudie siehe vertiefend S. 218.
- Eine Rangliste der Länder lässt sich angesichts der Standardabweichungen nicht aufstellen. Allenfalls sind Aussagen wie die folgenden möglich: Deutschland liegt im Mittelfeld, zusammen mit den USA und England. Unter den europäischen Staaten liegen die skandinavischen Länder, die Benelux-Staaten und die Schweiz im oberen Mittelfeld, knapp unter der Spitzengruppe, die von Japan und Korea gebildet wird.
- Innerhalb Deutschlands gibt es deutliche Diskrepanzen zwischen den Schulformen, aber auch große Überschneidungen, d.h. es gibt auch auf der Hauptschule einen beträchtlichen Anteil von mit den Maßstäben des Gymnasiums gemessenen „guten" Schülerinnen und Schülern. Die Größe der Stichprobe erlaubt allerdings keine signifikanten Vergleiche der Bundesländer.
- Die Vergleichbarkeit der verschiedenen nationalen Schülerpopulationen ist in vielerlei Hinsicht problematisch. Die Testaufgaben entsprachen nicht immer den tatsächlichen Curricula der Länder (deutschen Schülern fehlten z. B. Kenntnisse in Stochastik) und die Gesamtdauer des Mathematikunterrichts in den Ländern bis zum Test wies z. T. deutliche Unterschiede auf.
- Die Relativität der Ergebnisse deutet die folgende Aussage an: In Korrelation zu den Bildungsausgaben pro Kopf schneidet der deutsche Mathematikunterricht wiederum besser, der schweizerische schlechter und der amerikanische katastrophal ab (MOSER/RAMSEIER/KELLER/HUBER 1997, S. 96 f.).
- Der häufig herangezogene Vergleich mit Japan ist problematisch: Es gilt auch, die in Japan herrschende hohe Wertschätzung für Bildung und die zeitlich umfangreicheren Lernprozesse in der Schule und in außerschulischen Förderungssystemen in Betracht zu ziehen (vgl. FEND 1998, S. 223 ff.). Andererseits ist deswegen nicht ausgeschlossen, dass aus den Lernformen des japanischen Unterrichts positive Anregungen für Verbesserungen des deutschen Mathematikunterrichts gezogen werden können. (Ausführlicheres dazu, einschließlich praktischer Anregungen, findet sich auf den S. 214 und 218.)

In tiefer gehenden Analysen der Ursachen für das Abschneiden der Schüler in verschiedenen TIMSS-Aufgaben wurden charakteristische Stärken und Schwächen deutscher Schüler festgestellt:

Ziele für den Mathematikunterricht 63

- Deutsche Schüler haben besondere Schwierigkeiten, wenn Kenntnisse aus mehreren Sachgebieten verbunden werden müssen und/oder mehrschrittige Lösungen verlangt sind. Die Schwächen treten hervor bei offenen, problemhaltigen, ungewohnten Kontexten.
- Die Stärken deutscher Schülerinnen und Schüler liegen in der Durchführung von Routineverfahren und der Reproduktion von gelerntem Faktenwissen. Einfache Aufgaben, die erfolgreich mit Alltagswissen bearbeitet werden können, lösen deutsche Schüler verhältnismäßig leichter.
- Die Defizite in der Mittelstufe weiten sich in der Oberstufe eher noch aus. Vom 12. zum 13. Schuljahr ist der Lernzuwachs nur noch minimal.

Welche Konsequenzen werden hieraus für den deutschen Mathematikunterricht gezogen?
Die auf der Grundlage der TIMSS-Ergebnisse häufig geforderten Qualitätsmerkmale vom Mathematikunterricht sind:
- Lernen in komplexen, realen Kontexten
- Verstärkung von Selbsttätigkeit und aktiver Aneignung (konstruktivistisches Lernen, s. S. 64 ff.)
- Veränderung der Unterrichtskultur: Verstärkung von Selbstständigkeit, Problemlösen, vernetztes Lernen, kooperative Lernformen, Berücksichtigen verschiedener Lösungswege
- Stärkere Binnendifferenzierung, größere Methodenvielfalt

Diese Forderungen lassen sich allerdings nicht aus den TIMSS-Resultaten *ableiten*, sondern sind Expertenmeinungen zur Wirksamkeit bestimmter Unterrichtsmerkmale. Von ihnen wird angenommen, dass ihre Umsetzung ein zukünftiges besseres Abschneiden bei TIMSS-ähnlichen Erhebungen zur Folge hat. Mit dieser Aussage treffen wir aber bereits auf einen zentralen Aspekt für die Bewertung der TIMS-Studie hinsichtlich der Qualität des Mathematikunterrichts:

> Die aus TIMSS-Ergebnissen abgeleitete Qualitätsauffassung von Mathematikunterricht ist nicht mehr und nicht weniger als die internationale Leistungsfähigkeit bei Leistungsvergleichsstudien wie etwa TIMSS.

Eine derartig zirkuläre Definition ist charakteristisch für alle Erhebungen, die auf Leistungsvergleichen beruhen. (Man beachte die Analogie zur Definition von Intelligenz durch Intelligenztests.) Diese Feststellung bedeutet jedoch nicht, dass aus den TIMSS-Ergebnissen in Verbindung mit weiteren Kriterien keine Konsequenzen für den deutschen Mathematikunterricht gezogen werden könnten. Hierbei zeichnen sich in der Diskussion die folgenden Argumentationslinien ab:

- TIMSS bestätigt die Qualitätsvorstellungen und Kritikpunkte vieler Didaktiker und unterrichtspraktisch Tätiger. Die Ergebnisse lassen sich weit gehend als Unterstützung schon lange formulierter Thesen zur Theorie und Praxis des Mathematikunterrichts werten. Insofern besteht die neue Dimension, die TIMSS der **Debatte um Unterrichtsqualität** gibt, nur in der gesellschaftlichen und politischen Aufmerksamkeit, die dem Thema neuerdings gewidmet wird.
- TIMSS lenkt den Blick auf einen bestimmten Teil von Mathematikunterricht, nämlich die in **Leistungstests** überprüfbaren, fachlichen und fachmethodischen Unterrichtsergebnisse. Da sich die Schule darauf einstellen muss, häufiger und längerfristig auf dem Prüfstand einer neuen „Testkultur" zu stehen, besteht die Gefahr einer eindimensionalen Wahrnehmung des Potenzials von Mathematikunterricht.
- Zu Recht mahnt der gemeinnützige Verein MUED an, dass „laufende Bemühungen um eine sinnvolle Veränderung des Mathematikunterrichts" aus dem Blickfeld geraten könnten – zugunsten von „auf kognitives Lernen verkürzten Anforderungen" (vgl. MUED 1998)
- Bei der Umsetzung der Lehren aus TIMSS orientiert man sich am Erfolg und – aus Effizienzgründen – am besten gleich am Erfolgreichsten und fragt: „Was lernen wir aus dem **japanischen Unterricht?**" Ein plötzliches Aufleben des Interesses am japanischen Bildungssystem ist in der Fachdidaktik festzustellen. So behandeln z. B. vier der sieben TIMSS-Artikel der Ausgabe von MATHEMATIK LEHREN (10/98) Aspekte des japanischen Unterrichts. Mit einem kritischen Blick auf die Gefahr, die von einer allzu einseitigen und unhinterfragten Orientierung ausgeht, liefert der japanische Unterricht bedenkenswerte Anregungen (s. S. 221).

Das konstruktivistische Bild vom Lernen

- Welches sind die Grundprinzipien des Konstruktivismus?
- Welche Bedeutung hat er für das Bild vom Lernen?

Im Laufe des letzten Jahrzehnts hat sich in der Pädagogik auf breiter Front und somit auch – wenngleich mit etwas Verspätung – in der Didaktik der Mathematik und Naturwissenschaft eine Sichtweise des Lernprozesses etabliert, die mit der Bezeichung **Konstruktivismus** umschrieben wird (die Bedeutung dieses Begriffs ist eigentlich wesentlich umfassender und bezieht sich nicht allein auf das pädagogische Handlungsfeld). Nicht ohne Grund spricht man sogar von einem **Paradigmenwechsel** in der Lehr- und Lernforschung, der langfristig wohl auch die Chance hat, auf die Unterrichtspraxis überzuspringen. Leser, die mit konstruktivistischen Ideen bereits vertraut sind, können die folgenden Seiten, die eine kurze Übersicht über die konstruktivistische Sichtweise geben sollen, überschlagen.

Die Besonderheiten der konstruktivistischen Grundhaltung werden besonders deutlich, wenn man sie einem (zugegeben an dieser Stelle etwas naiv überzeichneten) repräsentationistischen Lernkonzept gegenüberstellt.

Lernmodelle

Lernen nach dem repräsentationistischen Modell

> Lernen ist die Aufnahme und Verarbeitung von Information. Dabei entsteht im Gehirn ein inneres Abbild der Außenwelt, das die Gegebenheiten der Wirklichkeit mehr oder weniger getreu widerspiegelt. Ein Lernprozess ist erfolgreich, wenn er zu einer möglichst adäquaten (wirklichkeitsgetreuen) Repräsentation der Realität führt.

Dieses auch als Paradigma der Informationsverarbeitung bezeichenbare Modell bedeutete in der ersten Hälfte des letzten Jahrhunderts einen erheblichen Fortschritt in der Psychologie, löste es doch die behavioristische Schule ab, die Lernen als Ausbildung von Reiz-Reaktionsketten verstand. Es brachte ein reiches Repertoire an neuen Konzepten und Begriffen ein, welche erstmals auch interne, geistige Prozesse mit einbezog. Diese – immer noch zutiefst kartesianische – Vorstellung vom Lernprozess gewann ihre Bedeutung zu einer Zeit, als der Computer als mächtige Metapher für das menschliche Gehirn in Erscheinung trat. Der Einfluss dieser kybernetischen Sicht auf die in Sinnesorganen und im Gehirn ablaufenden mentalen Prozesse ist bis heute ungebrochen populär: Man denke beispielsweise an die Euphorie, die unter den Vertretern der als neuronalen Netze bezeichneten Computermodelle von Wahrnehmung und Intelligenz vorherrscht. (Es soll hier nicht abgestritten werden, dass diese Forschungen tatsächlich zu einem Zuwachs an Erkenntnis über die mögliche Funktionsweise unseres Gehirns geführt hat). Die unreflektierte Anwendung einer repräsenta-

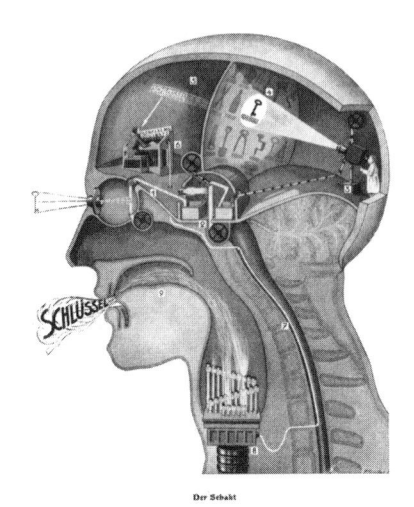

„Der Sehakt" aus: KAHN (1929): Das Leben des Menschen.

tionistischen Grundhaltung auf das pädagogische Handlungsfeld ist allerdings durchweg als problematisch zu bewerten. Ich komme darauf nach einer Beschreibung der konstruktivistischen Gegenposition zurück. DENNETT (1996, S. 69) schreibt etwa zur repräsentationistischen Auffassung vom Denken: „Dieses Modell – den Ort im Gehirn, wo das Denken stattfindet – nenne ich das kartesianische Kino. Immer wenn es explizit dargestellt wird wie in (obiger) Abbildung, bringt es uns zum Lachen, weil wir wissen, dass diese Auffassung von der Arbeitsweise des Gehirns hoffnungslos falsch ist. Die schwierige Frage lautet: Durch was können wir sie ersetzen?" Was haben also die Konstruktivisten dem „kartesianischen Kino" entgegenzusetzen?

Lernen nach dem konstruktivistischen Modell

These 1: Lernen ist eine aktive, autonome Konstruktion von Wissen.
These 2: Wichtigste Vorbedingung für den Konstruktionsprozess ist die individuell erworbene kognitive Struktur des Lerners.
These 3: Wichtigstes Kriterium für die Wirklichkeitskonstruktion ist die Viabilität.

Eine solche komprimierte Darstellung der konstruktivistischen Auffassung vom Lernen bedarf weiterer Erläuterungen, schon um die verwendeten Begriffe zu klären. Vorweggeschickt sei die Feststellung, dass es *die* kon-

Das konstruktivistische Bild vom Lernen 67

struktivistische Schule überhaupt nicht gibt. Vielmehr handelt es sich beim Konstruktivismus um eine breite Bewegung, die über viele Disziplinen hinweg in sehr unterschiedlichen Ausprägungen existiert. (Als Vorreiter in ihren jeweiligen Fächern können angesehen werden: FOERSTER in der Kybernetik, GLASERSFELD in der Entwicklungspsychologie und Philosophie, WATZLAWICK in der Kommunikationswissenschaft und MATURANA und VARELA in der Neurobiologie.) Dabei sind die Begrifflichkeiten und Stile der verschiedenen Autoren äußerst disparat. Die Texte sind mitunter sprachlich so formuliert, dass ihr Gehalt dem Leser bei einer ersten Begegnung nicht immer offenbar wird. Hier sei als Beleg ein kurzer Auszug aus dem vielbeachteten Werk von MATURANA und VARELA (1987) angeführt:

Welche neuronalen Aktivitäten durch welche Perturbationen[4] ausgelöst werden, ist allein durch die individuelle Struktur jeder Person und nicht durch die Eigenschaften des perturbierenden Agens bestimmt (S. 27). *Das Operieren des Nervensystems besteht darin, Aktivitätsrelationen zwischen seinen Komponenten trotz fortdauernder Perturbationen – sowohl infolge ihrer eigenen Dynamik als auch infolge der Interaktionen des Organismus – invariant zu halten* (S. 180). *Die Plastizität des Nervensystems ist nicht darin begründet, dass es Abbildungen von den Dingen der Welt produziert, sondern in seinem kontinuierlichen Wandel im Einklang mit dem Wandel des Milieus als Resultat der Auswirkungen seiner Interaktionen bleibt.* (S. 186)

Etwas erhellender ist hier vielleicht ein von den Autoren angeführtes Beispiel: Die Farbe einer Apfelsine bleibt für den Beobachter konstant, gleich ob man sie im Zimmer unter künstlicher Beleuchtung oder im Sonnenlicht betrachtet, ihr tatsächliches physikalisches Farbspektrum variiert jedoch beträchtlich.

Ganz so hermetisch, wie sich der Konstruktivismus manchmal zu geben scheint, ist er jedoch nicht. Seine Grundprinzipien lassen sich vielmehr recht klar darstellen. Als Wiedergutmachung soll noch einmal VARELA zu Wort kommen. Zentrales Moment des Konstruktivismus ist die Relation zwischen Subjekt und Außenwelt. An die Stelle der Auffassung, das Subjekt bilde beim Lernprozess irgendwie geartete Repräsentationen der Außenwelt, tritt das Bild von der **Konstruktion von Wissen** durch das Subjekt.

---

[4] *Perturbation* ist ein von den Autoren systematisch verwendeter Terminus und bezeichnet die Zustandsveränderungen eines Systems, welche von seiner Umwelt ausgelöst werden. Die negative Konnotation *Störung* ist hier nicht erwünscht.

Es existiert weder ein Abbild von einer Welt, die unabhängig von dem ist, was wir tun, noch wird willkürlich und blind etwas konstruiert. Vielmehr verfügt der Mensch mit seinem Nervensystem über ein Instrument, dessen einzige Aufgabe es ist, Ordnung zu erzeugen, jede Art von Regelhaftigkeiten, wenn sie sich nur bewähren. Das ist dann nicht beliebig, aber es gibt ein großes Spektrum von Möglichkeiten, und wir können sie alle erkunden. (VARELA 1982, S. 84)

Hierin spiegelt sich zudem die **Offenheit und Vielgestaltigkeit des Lernprozesses** wider, der eben nicht durch die Struktur der externen Welt (z. B. das Farbspektrum einer Apfelsine oder die Sachstruktur eines mathematischen Zusammenhangs) determiniert ist. Jedem Lerner muss man also von vornherein einen idiosynkratischen Konstruktionsprozess zubilligen, dessen Ergebnis nicht von den Qualitäten der Wahrnehmungen bestimmt ist.

Verlagert man den Schwerpunkt der Betrachtung auf die innere Kohärenz des Systems, bedeutet das: Die innere Organisation des Nervensystems bestimmt, was als wichtig, stabil, regulär gilt. Das Gehirn konstruiert, formt Ordnungen – Wirklichkeit – wenn Sie so wollen, wenn man Wirklichkeit als eine Ansammlung von Regelmäßigkeit versteht.[5] (VARELA S. 84)

Die **innere Struktur des Systems** (d.h. des Lerners) ist also einzig entscheidend für den Verlauf und das Ergebnis des Lernprozesses. Dies erscheint uns als eine didaktische Binsenweisheit – die Wissensbasis der Schüler ist seit jeher Ausgangspunkt der Unterrichtsplanung. Die konstruktivistische Haltung geht jedoch noch einen Schritt weiter: Die „geistige Struktur" des Lerners ist nicht nur *ein* entscheidender Einflussfaktor, sondern **die einzig relevante Größe**. Eine Aussage über die wahre Beschaffenheit einer externen Realität und ebenso ihr Vergleich mit der inneren Wirklichkeit des Subjekts ist weder sinnvoll noch überhaupt möglich, da der Zugang zur äußeren Welt immer über Wahrnehmung vermittelt ist.

Spätestens an dieser Stelle der Diskussion scheiden sich aber oft die Geister, und man kann mit Recht die folgenden Fragen stellen:

1. **Existiert dann im Rahmen einer solchen Interpretation überhaupt eine äußere Welt jenseits des wahrnehmenden Subjekts?**
2. **Öffnet das Leugnen einer externen Realität nicht der Beliebigkeit Tür und Tor?**

---

[5] An diesen Aussagen erkennt man für den Konstruktismus wichtige Einflüsse: Die Systemtheorie LUHMANNS sowie das PIAGET'sche Konzept der Äquilibration, d.h. der Erlangung von Stabilität durch Adaption und Assimilation, haben viel zum Konstruktivismus beigetragen.

3. Welche Bedeutung hat ein solcher Standpunkt für die praktische Arbeit im Schulalltag?

Die erste Frage verweist auf den Vorwurf des **Solipsismus**, der Vertretern des radikalen Konstruktivismus (wie z. B. GLASERSFELD) oft gemacht wird. In einer solipsistischen Weltauffassung könne jeder Mensch behaupten, die gesamte Welt einschließlich seiner Mitmenschen exististiere nur in seiner eigenen Wahrnehmung. Tatsächlich liegt diesem Streit nur ein Scheinproblem zu Grunde: Der Konstruktivismus negiert nicht die Existenz einer Realität, d.h. einer wahrnehmungsunabhängigen Außenwelt. Er konstatiert allein ihre Irrelevanz für den Erkenntnisapparat, da es keine Möglichkeit gibt, die konstruierte *Wirklichkeit* eines Individuums mit einer externen *Realität* zu vergleichen. Hierin liegt eine bewusste Abtrennung der Frage nach dem Sein der Dinge (Ontologie) von der Frage nach der Art des Wissenserwerbs (Epistemologie).

Die zweite Frage könnte man alternativ auch so formulieren:

2. Wenn die Wirklichkeitskonstruktion des Subjekts nicht willkürlich ist (schließlich gibt es ja unleugbare Korrespondenzen zwischen den Wirklichkeiten verschiedener Subjekte), nach welchen Kriterien wird dann Wirklichkeit aus der Wahrnehmung konstruiert?

Hierauf gibt das Konzept der **Viabilität** (Gangbarkeit) als ein weiteres wichtiges Element des Konstruktivismus eine Antwort:

Von seiner individuellen Wahrnehmung ausgehend beobachtet das Subjekt seine Umwelt und beurteilt den Erfolg seiner Handlungen und Theorien in ihr. Hierbei bewertet es Handlungs- und Denkstrategien danach, ob sie im Vergleich mit der eigenen Erfahrung erfolgreich waren oder nicht. Erfolgreiche Strategien werden als gangbare (viable) Wege erfahren, um Widersprüche und Probleme im Wahrnehmungs- und Handlungsbereich aufzulösen. [...] Die Entscheidung über dieses Passen trifft allein das handelnde Subjekt. (LINDEMANN 1999, S. 10)

Der Lerner trifft somit im Laufe des Lernprozesses kontinuierlich, autonom und ausschließlich auf der Basis seiner kognitiven Struktur Entscheidungen über die Viabilität seiner Konstrukte. Mit einer solchen Auffassung vom Lernprozess erscheinen die Einflussmöglichkeiten von außen unter einem ganz neuen Blickwinkel. So wird z. B. die Absicht eines Lehrers, der versucht dem Schüler ein möglichst „wahres" Bild eines mathematischen oder naturwissenschaftlichen Phänomens zu vermitteln, fundamental relativiert.

> *Vom Gesichtspunkt des Handelnden ist es irrelevant, ob seine Vorstellungen von der Umwelt ein „wahres" Bild der ontischen Wirklichkeit darstellen – was er braucht, ist eine Vorstellung, die es ihm erlaubt, Zusammenstöße mit den Schranken der Wirklichkeit zu vermeiden und an sein Ziel zu kommen.* (GLASERSFELD 1992, S. 22)

Die Darstellung weiterer Begrifflichkeiten des konstruktivistischen Denkmodells (Autonomie, Selbstreferenzialität, Selbstorganisation, operationale Geschlossenheit, Autopoiese) würden die Darstellung an dieser Stelle sprengen. Wer sich hier weiter kundig machen möchte, dem seien die zitierten Quellen empfohlen – insbesondere das Buch von LINDEMANN (1999) „Die Behinderung liegt im Auge des Betrachters. Konstruktivistisches Denken für die pädagogische Praxis".

Dem Leser sei im Übrigen an dieser Stelle der Versuch angeraten, das beim ersten Lesen sicher etwas verschwommen erscheinende Zitat von MATURANA und VARELA (1987, S. 67) vor dem Hintergrund der Erläuterungen dieses Abschnitts noch ein zweites Mal (hoffentlich mit Gewinn) zu lesen.

Kommen wir abschließend noch einmal auf die dritte Frage, die nach der Praxisrelevanz der konstruktivistischen Sichtweise, zu sprechen und formulieren wir sie noch einmal um:

3. Lassen sich nun alle unterrichtsrelevanten Entscheidungen konstruktivistisch begründen? Werden damit herkömmliche Lerntheorien obsolet?

Hierzu muss man zunächst einmal feststellen, dass man den Konstruktivismus als Denkmodell auch konsequent auf sich selbst anwenden muss: Der Konstruktivismus ist auch nur *ein* Erklärungsmodell für den Prozess des Erkenntnisgewinns neben vielen möglichen anderen. Seine Berechtigung bezieht er aus seiner Viabiliät, nicht aus einem Universalitätsanspruch.

Auch einfache lerntheoretische Modelle behalten ihre Berechtigung innerhalb ihres jeweils angemessenen Gültigkeitsbereiches: So ist z. B. das Üben von einfachen Fertigkeiten mit dem Ziel einer Routinebildung weiterhin auf der Grundlage einfacher Konditionierungsprozesse erklärbar und organisierbar.

Ebenso darf die individualistische Auffassung des Wissenserwerbs nicht dazu führen, die Existenz von Regelhaftigkeiten bei der Wahrnehmung schlechthin zu leugnen. So führt uns PIATTELLI-PALMARINI (1997) in seinem Buch „Die Illusion zu wissen" vielerlei Effekte vor, die aufzeigen, dass nicht nur unser Wahrnehmungsapparat, sondern auch unser Erkenntnisapparat durch systematische Vorurteile (biases) gekennzeichnet ist. Neben den wohl bekannten optischen Täuschungen gibt es auch so genannte kognitive Täuschungen. Hierunter sind tief in uns verankerte irrationale und reproduzierbare Fehlurteile zu verstehen. Deren Ursache kann man allerdings darin vermuten, dass sie im Laufe unserer phylogenetischen Evolution einmal viable Wahrnehmungsstrategien darstellten. (Hier erkennt man eine tiefe Verbindung zwischen dem Gedankengebäude des Konstruktivismus und dem der Evolutionstheorie.)

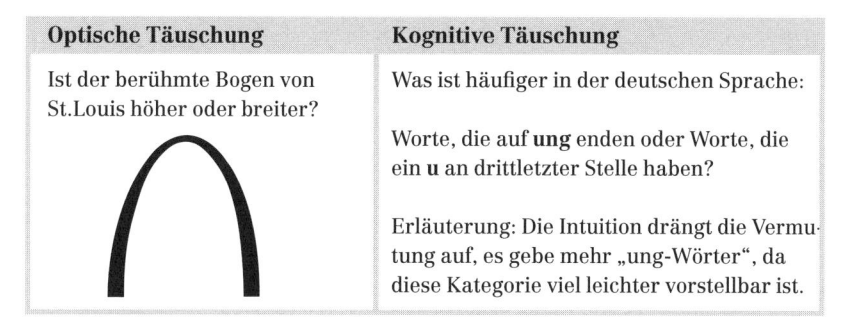

Optische Täuschung	Kognitive Täuschung
Ist der berühmte Bogen von St.Louis höher oder breiter?	Was ist häufiger in der deutschen Sprache:
	Worte, die auf **ung** enden oder Worte, die ein **u** an drittletzter Stelle haben?
	Erläuterung: Die Intuition drängt die Vermutung auf, es gebe mehr „ung-Wörter", da diese Kategorie viel leichter vorstellbar ist.

Kognitive Täuschungen, nach PIATTELLI-PALMARINI (1997)

Ein wesentlicher Aspekt, der den Konstruktivismus gegenüber anderen Theorien auszeichnet, ist sein wissenschaftstheoretischer Standpunkt. Er hat nämlich eine Erkenntnistheorie als Ausgangspunkt, im Gegensatz zu vielen anderen pädagogischen Theorien, die bereits erkenntnistheoretische Voraussetzungen *implizit* mit enthalten. Allein die Fragestellung und Anlage einer lerntheoretischen Untersuchung enthält bereits implizite Annahmen über den Lernprozess, wie z. B. die, das Lernen funktioniere nach dem Kausalitätsprinzip von Ursache und Wirkung. Die dadurch bewirkte Beschränkung des Horizontes für die in diesem Rahmen zu gewinnenden Erkenntnisse wird dem Untersuchenden vermutlich verborgen bleiben.

Besonders deutlich schlägt sich diese erkenntnistheoretische Besonderheit des Konstruktivismus in dem nieder, was man als sein spezifisches Menschenbild bezeichnen könnte.

Das konstruktivistische Menschenbild

Alle Maschinen, die wir konstruieren oder kaufen, sind hoffentlich triviale Maschinen. Ein Toaster sollte toasten, eine Waschmaschine waschen, ein Auto sollte in vorhersagbarer Weise auf die Handlungen seines Fah-

rers reagieren. Und in der Tat zielen alle unsere Bemühungen nur darauf, triviale Maschinen zu erzeugen oder dann, wenn wir auf nicht-triviale Maschinen treffen, diese in triviale Maschinen zu verwandeln. (FOERSTER 1993, S. 207)
Denken Sie nur an den gesellschaftlichen Umgang mit Kindern, die sich – zu unserem Schrecken – vielfach auf eine nichttriviale Weise verhalten. Man fragt ein Kind: „Was ist zwei mal zwei?" Und es sagt: „Grün!" Eine solche Antwort ist auf eine geniale Weise unberechenbar, aber sie scheint uns unzulässig, sie verletzt unsere Sehnsucht nach Sicherheit und Berechenbarkeit. Dieses Kind ist noch kein berechenbarer Staatsbürger, und vielleicht wird es eines Tages nicht einmal unseren Gesetzen folgen. Die Konsequenz ist, dass wir es in eine Trivialisationsanstalt schicken, die man offiziell als Schule bezeichnet. Und auf diese Weise verwandeln wir dieses Kind Schritt für Schritt in eine triviale Maschine, das unsere Frage „Was ist zwei mal zwei?" auf immer dieselbe Weise beantwortet. (FOERSTER 1998, S. 55)

In diesen Zitaten deutet sich an, wie die konstruktivistische Grundhaltung durch ihr spezifisches Menschenbild im pädagogischen Handlungsfeld produktiv werden kann. FOERSTERS einleuchtende Maschinenmetapher bedarf dazu allerdings einiger differenzierender Erläuterungen.

Das Menschenbild, das mit der repräsentationistischen Auffassung von Denkprozessen einher geht, ist das des **Menschen als „triviale Maschine"** und wird im Wesentlichen durch die nebenstehende Abbildung illustriert.

Input ⟩ Funktion ⟩ Output ⟩

Eine solche Vorstellung steht in unmittelbarem Zusammenhang mit den folgenden Auffassungen und Sichtweisen:

- Das Subjekt reagiert auf einen Input, indem es einen Eingabereiz (Input) mit einer **Reaktion** (Output) beantwortet, die eine (hinreichend komplexe) **Funktion des Inputs** ist.
- Der Umgang mit dem Gegenüber ist folglich durch die Bemühung gekennzeichnet, den richtigen Inputreiz für ein angestrebtes Ergebnis darzubieten. Der Mensch wird als **extern manipulierbar** betrachtet. Im Unterricht hieße das z. B. eine pädagogische Maßnahme einzusetzen, um ein erwünschtes Verhalten herbeizuführen.
- Eine weiterer Aspekt dieses Bildes ist die **Annahme, alle Menschen würden trivial und nach demselben Prinzip funktionieren**. Dies wird beim Frontalunterricht oft als implizite Prämisse mitgedacht und -gelebt.

Das konstruktivistische Bild vom Lernen 73

- Im Falle einer Abweichung vom erwarteten Ergebnis ist entweder das System defekt, oder das Wissen über die Funktion ist unvollständig. Der Mensch wird als eine Art **Black-Box** aufgefasst, deren Funktion sich auf empirischem Wege und prinzipiell beliebig genau erforschen lässt.
- Man erliegt schnell der Gefahr, bei Bewertungen oder Einschätzungen des Systems allein nach dem Kriterium zu urteilen, inwieweit der Output den Erwartungen genügt. Eine solche **ergebnisorientierte Beurteilung** ist im heutigen Schulsystem keineswegs der Ausnahmefall, sondern im Rahmen der gängigen Schulnotenpraxis sogar eher die Regel.

Natürlich soll hier niemandem unterstellt werden, er orientiere sich in seinen Handlungen und Einstellungen an einem derart reduktionistischen Menschenbild. Als ein in der Praxis stehender Lehrer sollte man jedoch Gelegenheiten zur Reflexion nutzen, um sich über Motive und implizite Annahmen seiner eigenen Handlungsroutinen Rechenschaft abzulegen. Allzu leicht verfällt man nämlich in ein einfaches Ursache-Wirkungsdenken auch dort, wo es wenig angemessen erscheint.

Kommen wir nun zu einem Menschenbild, wie es aus einer konsequent konstruktivistischen Grundhaltung erwächst, das des **Menschen als „nichttriviale Maschine"**.

Auf den ersten Blick scheint sich nicht viel gegenüber dem ersten Schema verändert zu haben. Mit *Perturbation* und *Verhalten* scheinen lediglich andere Begriffe an die Stelle von *Input* und *Output* getreten zu sein. Die wesentliche Veränderung liegt jedoch in der völlig anderen Interpretation des Subjekts: Das kognitive System wird betrachtet als **System mit einer „unermesslichen" Zahl innerer Zustände**, von denen man zu keinem Zeitpunkt angeben kann, welcher gerade vorliegt, so dass auch **nicht vorhersehbar** ist mit welchem Verhalten (Output) das System auf eine bestimmte Perturbation (Input) reagiert. Daher ist auch nicht zu erwarten, dass sich aus einer Input/Output-Analyse detaillierte Informationen über die Arbeitsweise des Systems gewinnen lassen. Das behavioristische Paradigma ist ausgehebelt.

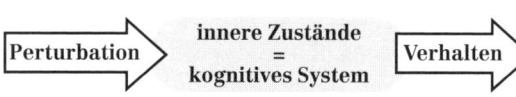

> Es sei hier übrigens angemerkt, dass dieses Bild einer nicht-trivialen Maschine nicht allein Gedankenprodukt des Konstruktivismus oder der Systemtheorie ist und vielfältige Verbindungen zu naturwissenschaftlich-technischen Konstrukten aufweist. Die Naturwissenschaft beschäftigt sich mit derartig komplexen Systemen bereits seit POINCARÉ: Schon wenige miteinander stark gekoppelte Freiheitsgrade reichen aus, um das Verhalten eines Systems prinzipiell unberechenbar zu machen. Klassische Beispiele sind hier etwa die langfristige Bewegung des Sonnensystems, die Bewegung von drei Körpern im wechselseitigen Gravitationseinfluss, das Nahrungs(un)gleichgewicht in so genannten Räuber-Beute-Modellen, gewisse chemische Reaktionen usw. Solche Systeme waren nur deswegen lange Zeit von der Betrachtung ausgeblendet, weil man zunächst keine Methoden zur Analyse des Verhaltens solcher Systeme besaß. Diese wurden aber inzwischen von der so genannten Chaostheorie entwickelt – die Bezeichnung ist insofern unglücklich, als die landläufige Auffassung von Chaos eine absolute Regellosigkeit suggeriert. Die treffendere Bezeichnung als **Theorie komplexer dynamischer Systeme** deutet an, dass es trotz prinzipieller Unvorhersehbarkeit sehr wohl naturwissenschaftliche Gesetzmäßigkeiten geben kann. Zur Beschreibung menschlichen Verhaltens ist ein so geartetes Verständnis sicher ein angemessener Ausgangspunkt, wenn man sich die Komplexität und starke interne Kopplung des menschlichen Nervensystems vor Augen führt.

Für den Umgang mit Menschen hat die Auffassung seines kognitiven Systems als nicht-triviale Maschine weit reichende Folgen:

- **Menschliches Verhalten** ist dem Prinzip nach **nicht vorhersehbar** und **nicht wiederholbar**. Warum jemand in einer bestimmten Situation auf die eine oder andere Art gehandelt oder nicht gehandelt hat, ist einfachen kausalen Erklärungsversuchen nicht zugänglich.
- Tritt eine erwünschte Reaktion nicht ein, ist dies nicht allein dem falschen Input zuzuschreiben, sondern es kann eine ganze Reihe von Gründen geben: Die Perturbation wurde nicht „verstanden", der Mensch hatte kein Interesse daran, das erwartete Verhalten hervorzubringen, konnte dies aufgrund seines aktuellen Zustands nicht tun usw. In jedem Falle müsste eine **Analyse** des Geschehens **subjektzentriert** verlaufen und sich darauf konzentrieren, welche *Bedeutung* die Perturbation für das Subjekt in seinem *momentanen Zustand* hatte.
- Eine Beurteilung von Lernprozessen durch eine Outputanalyse macht aus dieser Warte keinen Sinn. Vielmehr muss man sich mit dem Subjekt über seine individuelle Wahrnehmung des Lernvorgangs kommunikativ verständigen, eine **Bewertung** muss also **prozessorientiert** stattfinden. In

Das konstruktivistische Bild vom Lernen

die Schulpraxis übersetzt kommt eine solche Sichtweise einem kompletten Umdenken der Benotungspraxis gleich.

- GLASERSFELD (1995, S. 15 ff.) macht einen interessanten Punkt deutlich, indem er die behavioristische Maschinenmetapher gleichsam „umstülpt" und feststellt, dass man im Konstruktivismus nicht das Subjekt, sondern *die reale Welt* mit einer Black-Box vergleichen müsse. Über diese kann das Subjekt nämlich nie direkt, sondern allein durch seine Handlungen und die wahrgenommenen Perturbationen Information erhalten.
- In einem konstruktivistischen Menschenbild nimmt die **Autonomie** eines Subjekts eine zentrale Position ein. Ein Mensch stellt ein autonomes, funktionierendes Ganzes dar, von dem man nicht sagen kann, es sei besser oder schlechter angepasst. Eine solche Sichtweise ermöglicht z.B. eine nicht-defizitäre Auffassung von Behinderungen. Das kognitive System eines Blinden ist beispielsweise in sich geschlossen und voll funktionsfähig, der Blinde erlebt mithin keinen Wahrnehmungsmangel. Dies lässt sich u.a. festmachen an Begriffen und Konzepten, von denen die Sehenden gemeinhin annehmen, sie könnten für Blinde keinerlei Bedeutung haben (z.B. *Wolken* oder *rot* oder „*Wir sehen uns*"). Diese sind als völlig viable Konstrukte in die kognitive Struktur integriert. (vgl. auch LINDEMANN 1999: „Die Behinderung liegt im Auge des Betrachters.")
Auf ähnliche Weise ermöglicht eine völlig andere, nicht-defizitäre Auffassung von Dyskalkulie einen ganz anderen Umgang mit den betroffenen Kindern. Weitere Anmerkungen hierzu folgen weiter unten (S. 84).
- Schließlich erhält die **Verantwortung des Subjekts für seine Handlungen** im Rahmen eines von Autonomie und Selbstbestimmung geprägten Menschenbildes einen hohen Stellenwert. Hierzu soll noch einmal VARELA (1982, S. 91) zu Wort kommen: „In der Abbildtheorie drängt ein Reiz einen Organismus in eine bestimmte Richtung. Die Begegnung kann aber viele mögliche Folgen haben, viele mögliche Alternativen. Welche gewählt wird, darüber entscheidet die innere Kohärenz des Systems. Es gibt viele Wege der Funktionsfähigkeit. Es bleiben kaum Möglichkeiten zur Autonomie, wenn jeder den anderen als einfaches Input-Output-System betrachtet, wenn wir nicht in der Lage sind, die Qualitäten von Selbstbestimmung und Unabhängigkeit [...] zu respektieren."

Diese auf den letzten Seiten ausgeführte Gegenüberstellung zweier Auffassungen vom Wissenserwerb in ihrer Stilisierung zu Menschenbildern ist – das sei abschließend noch einmal ausdrücklich betont – bewusst überzeichnet dargestellt. Es ist völlig unbestritten, dass auch einfache behavioristische Kausalzusammenhänge im Umgang mit Menschen, also auch im Schulalltag, eine wichtige Rolle spielen. Viele Handlungsabläufe, wie z. B. bestimmte Unterrichtseinstiege oder andere Kommunikationsprozesse laufen routinemäßig unter Bildung von vereinfachenden, so genannten impliziten Handlungstheorien ab. Solche meist unreflektierten Routinen können durchaus effektiv und angemessen sein, ja geradezu unabdingbar als Entlastung für Lehrer und Lehrerin, um im Unterrichtsalltag noch Kapazitäten und Handlungsspielräume frei zu haben. Ein Ziel der vorangegangenen Darstellung ist, einen Bezugspunkt für eine gelegentliche Selbstvergewisserung anzubieten. Die Aneignung eines konsequent konstruktivistischen Standpunkts kann sich ohnehin nur allmählich und in ständiger Wechselwirkung von theoretischer Reflexion und praktischem Handeln vollziehen.

Konstruktivismus und menschliches Handeln

Was kann eine konstruktivistische Sichtweise für unser alltägliches privates und professionelles Handeln bedeuten? Klarer als die folgenden Zitate dies tun, kann man es wohl nicht ausdrücken:

Das, was Konstruktivismus genannt wird, sollte, so meine ich, schlicht eine skeptische Haltung bleiben, die die Selbstverständlichkeit des Realismus in Zweifel zieht. (FOERSTER 1998)

Aus der Idee des Konstruktivismus ergeben sich zwei Konsequenzen. Erstens die Toleranz für die Wirklichkeiten anderer – denn dann haben die Wirklichkeiten anderer genauso viel Berechtigung wie meine eigene. Zweitens ein Gefühl der absoluten Verantwortlichkeit. Denn wenn ich glaube, dass ich meine eigene Wirklichkeit herstelle, bin ich für diese Wirklichkeit verantwortlich, kann ich sie nicht jemandem anderen in die Schuhe schieben. (WATZLAWICK 1982, S. 31)

Wir sind aufgefordert, unsere alltäglichen Einstellungen beiseite zu legen und aufzuhören, unsere Erfahrungen als versehen mit dem Siegel der Unanzweifelbarkeit zu betrachten, so als würde sie eine absolute Welt widerspiegeln. (MATURANA/VARELA 1987, S. 31)

Die Umstellung von der herkömmlichen Auffassung, die das Ziel von Wahrnehmung, Erkenntnis und Wissenschaft in einer möglichst „wahrheitsgetreuen" Darstellung der „Wirklichkeit" sieht, zu einer instrumentalen Anschauung, die von Wahrnehmungen, Begriffen und Theorien nur Viabilität, also Brauchbarkeit, im Bereich der Erlebenswelt und des ziel-

Das konstruktivistische Bild vom Lernen 77

strebigen Handelns verlangt, diese Umstellung ist begrifflich sehr einfach; doch es bereitet erstaunliche Schwierigkeiten, diese Umstellung im eigenen Denken konsequent durchzuführen. Wird sie aber durchgeführt, so reichen ihre Konsequenzen bis in die entferntesten Winkel unserer gewohnten Auffassungen. (GLASERSFELD 1992, S. 22)

Um der zu Anfang dargebotenen Illustration zum repräsentationistischen Lernmodell eine konstruktivistische grafische Metapher gegenüberzustellen, sei auf eine beredte Grafik M.C. ESCHERS zurückgegriffen. Diese Darstellung ist gleich im doppelten Sinne bedeutungsvoll: Zum einen deutet sie an, dass wir keinen Zugriff auf die Wirklichkeit jenseits unserer Wahrnehmung haben, zum anderen wird uns die Selbstreferenzialität der Wissenskonstruktion plastisch vor Augen geführt.

„Bildgalerie" von M.C. ESCHER (1956)

Qualitätsmerkmale von Mathematikunterricht aus konstruktivistischer Perspektive

> Welche konkreten Qualitätsmerkmale lassen sich aus dem konstruktivistischen Bild vom Erkenntnisprozess gewinnen?

Es ist wohl unnötig zu betonen, dass die pädagogische Tragweite der konstruktivistischen Sichtweise weit über den Mathematikunterricht hinausreicht. An dieser Stelle wird aber bewusst wieder ein gewisser Konkretheitsgrad angestrebt und die soeben vorgestellten konstruktivistischen Begriffe werden auf das Handlungsfeld des Mathematikunterrichts bezogen. Man wird hier einige gute alte Bekannte wiedertreffen, viele schon lange auch empirisch belegte didaktische Leitprinzipien, die innerhalb der konstruktivistischen Landschaft eine neue Heimat gefunden haben. Als Orientierungspunkte für die folgenden Erläuterungen dienen die oben aufgestellten Thesen zum Lernen nach dem konstruktivistischen Modell.

These 1: Lernen ist eine aktive, autonome Konstruktion von Wissen.
Diese Feststellung mündet unmittelbar in ein Plädoyer für eine stärkere Berücksichtigung **schüleraktiver Arbeitsformen**. Keine noch so gut aufbereitete Darstellung eines mathematischen Problems und keine Erklärung eines mathematischen Begriffs kann ausführliche Phasen ersetzen, in denen sich Schülerinnen und Schüler aktiv mit mathematischen Fragestellungen auseinander setzen. Solche Phasen können in Form von Freiarbeit, Projektarbeit, gewissen handlungsorientierten Arbeitsformen oder als entdeckendes Lernen (auch im Mathematikunterricht!) organisiert sein. Dabei tritt mit dem Freiraum der Selbstregulation auch die stärkere **Selbstverantwortung für den eigenen Lernprozess** hervor. Die hierzu nötige methodische Innovation erfordert auch, dass Lehrerinnen und Lehrer ihr Unterrichtsverhalten und ihre Lehrerrolle überdenken.

These 2: Wichtigste Vorbedingung für den Konstruktionsprozess ist die individuell erworbene kognitive Struktur (innere Kohärenz) des Lerners.

Die Konsequenzen aus dieser These sind vielfältig. Die folgende Darstellung konzentriert sich auf die folgenden drei Bereiche, die sich auf jeweils einen besonderen Aspekt der These 2 beziehen: a) Individualisierung des Lernprozesses, b) Schülerorientierung und c) kumulatives Lernen.

Qualitätsmerkmale aus konstruktivistischer Perspektive 79

a) Individualisierung des Lernprozesses

Die folgende Feststellung ist wohl problemlos auf den Mathematikunterricht übertragbar: „In der Naturwissenschaftsdidaktik [...] wird davon ausgegangen, dass Schüler das sehen, was aus der Sicht des Lehrers klar und eindeutig zu erkennen ist. Das ist aber keineswegs in jedem Fall zutreffend. In vielen Fällen sehen die Schüler etwas anderes, etwas was von ihren Vorstellungen nahe gelegt wird." (DUIT, 1995)

Nicht selten erleben wir im Unterricht, dass Lehrer und Schüler aneinander vorbeireden, noch häufiger *denken* sie aneinander vorbei, *ohne* dass jemand dies bemerkt. Dies dem kleineren fachlichen Erfahrungshorizont oder der geringeren Ausdrucksfähigkeit der Schüler zuzurechnen, wäre eine vorschnelle und vor allem destruktive Zuschreibung. Vielmehr lehrt uns das konstruktivistische Menschenbild, dass wir es in einer Schulklasse mit dreißig Schülern auch mit dreißig unterschiedlichen, individuell konstruierten „Erkenntniswelten" zu tun haben. Ein unterschiedlicher Lernfortschritt bei gleicher Lernzeit im Klassenunterricht ist eben nicht allein auf unterschiedliche Leistungsfähigkeit zurückzuführen. Diese Erwägungen sollen nun aber weder in die Feststellung der Vergeblichkeit jeglicher Kommunikation münden, noch in einen Appell an didaktisches Feingespür und Bescheidenheit. Produktivere Umgangsweisen mit dieser Problematik bieten hier vor allem didaktische Arrangements, die den Lernprozess individualisieren:

- Bei einer **Binnendifferenzierung** müssen die Unterrichtsangebote so gestaltet sein, dass die Schüler Gelegenheiten zu einem individuellen Zugang haben. Nun können aber nicht alle Schülerinnen und Schüler in ihrem Lernverhalten individuell analysiert und bedient werden. Vielmehr lassen sich bei allen schüleraktiven Arbeitsphasen ohne ungehörigen Mehraufwand Alternativen anbieten, beispielsweise in Form einer selbstbestimmbaren Auswahl aus einem Aufgabenpool (z. B. bei der Freiarbeit), oder als optional abrufbare, gestufte Hilfen (Karteikarten), Zusatzaufgaben, Sammlungen von „Knobelproblemen", arbeitsteilige Arbeitsformen mit der Möglichkeit der freien Wahl einer Arbeitsgruppe usw.

- Das mit **Mehrfachkodierung** umschriebene Prinzip, den Zugang zu einem Problem auf verschiedenen kognitiven Ebenen (enaktiv, ikonisch, symbolisch) oder mehreren Wahrnehmungskanälen (visuell, auditiv, taktil) zu ermöglichen, eröffnet unterschiedlichen Lerntypen die Chance, den ihnen angemesseneren Weg zu wählen.

- Weitere Gelegenheiten, den Lernprozess zu individualisieren, bieten sich beim Einsatz **offener Aufgaben**, die **mehrere Lösungswege** eröffnen. Dabei erhalten die Schülerinnen und Schüler auch die Gelegenheit, die Viabilität ihrer Problemlösestrategien aktiv zu erproben. Dies verweist bereits auf die These 3.

b) Schülerorientierung

Eine nicht weniger fundamentale Konsequenz aus der These 2 ist die Forderung einer stärkeren **Orientierung an den Schülerinteressen und der Erlebniswelt der Schüler**. Dies hat im Wesentlichen zwei Aspekte:

- In den Naturwissenschaften hat man bereits die ungeheure Macht der als **Präkonzepte** bezeichneten, vorunterrichtlichen Vorstellungen erkannt[6]. Dass ein Unterricht, der den Alltagsvorstellungen der Schüler keine zentrale Position einräumt, sich als langfristig völlig unwirksam erweist, ist ebenso empirisch abgesichert wie handfest in der Unterrichtspraxis erfahrbar. Die Mathematiklehrer wähnten sich hier lange in Sicherheit, wohl weil sie mathematischen Konstrukten eine Überzeugungskraft und einen Wahrheitswert an sich zumaßen (vgl. hierzu S. 88 zum mathematischen Konstruktivismus). Tatsache ist aber, dass auch im Mathematikunterricht **Alltagsvorstellungen mit mathematischen Konzepten interferieren**. Der Lehrer, der ja eine völlig andere Sichtweise auf die Dinge hat (und nicht nur eine quantitativ größere Erfahrung!) nimmt oft nur die Auswirkung dieser Interferenzen wahr, ohne einen Zugriff auf die Ursachen zu haben. Sogar die empirische Evidenz (wie z. B. beim Umschütten von Wasser zwischen einer Pyramide und einem gleich hohen Quader) zwingt die Schüler nicht unbedingt, ihre bisherigen Vorstellungen (viablen Konstrukte) aufgeben. Hier kann nur eine fachdidaktische Sensibilisierung abhelfen. Umfangreiche Arbeiten gibt es hier besonders im Bereich der Bruchrechnung. Bei der Erweiterung des Zahlbereichs zu den irrationalen Zahlen oder bei der Problematik des Infinitesimalen bedarf es erheblich mehr Zeit, damit möglichst alle Schüler die Möglichkeit haben, ihre Vorstellungen zum unendlich Kleinen einzubringen. Die Lehrerausbildung behandelt diese Thematik leider oft nur sehr marginal und überlässt es dem zukünftigen Lehrer in seiner alltägliche Praxis, hier eine mehr oder weniger angemessene intuitive Handlungstheorie herauszubilden.

---

[6] Von Misskonzepten zu sprechen ist schon im Hinblick auf das Viabilitätskriterium unangemessen, der Begriff wird daher heutzutage immer seltener verwendet.

- Auf der anderen Seite bieten die Präkonzepte vielfältige Chancen zur Verbindung mathematischer Denkweisen mit Vorerfahrungen aus dem Alltag durch eine stärkere **Anwendungsorientierung**. Für die Unter- und Mittelstufe lassen sich z. B. Vorerfahrung im Bereich des Messens aktivieren. Man sollte hiervon die Orientierung an *potenziellen* Anwendungen in der Zukunft der Schüler (wie z. B. die Zinseszinsrechnung) unterscheiden. Diese lässt sich allenfalls durch allgemein bildende Ziele des Mathematikunterrichts begründen. Ein Beispiel für eine Berücksichtigung (vermutlich) *echter* Schülerinteressen ist die Bemessung von Laufbahnlängen in der Kurve eines Sportplatzes mit dem Ziel einer gerechten Aufstellung von Startblöcken (s. S. 195).

Die organisatorische und curriculare Problematik dieser Prinzipien wird im Praxisteil noch einmal aufgegriffen.

c) Kumulatives Lernen

Dieser Begriff stellt die assoziative Qualität von Wissen in den Vordergrund, die jeder aus eigener Lernerfahrung bestätigen kann. Neues Wissen lässt sich dann besonders effektiv lernen, wenn es mit Vorhandenem verknüpft werden kann. Oft wird dies auch als **sinnvolles oder verstehensorientiertes Lernen** bezeichnet. Nur sinnvoll gelerntes Wissen ist dann auch in Zusammenhängen wieder verfügbar. Diese lerntheoretische Binsenweisheit findet sich im tatsächlichen Unterricht aber nicht immer konsequent umgesetzt. Gerade in der Mathematik herrscht über weite Strecken eine Verinselung von Lernprozessen, oft in der guten Absicht, die Schülerinnen und Schüler nicht mit zu komplexen Situationen zu überfordern, aber mit dem Ergebnis, dass implizit einem kurzfristigen Lernen Vorschub geleistet wird.

Nicht selten muss man in der Unterrichtspraxis auch feststellen, dass ein mit guter Absicht konzipiertes Spiralcurriculum nicht wirksam wird, weil die Abstände zwischen den Inseln zu groß sind. Eine gut **vernetzte Wissensbasis** bedarf regelmäßiger Anwendung und integrierender Wiederholung. Allein die interne Vernetzung von Sachzusammenhängen macht das Gelernte noch nicht zu **bedeutungsvollem Wissen**. Dies kann nur durch die Anknüpfung an Inhalte aus anderen Fächern und aus dem Alltagsleben geschehen. Anwendungsorientierung und fächerverbindendes Arbeiten schaffen solche Bezüge.

So leicht einem solcherlei Feststellungen über die Lippen gehen, so schwierig ist die unterrichtspraktische Umsetzung von vernetztem Lernen und so unerforscht die Wirksamkeit fächerverbindenden Lernens. Die Entwicklung, Erprobung und Verbreitung praktikabler und effizienter Instrumente bleibt ein noch in weiten Teilen unerfüllter Anspruch. Nichtsdestoweniger gibt es allenthalben interessante Denkansätze (z. B. in den nordrhein-westfälischen Gesamtschulrichtlinien), und auch in diesem Buch sollen dem Leser einige konkrete Ideen vorgestellt werden.

These 3: Wichtigstes Kriterium für die Wirklichkeitskonstruktion ist die Viabilität.

An dieser Stelle soll der für den Konstruktivismus zentrale Begriff der Viabilität auf das konkrete Handlungsfeld Mathematikunterricht bezogen werden. Dabei wird sich herausstellen, dass mit seiner Hilfe viele alltägliche unterrichtspraktische Probleme verstanden und angegangen werden können.

Der Mathematik mit ihren Gegenständen, Begriffen und Methoden als Wissenschaft wird in der landläufigen Meinung oft eine Sonderrolle bezüglich der Gewissheit, mit der sie Erkenntnisse gewinnt, zugeschrieben. Diese Einstellung erweist sich beim näheren Hinsehen sowohl in ihren Voraussetzungen als auch in ihren Konsequenzen als sehr problematisch. Zunächst einmal sind ja auch mathematische Begriffe **Konstrukte,** ihre historische und individuelle Genese ähnelt dem konstruktivistischen Erkenntnisprozess: Die Ausformung und Entwicklung neuer mathematischer Begriffe ist immer beherrscht vom Viabiliätskriterium, immer gibt es eine große Bandbreite der Entwicklungsmöglichkeiten, nie nur *eine* wahre Theorie. (Hier befinden wir uns bereits an der Schwelle zu dem ungemein fesselnden Diskurs zwischen Konstruktivismus und Platonismus in der Mathematik. Um an dieser Stelle nicht zu weit von unterrichtspraktischen Erwägungen fortzuführen, ist diesem Aspekt ein eigener Abschnitt gewidmet, s. S. 88.)

Wichtigste Konsequenz einer solchen Sichtweise für die **Begriffsbildung im Mathematikunterricht** ist die folgende Feststellung: Begriffe werden nicht durch Definition oder Deduktion gebildet, sondern immer in Wechselwirkung mit Beispielen, Modellen und Anwendungssituationen. Formalisierung und Exatifizierung stehen erst an letzter Stelle (vgl. dazu TIETZE/ KLIKA/WOLPERS 1997, S. 56 ff.). Wie vielgestaltig und komplex der Begriffbildungsprozess im Mathematikunterricht sein kann, diskutiert SPIESS (1991) an einem illustrativen Unterrichtsbeispiel, das zeigt, dass „[...] Begriffsbildung mit einer Definition, einem verbalen Akt nicht erledigt ist. Die eigentliche Begriffsbildungsarbeit muss erst noch geleistet werden. Begriffe bleiben meist individuelle und vorläufige Konstrukte, die nach Bedarf weiter ausgeformt werden."

Ein weiterer Bereich, in dem das Viabilitätskriterium eine Rolle spielt, ist der **Umgang mit Fehlern** im Mathematikunterricht. Fehler sind zunächst einmal keine Fehlanpassungen, sondern Ausdruck einer vorangegangenen erfolgreichen Konstruktbildung und der erste Schritt zur Bildung eines *neuen* Konstrukts. Insofern sind Fehler die notwendige Begleiterscheinung jedes Lernprozesses. Fehler können aber kommunikations- und kreativitätshemmend wirken, wenn sie von Seiten der Schüler und Lehrer als Indikatoren von Misserfolg gewertet werden. Das in diesem Zusammenhang häufig verwendete Schlagwort „Aus Fehlern lernen" muss hier auf zwei unterschiedlichen Ebenen interpretiert werden: a) Lehrer lernen aus den Fehlern der Schüler (**Fehler als Indikator von Schülervorstellungen**) bzw. b) Lehrer und Schüler gehen konstruktiv mit Fehlern um (**Fehlerkultur**).

a) Fehler als Indikator von Schülervorstellungen

In den Naturwissenschaften spielt diese Kategorie eine wesentliche Rolle. Die vorunterrichtlichen Vorstellungen sind hier sehr stabile, weil funktionsfähige Alltagstheorien, die einen maßgeblichen Einfluss auf den Erfolg oder Misserfolg eines Lernprozesses haben.

Auch in der Mathematik können Präkonzepte der Schüler zur Fehlerquelle werden, viel häufiger ist aber der Fall, dass Schüler fehlerhafte mathematische Konzepte erst in der Schule lernen. Beim Aufbau mathematischer Konstrukte (also z. B. auch Rechenregeln oder -verfahren) eignen sich die Schüler Methoden an, die sich zunächst als völlig gangbar erweisen, aber zu einem späteren Zeitpunkt dem weiteren Lernen hinderlich im Weg stehen. Dies ist unter den typischen Unterrichtsbedingungen wie der üblichen Klassengröße und dem Zeit- und Leistungsdruck beinahe unvermeidbar.

Im Idealfall könnte nun der Lehrer oder ein Nachhilfelehrer diese nicht ausbaufähigen Konstrukte anhand typischer Schülerfehler ausfindig machen und den Schüler oder die Schülerin entsprechend fördern. Leider ist dies eine schöne Utopie, die innerhalb der heutigen Schullandschaft nur schwerlich stattfinden kann: Der einzelne Lehrer ist mit einer individuellen Analyse meist hoffnungslos überfordert und froh, wenn er vereinzelt, z. B. in Klassenarbeitsheften, solchen Schülervorstellungen auf die Spur kommt. Der Nachhilfelehrer verfährt eher nach dem Prinzip „Das muss man aber so machen ...", sodass die problematische Lösungsstrategie gar nicht erst ermittelt wird. Die Schüler stülpen einfach weitere Regeln darüber.

Ein Beispiel für konstruktivistische Fehleranalyse und sinnvolles Lernen

Ich wähle hier ein besonders prägnantes und einfaches Beispiel aus der Algebra. Die Schüler der Mittelstufe haben beim Vereinfachen von Termen eine immer wiederkehrende Struktur kennen gelernt:

$$2(a+b) = 2a+2b \quad (ab + ac) : a = b + c \quad (a \cdot b)^2 = a^2 \cdot b^2$$

Das Konstrukt des Lehrers könnte man hier mit dem Begriff **Termumformung mit dem Distributivgesetz** belegen, es enthält möglicherweise sehr tragfähige Teilaspekte, wie die Parallelität zwischen den Operationspaaren Addition-Multiplikation und Multiplikation-Potenzierung. Das Schülerkonstrukt ist aber eher ein anderes, vielleicht folgendermaßen umschreibbar: „Man kann Formeln verändern, indem man ein gemeinsames Element entweder getrennt oder gemeinsam auf zwei gleichberechtigte andere verteilt." (Hier wurde bewusst statt dem Termbegriff ein Konstrukt benutzt, das dem Schülerdenken vielleicht näher kommt, nämlich das Konstrukt *Formel = Ausdruck mit Zahlen und Buchstaben*.) Eine solche Auffassung der Termmanipulationen ist im Schulleben über lange Jahre ein äußerst viables Konstrukt. Später wird es jedoch als fehlerhaft bewertet:

$$a^x \, a^y = a^{x \cdot y} \; f \quad (a+b)^2 = a^2 + b^2 \; f \quad \sin(x+y) = \sin(x)+\sin(y) \; f$$

und sogar in der Oberstufe ist die folgende Umformung keine Seltenheit:

$$(a \cdot b) \cdot c = a \cdot c \cdot b \cdot c \; f$$

Hier von nicht zulässiger **Übergeneralisierung** zu sprechen, trifft den Kern des Problems nicht. Mit dieser Etikettierung ist nämlich noch kein Ansatz zu einem Umgang mit dem Fehler gefunden, er wird gleichsam aus der Perspektive der Mathematik, nicht von seiner Bedeutung für das Subjekt her beschrieben. Die Schüler erleben hier den Zusammenbruch eines ehemals viablen Konstrukts. Der Hinweis „Das geht hier (z. B. beim Quadrieren) nicht, da muss man *so* rechnen...." geht auf die Fehler*ursache* nicht ein, sondern fügt nur eine neue Regel hinzu. Diese kann aber nicht mit den bisherigen Erfahrungen sinnvoll verbunden werden, und so bleibt das alte Konstrukt weiter wirksam. An dieser Stelle kann nur **sinnvolles Lernen** wie in den folgenden Beispielen angedeutet weiterhelfen.

$$a^2 \cdot a^3 \; [= (a \cdot a) \cdot (a \cdot a \cdot a)] = a^{2+3} \quad \text{oder} \quad a^2+b^2 \; [= \triangle \;] \neq a+b$$

Derartiges sinnvolles Lernen findet im Unterricht durchaus statt. Allerdings ist es oft beschränkt auf die so genannten Einführungsphasen, in denen ein mathematisches Konzept für die Schülerinnen und Schüler gerade erst entsteht, und noch wenig Gelegenheiten für eigene Erfahrung bestanden. Taucht das Problem zu einem späteren Zeitpunkt (z. B. in der Klassenarbeit) auf, bleibt für die Schüler oft keine Zeit, sich nochmals intensiv mit dem Konstrukt auseinander zu setzen.

Als einen extremen Fall des Wirkens ehemals viabler Konstrukte kann man die so genannte **Dyskalkulie** auffassen. Hier wird die problematische Konstellation noch einmal besonders augenscheinlich: Bei vielen Schülerinnen und Schülern, die bereits grundlegende Probleme bei Additionen im Zahlenraum bis 20 haben, stellt sich heraus, dass sie den Kardinalaspekt des Zahlbegriffs überhaupt nicht entwickelt haben. Sie memorieren die natürlichen Zahlen wie ein Gedicht, begleitet von tatsächlichen oder imaginierten Fingerbewegungen, beziehen sich also allein auf den Ordinalaspekt. Um nun Additionen durchzuführen, erfinden sie die erstaunlichsten (Finger-)Tricks und konstruieren auf diese Weise viable Strategien, mit denen sie zum Teil erstaunlich lange zurechtkommen. (Die Beherrschung des Einmaleins kann hier nicht als Indikator dienen, wenn dieses „lediglich" auswendig gelernt wird.)

Erst bei erhöhten Anforderungen erweisen sich diese Strategien als nicht ausbaufähig, und wenn niemand der Ursache auf die Spur kommt, werden Schüler mit derartigen Schwierigkeiten dem Etikett „mathematisch unbegabt" oder „rechenschwach" versehen und durch die Schuljahre „mitgeschleppt".

RÖHRIG (1996) gibt in seinem sehr lesenswerten Buch „Mathematik mangelhaft" sehr viele praktisch verwertbare Informationen zur **Fehlertypologie** und **Fehlerdiagnostik**. Darüber hinaus legt er ein beredtes Zeugnis ab von den Beziehungen zwischen der Struktur unseres Schulsystems und den korrespondierenden Problemen von Schülern mit dem Mathematikunterricht. Sein strenges Fazit lässt sich in etwa in den folgenden drei Aussagen resümieren:

- Die sorgfältige Lokalisierung typischer Fehlerursachen wie z. B. *Übergeneralisierung* oder *falsche Analogiebildung* sind der erste Schritt zu einem konstruktiven Umgang mit den gegebenen Schülerschwierigkeiten.
- Rechenschwierigkeiten einer mangelnden Begabung oder Faulheit zuzuschreiben ist oft ebenso irrig und fatalistisch wie die beliebte Diagnose einer so genannten „minimalen cerebralen Dysfunktion".
- Die heutige Schulausbildung verursacht (im Mathematikunterricht) durch die Nebenbedingungen der Zeitvorgabe und Gleichbehandlung eine *Verhinderung von Wissensvermittlung*. Durch das Notenwesen werden die Mängel der Schüler zwar offensichtlich, ihre Behebung liegt aber nicht im Selektionsinteresse der Schule.

b) Fehlerkultur

Unter Fehlerkultur als Teil einer Unterrichtskultur versteht man gemeinhin den konstruktiven Umgang von Lehrern und Schülern mit Fehlern im Unterricht. Einige wesentliche positive Einflussfaktoren für eine angemessene Fehlerkultur seien hier aufgeführt:

- Die **Kommunikationsstruktur** in der Klasse entscheidet darüber, ob *überhaupt* ein Umgang mit Fehlern stattfinden kann. Läuft die Kommunikation zwischen den Schülern ausschließlich über den Lehrer oder die Lehrerin, so spüren die Schüler schnell, dass allein der Lehrer die Definitionsmacht darüber besitzt, was ein Fehler ist oder nicht. Erst wenn eine **authentische Kommunikation** zwischen den Schülern gelingt, sind die Voraussetzungen dafür geschaffen, dass sie Erfahrungen damit machen können, wie man mit eigenen und fremden Fehlern konstruktiv umgeht.
- Fehler sind vor allem dann produktiv und die Angst vor Fehlern gering, wenn nicht im Voraus bereits ein „richtiger Weg" feststeht. **Offene Aufgaben** mit mehreren Lösungswegen sind daher unerlässlich.
- Wo gibt es im gesellschaftlichen Leben eine Gruppe mit dreißig Individuen, die durch einen äußeren Zwang zusammengefunden haben und die möglichst auch noch gleichberechtigt gemeinsam ein Problem lösen? Wieso sollte dies gerade in der Schule problemlos funktionieren? Ein Umgang mit Fehlern lässt sich also realistisch eigentlich nur in einer kleinen Gruppe oder aber in der Einzelarbeit unter Beteiligung eines kompetenten Tutors kultivieren. Es ist ungleich einfacher, mit einem einzelnen Gegenüber seine Fehler zu analysieren oder einen Widerspruch auszudiskutieren, als vor einer großen Gruppe eigene Fehler einzugestehen oder aber auch konsequent auf seiner Position zu beharren, bis man einen Widerspruch dingfest gemacht hat. Dies alles spricht für eine Verstärkung **individualisierter Lernphasen** und Zurücknahme des Klassengesprächs.
- Einen guten Einstieg in eine Fehlerkultur bieten **kreative Phasen**, die Fehler mitunter sogar provozieren und den Umgang mit ihnen auf einer ritualisierten Ebene regeln, so z. B. das Brainstorming, das durchaus auch im Mathematikunterricht einsetzbar ist (s. Abschnitt Kreativitätstechniken, S. 175). Weitere hier denkbare Aktivitäten sind z. B. Schätzen, Raten, Assoziieren oder Spekulieren.
- Unbestritten wichtig für die Entwicklung eines entspannten Umgangs mit Fehlern ist eine **transparente Trennung von Leisten und Lernen**. Welchen Schülern, die sich in einer Bewertungssituation fühlen, ist es zu verdenken, dass sie sich nicht offen zu ihren Fehlern bekennen?

Qualitätsmerkmale aus konstruktivistischer Perspektive

Die konstruktivistische Lernumgebung

Abschließend möchte ich die vorangegangenen Erläuterungen zu konstruktivistischen Merkmalen von Unterrichtsqualität einem Konzept gegenüberstellen, das gewissermaßen noch einmal einen großen Bogen über die vielen Details der letzten Seiten schlägt. Angelehnt an TAYLOR und FRASER nennt DUIT (1995) Dimensionen für eine so genannte konstruktivistische Lernumgebung. Mit ihnen lässt sich die Qualität des potenziellen Lernvorgangs anhand nachprüfbarer Kriterien operationalisieren:

Merkmale einer konstruktivistischen Lernumgebung

- Die Schüler haben Gelegenheit, sinnvoll und selbstbestimmt zu arbeiten und unabhängig von Lehrer und anderen Schülern zu denken. (**autonomy**)
- Die Schülerinnen und Schüler haben Gelegenheiten, ihr Vorwissen und ihre Vorerfahrungen einzubringen und mit dem neu zu Erlernenden zu verbinden. (**prior knowledge**)
- Es gibt Möglichkeiten für die Lernenden, zu interagieren, Bedeutungen auszuhandeln und Konsens zu bilden. (**negotiation**)
- Es gibt Gelegenheiten für die Schülerinnen und Schüler, Lernen als Prozess zu erfahren, der es gestattet, persönlich als schwierig empfundene Aufgaben und Probleme zu lösen. (**student-centredness**)

(nach DUIT 1995)

Weitere Merkmale konstruktivistischen Unterrichts trägt DUBS (1995) zusammen.

Auf den vorangegangenen Seiten wurden – zum Teil nur in Andeutungen – wesentliche Qualitätsmerkmale von Unterricht in Relation zu einer konstruktivistischen Grundhaltung dargestellt. Sicherlich kann man nicht sagen, dass sie aus den Grundprinzipien *abgeleitet* wurden, zumindest aber ist deutlich geworden, dass der Konstruktivismus gleichsam als Nährboden gesehen werden kann, auf dem eine stimmige Vorstellung von gutem Unterricht wurzeln und wachsen kann.

Eine Beschäftigung mit dem Verhältnis zwischen Konstruktivismus und Mathematikunterricht kann nicht angemessen abgeschlossen werden, ohne wenigstens kurz auf die Bedeutung des Konstruktivismus als Erkenntnistheorie für die Wissenschaft „Mathematik" einzugehen.

Mathematischer Konstruktivismus

- Kann die Mathematik als Wissenschaft überhaupt etwas mit dem Konstruktivismus anfangen?
- Warum haben gerade Mathematik(lehr)er mit dem Konstruktivismus Schwierigkeiten?
- Welche Bedeutung kann die erkenntnistheoretische Dimension von Mathematik für die Schule haben?

Das Konzept der **Viabilität** ist Naturwissenschaftlern hochvertraut, spiegelt es doch auf individualpsychologischer Ebene das in den gesamten Naturwissenschaften herrschende erkenntnistheoretische Paradigma des **kritischen Rationalismus** (POPPER) wider:

> Für den **kritischen Rationalismus** gibt es keine Methode, die Wahrheit von Theorien zweifelsfrei festzustellen. Man kann nur Hypothesen aufstellen und als vorläufige Wahrheiten gelten lassen, solange sie nicht falsifiziert werden. Eine Aussage kann nur dann als wissenschaftlich gelten, wenn sie potenziell falsifizierbar ist, sonst ist sie ein nicht überprüfbarer Glaubenssatz.

Ebenso wie im Konstruktivismus ist es nicht sinnvoll davon zu sprechen, eine Theorie sei wahrer als eine andere. Eines der treffendsten Beispiele hierfür ist die Relativitätstheorie, die die klassische Mechanik ja nicht obsolet gemacht hat.

Wie steht es nun um die Mathematik? Sie hat doch den Naturwissenschaften als zusätzliches Erkenntnisinstrument den mathematischen Beweis voraus und dieser kann der landläufigen Annahme zufolge untrügliche Wahrheiten erzeugen. Tatsächlich ist die erkenntnistheoretische Position der Mathematik viel problematischer. Man kann nicht einmal von einem Konsens der Mathematiker über die Struktur ihres Faches sprechen. Es sollen Beispiele folgen, die diese Feststellung näher belegen.

Auch **mathematische Begriffe sind** immer nur **vorläufig**. Ihre Viabilität erweist sich erst in ihrer Nützlichkeit. Man denke beispielsweise an den Streit unter NEWTONS und LEIBNIZ' Zeitgenossen um die Bedeutung infinitesimaler Zahlen („Geister von Geistern"), der im strengen Sinne erst nach über hundert Jahren durch CAUCHY beigelegt wurde. Geradezu ein Paradebeispiel für die Bedeutung der Viabilität für mathematische Begriffe ist die so genannte DIRAC'sche *Deltafunktion* $\delta(x)$. Hierbei handelt es sich um eine Funktion, die überall identisch 0 ist und nur bei x=0 den Wert unendlich hat, und das sogar gerade so, dass ihre „Gesamtfläche" gleich 1 ist. Eine schiere Unmöglichkeit, und doch eines der wichtigsten Hilfsmittel in der Theorie der Differenzialgleichungen. Dass sie mit Jahrzehnten Verspätung in der Funktionalanalysis auf mathematisch sicherere Füße gestellt wurde, ist für die Stärke des mathematischen Konzeptes eher unbedeutend.

Mathematische Begriffe sind vieldeutig. Man darf die *Eindeutigkeit mathematischer Definitionen,* die zum Zwecke der Kommunizierbarkeit unmissverständlich formuliert werden müssen, nicht mit der *Eindeutigkeit der Begriffe* verwechseln. Als Beispiele sollen hier nur die vielen Schattierungen des Begriffs der Differenzierbarkeit erwähnt sein. Ein weiteres Beispiel: „Denken zwei Menschen bei dem Begriff *Kreistangente* wirklich an dasselbe?" Mit den Aspekten *eindeutiger Schnittpunkt, beliebige Annäherung, lokale Parallelität, Radiusorthogonalität* ist das Konzept bei weitem nicht ausgeschöpft.

Der im heutigen Hochschulstudium gepflegte **Deduktionismus** vermittelt jedoch ein anderes Bild von Mathematik. Er ist das Produkt der seit Beginn unseres Jahrhunderts starken Bewegung des so genannten **Formalismus**.

> Der **Formalismus** sieht die Mathematik als formallogisches System an, das aus einmal aufgestellten Axiomen und Regeln immer komplexere Aussagen ableitet. Damit wären alle mathematischen Sätze im Grunde nichts als raffinierte Tautologien.

Als Höhepunkt des Formalismus kann man die Bemühungen des französischen BOURBAKI-Projektes ansehen, dessen Wellen bis in die Schulen hinein als so genannte Neue Mathematik hineinschwappten. Unseren Bedenken gibt BARROW (1992, S. 142) Ausdruck: „Der Formalismus gleicht eher einer Philosophie der doppelten Buchführung als dem, was Mathematiker unter „Mathematik Treiben" verstehen. Mathematiker denken über Mathematik nicht so, als hätte sie keine konkreten Repräsentationen. Sie zeichnen Diagramme und überlegen sich Beispiele. [...] Erst im Nachhinein werden die Ergebnisse zu einer Reihe abstrakter Folgerungen umgearbeitet, alle Spuren des Entdeckungsprozesses werden getilgt."

Es ist zudem zu bedenken, dass der Formalismus einst schwer erschüttert wurde, vor allem durch die Ergebnisse von GÖDEL, wie z. B. den folgenden **Unvollständigkeitssatz** : „Jedes formale System, das groß genug ist, um unsere Arithmetik zu beinhalten, ist unvollständig, d.h. es gibt Sätze deren Wahrheit oder Falschheit nicht bewiesen werden kann". Schlimmer noch: Die logische Konsistenz eines solchen Systems kann nicht bewiesen werden.

Wie rettet sich ein Mathematiker aus dieser unangenehmen Situation, in der die Grundlagen seiner Arbeit zur Disposition stehen? HILBERT hat bis zuletzt daran geglaubt, dass sich derartige Probleme schließlich beseitigen lassen würden. Menschen mit starker naturwissenschaftlicher Affinität haben einen anderen Mast, an dem sie sich auf stürmischer See fest halten können: die experimentelle Evidenz. Stellvertretend sei hier eine berühmte, skeptische Bemerkung EINSTEINS dem Sinn nach zitiert: „Wie kommt es, dass Mathematik als Produkt des menschlichen Geistes sich wunderbar zur Beschreibung realer Objekte eignet?"

Auch wenn diese Idee als offene Frage formuliert ist, verweist sie auf einen tief empfundenen **Platonismus**, der der Grundbefindlichkeit der meisten Naturwissenschaftler entspricht.

> Für die Mathematik bedeutet **Platonismus** den festen Glauben, es gebe einen Ozean mathematischer Wahrheiten, die es nur zu entdecken gilt. Damit besäßen mathematische Aussagen auch unabhängig von der Existenz jeglicher Mathematiker einen Wahrheitsgehalt.

Die Gegenposition hierzu klingt in KRONECKERS berühmtem Zitat an: „Die ganzen Zahlen hat der liebe Gott gemacht, alles andere ist Menschenwerk."

Noch konsequenter denkt BROUWER, der Begründer des Intuitionismus, diesen Gedanken zu Ende.

> Im so genannten **Intuitionismus** ist die Mathematik nicht das Studium gewisser Strukturen, sondern besteht aus mentalen Konstruktionen. Sogar die ganzen Zahlen sind eine Folge innerer Zeitwahrnehmung. Mathematik wäre insofern eine Fortsetzung der Psychologie mit anderen Mitteln.

All diese erkenntnistheoretischen Erwägungen spielen in der heutigen Mathematik eine wichtige Rolle. Sie sind fundamentaler Bestandteil der Mathematik als kultureller Errungenschaft. Mehr noch, sie vermögen Anknüpfungspunkte zu anderen Disziplinen zu bieten, vielleicht sogar eine Brücke zwischen Naturwissenschaft und Geisteswissenschaft zu schlagen. Leider gehen sie in den meisten Fällen in der universitären Mathematikausbildung (in Diplom- wie auch in Lehramtsstudiengängen) völlig unter. Eine Beschäftigung mit den philosophischen Grundfragen der Mathematik wird dem individuellen Interesse und Engagement der Studenten überlassen. Daher ist es auch nicht verwunderlich, dass solche Fragestellungen aus dem schulischen Betrieb völlig ausgeklammert bleiben.

Wenn man BARROW (1992, S. 22) glauben darf, ist dies auch der Haltung der Mathematiker (nicht der Mathematikdidaktiker!) zuzuschreiben: „Mathematiker [...] vermeiden zumeist solch seltsame Fragestellungen, es sei denn, sie arbeiten zufällig auf einem der Gebiete reiner Mathematik, die gefährlich nahe an Fragestellungen der Logik oder Philosophie gebaut sind. [...] Gewöhnlich wird der Mathematiker von montags bis freitags so arbeiten, als existierten die mathematischen Ideen unabhängig von ihm und warteten darauf, entdeckt zu werden. Fragt man ihn aber am Wochenende, während er sich gemütlich in seinen Sessel zurücklehnt, wird er diesen Standpunkt nur schwer verteidigen können und wird sich eher darauf verlegen, Mathematik als eine Art logisches Spiel, das man nach gegebenen Regeln erforscht, zu betrachten."

Die eben angerissenen Erscheinungsformen universitärer Mathematik prägen das Bild, das sich ein Lehramtsstudent macht, welcher diesem Betrieb „ausgesetzt" wird, noch auf eine andere Weise: Er oder sie erlebt das Studium als einen mühevollen Weg durch ein Dickicht von unzähligen unverrückbaren Wahrheiten, auch wenn sie mitunter sehr obskur daherkommen mögen. Der Zusammenhalt mit Gleichgesinnten und der feste Wille, zum angestrebten Studienziel zu gelangen, lässt den Studenten und die Studentin durchhalten, es stellen sich Erfolgserlebnisse ein, und schließlich gehört man einem Kreis von Eingeweihten an, die sich in einem Teil des Ehrfurcht gebietenden Gedankengebäudes, das man Mathematik nennt, eingerichtet haben.

Die große Gefahr dieser, zugegebenermaßen etwas überpointiert dargestellten, „Bildungsgeschichte" liegt in ihrer ungeheuren **sozialisierenden Wirkung**. Gewiss zwingt die Schulwirklichkeit den zukünftigen Lehrer spätestens in der schulpraktischen Ausbildungsphase, die eine oder andere Einstellung zu relativieren. Solche tief verwurzelten Vorstellungen lassen sich aber nur schwerlich angreifen. Sie wirken implizit bei der Vermittlung eines adäquaten Bildes von Mathematik im Unterricht mit.

Mathematischer Platonismus und Konstruktivismus im Unterricht

Da sich dieses Buch nicht mit einer Reform des Lehramtsstudiums befasst, sondern auf praktische Weise mit der Qualität des real stattfindenden Mathematikunterrichtes, darf dieser Abschnitt nicht enden, ohne einige Anregungen zu geben, wie sich der konstruktivistisch erweiterte Blick auf die Mathematik produktiv auf den Unterricht auswirken kann.

- Hat man sich erst einmal dazu durchgerungen, den Wahrheitswert mathematischer Begriffe differenzierter zu betrachten, fällt es umso leichter, den Prozess der Begriffsbildung im Unterricht, insbesondere die Vieldeutigkeit und Vorläufigkeit von Begriffen, offener anzugehen.
- Bei der Beurteilung und Konstruktion von curricularen Prozessen bleibt mehr pädagogische Freiheit, wenn man sich erst einmal von der Vorstellung gelöst hat, eine bestimmte Sachstruktur bedinge eine gewisse unterrichtliche Vorgehensweise. Aus konstruktivistischer Perspektive gibt es keine „wahre" Sachstruktur, sondern nur eine Vielfalt von Konstruktionen, z. B. die der Schulbuchautoren, des unterrichtenden Lehrers, aber eben auch die der Schüler. (Diese Haltung dem Fach gegenüber fällt den Lehrern in den geisteswissenschaftlichen Fächern gewöhnlich leichter.) Auch vorläufige und unvollständige Definitionen können also sinnvoll sein, anschauliche Evidenzen mitunter wichtiger als strenge Ableitungen. Diese Ansicht setzt sich immer mehr durch, z. B. bei der anschaulichen Existentbegründung für Potenzen mit irrationalen Exponenten oder für das Integral als Flächenmaß, ebenso beim Stetigkeitsbegriff.
- Schließlich gehört es zu einer professionellen Haltung eines Lehrenden, sich über die aktuelle Situation in seinem Fach auf dem Laufenden zu halten. Was aber macht ein Mathematiklehrer, der schließlich selbst im eigenen Studium gerade einmal bis zum Anfang des 20. Jahrhunderts gelangt ist, wenn zudem der gesamte Schulstoff (abgesehen vielleicht vom verwendeten Formalismus) nicht einmal in das 19. Jahrhundert hineinreicht? Alles darüber hinausgehende an die Schule zu tragen, müsste gleichsam als Anmaßung gewertet werden. Dass dem nicht so ist, beweist IAN STEWART (1990) in seinem lesenswerten Buch „The Problems of Mathematics". Er verspricht im Vorwort, die aktuellen Forschungsgebiete der Mathematik auf einem für Laien verständlichen Niveau zu erläutern und kann dieses Versprechen auch einlösen. Derartige populäre Wissenschaftsliteratur auf hohem Niveau war noch vor zehn Jahren in Deutschland (anders als im angelsächsischen Sprachbereich) so gut wie unbekannt. Inzwischen allerdings gibt es gerade im Grenzbereich zwischen Naturwissenschaft, Technik, Mathematik und Philosophie eine große Auswahl deutschsprachiger Literatur, die für den Laien wie für den Vorgebildeten äußerst ansprechend ist (s.a. das Literaturverzeichnis am Ende dieses Buches). Der hier bereits zitierte BARROW (1992) gibt in seinem Buch „Eine Welt voller Zahlen" beispielsweise äußerst kurzweilige Einblicke in

die in diesem Abschnitt angerissenen erkenntnistheoretischen Aspekte der Mathematik durch die gesamte Menschheitsgeschichte.

So interessant und fruchtbar diese Themen aber für den Lehrer oder die Lehrerin sind, so kontrovers sind die Meinungen darüber, ob man sie in den Unterricht einbringen solle. Hierzu zwei Bemerkungen:

- Es gibt eine große Zahl mathematischer Themen – außerhalb des regulären Lehrplans, die neue Entwicklungen widerspiegeln und mit denen man den Unterricht durchaus bereichern kann. Hier seien z. b. angeführt: Die *Graphentheorie* (Plättbarkeit oder Vierfarbenvermutung), die *Knotentheorie* („die Mathematik des Krawattebindens"), *Codierung* (Barcodes), die *Kryptologie* (Sinn und Nutzen der Primzahlsuche). Solche Themen können die Bedeutung der Mathematik in unserer Gegenwart vielleicht besser repräsentieren als Analysis und Vektorrechnung.
- Grundlagenfragen, wie z. B. die nach dem Wesen mathematischer Begriffe, mit Schülern zu diskutieren, ist natürlich ein äußerst anspruchsvolles Unterfangen. Ein angemessener Rahmen ist hier z. B. eine freiwillige Arbeitsgemeinschaft. Man wird allerdings feststellen, dass die freiwillige Beschäftigung mit Mathematik von den meisten Schülern als unattraktiv angesehen wird. Dies kann man ihnen jedoch nicht zum Vorwurf machen, denn ihre Erfahrungen mit Mathematik sind vom Regelunterricht geprägt. Darüber hinausgehende Anstöße, wie etwa populärwissenschaftliche Fernsehbeiträge zur Physik, stehen im Mathematikunterricht nicht als „Starthilfe" zur Verfügung – eine der wenigen Ausnahmen stellt SIMON SINGHS packende, für die BBC gedrehte Dokumentation „Fermats letzter Satz" dar (auch in Buchform erschienen: SINGH 1998). Das Interesse von Schülerinnen und Schülern der gymnasialen Oberstufe an Grundsatzfragen, die im Unterricht oft außen vor bleiben, darf man jedoch nicht unterschätzen. Praktische Anregungen zum Umgang mit solchen Themen werden unter anderem auf den S. 156 ff. gegeben.

Zweiter Teil

Instrumente zur Qualitätssicherung

3 Instrumente für den Unterricht: Aufgaben

Qualität durch Aufgaben

- Welche Rolle spielen Aufgaben im Mathematikunterricht?
- Wie kann Qualitätsentwicklung durch Aufgaben funktionieren?
- Welches sind Qualitätsmerkmale „guter" Mathematikaufgaben?
- Wie kann man Aufgaben gestalten oder umgestalten?

Die Rolle von Aufgaben im Mathematikunterricht

In keinem anderen Fach spielt die Kategorie „Aufgabe" eine so wichtige Rolle wie im Mathematikunterricht. Man könnte sie geradezu als *das* zentrale Charakteristikum des Mathematikunterrichts sehen, wie etwa im Deutschunterricht den Text oder im Physikunterricht das Experiment. Nun werden sogleich die Deutsch- und Physiklehrer entgegnen, dass dies einer unangemessenen Reduktion ihres Faches gleichkomme. Gerade eine solche Reduktion droht aber dem Mathematikunterricht, wenn er der Aufgabe bei der Planung und Durchführung von Unterrichtsprozessen ein übermäßiges Gewicht einräumt. Dass diese Gefahr nicht unterschätzt werden darf, sieht man, wenn man einen Blick auf die **Bedeutung von Aufgaben im Schulalltag** wirft:

- Aufgaben gliedern den **thematischen Verlauf** des Unterrichts. Die „klassische" Staffelung nach *Einstiegsaufgabe – Übungsaufgabe – Anwen-*

dungsaufgabe dominiert den Unterrichtsgang und verstellt mitunter den Blick auf alternative Strukturierungsmöglichkeiten.
- Die eingeführten **Schulbücher** spiegeln dies in ihrer Anlage wider, sie zementieren gleichsam die Abläufe – oder, und so kann man es auch auffassen: Die Schulbücher üben einen derart starken normativen Einfluss auf den faktischen Unterricht aus, dass man in ihnen einen maßgeblichen Ansatzpunkt für Reformbemühungen sehen muss.
- Mathematikaufgaben lassen sich in übersichtlichen und präzise zugeschnittenen Einheiten organisieren und sind als solche ein ideales Instrument zur **Leistungsfeststellung** in Klassenarbeiten oder zur Lernfortschrittskontrolle bei Hausaufgaben. Die (scheinbare) Objektivierbarkeit der Schülerleistungen und die Möglichkeit der systematischen Eingrenzung der jeweils zu überprüfenden Fertigkeiten und Kenntnisse sind hier wichtige Gesichtspunkte bei der Konstruktion und Auswahl von Prüfungsaufgaben.
- In der Praxis des kollegialen Austauschs sind Aufgaben das **Medium der Kommunikation über Mathematikunterricht** schlechthin, so z. B. bei Absprachen unter Fachkollegen in parallelen Klassen: Der Lernstand der Schüler, die Planung der nächsten Stunden, die Verortung des aktuellen Unterrichts im Curriculum, über all dies wird meist durch den Hinweis auf die behandelten bzw. zu behandelnden Aufgaben gesprochen.
- Auf einer anderen Ebene wird diese Kommunikationsfunktion mobilisiert, wenn Schulbehörden Aufgaben als **normatives Instrument der Qualitätssicherung** einsetzen. Anhand von Beispielaufgaben sollen erwünschte Unterrichtsergebnisse charakterisiert werden, so beispielsweise bei Abituraufgaben oder jahrgangsübergreifenden Parallelarbeiten (z. B. MSWWF-NRW, 1998).

Angesichts dieser umfassenden Bedeutung von Aufgaben für den Mathematikunterricht ist es nicht verwunderlich, dass viele Initiativen und Projekte der letzten Zeit den Hebel zur Sicherung der Unterrichtsqualität eben bei der **Aufgabenkultur** ansetzen.

Hinter all diesen Anstrengungen stehen allerdings meist stillschweigende Annahmen darüber, was Aufgaben für das Fach Mathematik leisten können, wie etwa die folgenden:
(1) Durch Aufgaben lassen sich Unterrichtsprozesse effizient steuern.
(2) Unterrichtsqualität lässt sich über Aufgabenbeispiele kommunizieren.
(3) Gute Aufgabenbeispiele können die Qualitätsentwicklung befördern.

Da Annahme (1) und (2) als implizite Handlungstheorien gewissermaßen zu den Grundlagen unterrichtlichen Handelns gehören, möchte man ihnen beipflichten, wenn auch unter der Einschränkung, dass Aufgaben immer nur *eine* Dimension von Unterrichtsqualität ausmachen können. Annahme (3) – dem Anschein nach eine nahe liegende Folgerung aus den ersten beiden – stellt letztlich die Legitimation für alle Bemühungen dar, Aufgaben als Vehikel für eine Qualitätsentwicklung des Mathematikunterrichts zu benutzen. (Der vorliegende Abschnitt dieses Buches soll davon nicht ausgeschlossen sein.) Eine solche Annahme ist jedoch in mancher Hinsicht problematisch. Zwar beeinflusst der Charakter von Aufgaben die Unterrichtsqualität in starkem Maße (wie weiter unten noch ausgeführt wird), die Aufgabenstruktur *determiniert* jedoch nicht die Unterrichts*prozesse*. Das Potenzial einer Aufgabe entfaltet sich erst im methodischen Umgang mit ihr. Daher dürfen bei der Publikation von Beispielaufgaben die Prozesse auf dem langen Weg von der Konstruktion und Veröffentlichung einer Aufgabe über die Verbreitung bis hin zur konkreten Verwertung im Unterricht nicht außer Acht gelassen werden: Wie eine Aufgabe intendiert ist und was in der individuellen Praxis aus ihr gemacht wird, kann weit auseinanderklaffen.

Hier scheint es also angebracht, sich über Risiken und Chancen der **Steuerung von Mathematikunterricht durch Aufgaben** Rechenschaft abzulegen. Diese Fragestellung lässt sich nicht pauschal, sondern nur auf den verschiedenen Ebenen des Umgangs mit Aufgaben behandeln.

- Die aufgabenzentrierte Arbeit im Mathematikunterricht impliziert leicht eine bestimmte Auffassung vom Lernprozess. Die Struktur der typischen Mathematikaufgabe legt eine **ergebnisorientierte Definition des erfolgreichen Lernens** nahe. Eine solche Denkweise geht mit einer Definition der Leistungsfähigkeit von Unterricht als Quotient von Output und Input einher. Auch Projekttitel wie „Steigerung der *Effizienz* des mathematisch-naturwissenschaftlichen Unterrichts" (BLK 1998) können beim Leser derartige Konnotationen hervorrufen. Ein erfolgreicher Unterricht wird aber nicht dadurch belegt, dass z. B. mehr Schüler die binomischen Formeln sicher beherrschen. Ins Hintertreffen geraten hier die für den Lernprozess nicht minder wichtigen **Arbeits- und Kommunikationsprozesse**, wie z. B. Lösungsstrategien, deren Wert sich nicht allein durch ihren unmittelbaren Erfolg messen lässt. Leider ist der Mathematiklehrer unter den Bedingungen des Schulalltags oft nicht gegen ein solch eindimensionales, ergebnisorientiertes Bild gefeit.

- Nicht weniger bedenklich ist die Auswirkung der herrschenden Aufgabenkultur auf die *Einstellungen* der Schüler. Hier besteht die Gefahr eines **geheimen Lehrplans**. Dieser wirkt kontinuierlich und für alle Beteiligten unbemerkt und führt schließlich auf Schülerseite zu einem charakteristischen Bild vom Fach Mathematik. Das Lösen von Aufgaben kann so zum Selbstzweck werden, der gesamte Mathematikunterricht darauf ausgerichtet sein, einen gewissen Kanon von Aufgaben (kristallisiert in Form der Lehrbücher) nach und nach lösen zu lernen. Hier lauert die „dunkle Seite" des Prinzips **Aufgabenorientierung**.
- Als eine produktive Auffassung von Aufgabenorientierung kann die s. g. **Problemorientierung** gelten. Gut formulierte Probleme strukturieren, motivieren und legitimieren die Beschäftigung mit Mathematik. Für die Entwicklung problemlösenden Denkens sind angemessene Probleme jedenfalls die notwendige, wenn auch nicht hinreichende Bedingung.
- Eine nicht geringe Einflussgröße für den Umgang mit Aufgaben ist die bereits angeschnittene Konzeption der **Schulbücher**. Ihr normierender Einfluss auf die Unterrichtspraxis ist unbestritten. Die angebotene Strukturierung der mathematischen Inhalte wirkt sich gleich in mehrfacher Hinsicht unmittelbar auf die Unterrichtsgestaltung aus:
  - Die typische, aufgabenorientierte Gliederung vieler Bücher bedingt einen bestimmten Unterrichtsstil und ein einseitiges, implizites Bild von Mathematik. Die Relevanz und Notwendigkeit eines mathematischen Konzepts (z. B. der trigonometrischen Winkelberechnung) wird, wenn nicht innermathematisch, oft an stark vereinfachten, nur scheinbar realitätsnahen *Einstiegsaufgaben* belegt. Es folgt meist eine Sammlung gut konzipierter *Übungsaufgaben* (Reversibilität usw.), in deren Zentrum die algorithmisch „einschleifbaren" Aspekte des Themas stehen (Berechnung von unbekannten Größen im rechtwinkligen Dreieck). Erst in einem (mitunter nur optionalen) dritten Schritt werden dem Anspruch und der Authentizität nach „wirkliche" **Anwendungsprobleme** betrachtet. Ein solcher geheimer Lehrplan betont die routinisierbaren Aspekte eines Themas und lässt Mathematik als eine Sammlung von Rezepten zur Behandlung ausgewählter Probleme erscheinen. Die gute Absicht, Schwierigkeiten zu trennen, macht hier das flexible Problemlösen in echten Anwendungskontexten überflüssig.
  - Die große thematische Breite des Schulbuchstoffes wirkt leicht wie eine Aufforderung, diese quantitativen Ansprüche auch unterrichtlich zu erfüllen. Auf diese Weise wird allerdings das Zeitkontingent eines

Schuljahres völlig erschöpft, wenn nicht überbeansprucht. Freiräume für exemplarisches Vertiefen, experimentelle, offenere Phasen oder projektartiges Arbeiten werden so zum Luxus. Um sie zu schaffen, bedarf es einer konsequenten schulinternen Curriculumarbeit (s. S. 205).

- Schließlich sei noch eine Einwand erlaubt gegenüber der institutionellen Aufgabenorientierung, also dem Anspruch von Schulbehörden, die Sicherung und **Entwicklung von Unterrichtsqualität über Aufgabenbeispiele** zu steuern. Dieser Versuch, der sich auf die obige Annahme (3) beruft, besagt weniger über das Vertrauen in die Wirksamkeit solcher Maßnahmen als über deren *Ökonomie*. Die Konstruktion und Verbreitung von Aufgabenbeispielen ist in Zeiten knapper Kassen wesentlich leichter zu finanzieren als breit angelegte Maßnahmen zur Evaluation und Verbesserung von Unterrichtsprozessen.

Nach diesen kritischen Betrachtungen soll abschließend der Zusammenhang zwischen Aufgabenqualität und Unterrichtsqualität noch einmal *positiv* formuliert werden.

Wann kann Qualitätsentwicklung durch Aufgaben funktionieren?

Die Verfügbarkeit von „guten" Mathematikaufgaben befördert die Unterrichtsqualität nur, sofern einige Nebenbedingungen erfüllt sind:
- Die Aufgaben müssen **pragmatisch**, d.h. unter realen Bedingungen des Schulalltags umsetzbar sein.
- Die Aufgaben müssen **verfügbar** sein, d.h. es muss leicht zugängliche Materialsammlungen geben (in Form von Lehrbüchern oder zukünftig vielleicht durch das Internet).
- Die Aufgaben müssen methodisch „**unterfüttert**" sein, d.h. die reine Aufgabenstellung wird erst produktiv, wenn der unterrichtliche Umgang mit ihr beschrieben wird (z. B. sinnvolle Arbeitsformen für offene Aufgaben).
- Der Unterricht muss **Freiräume** für das Einbeziehen komplexer Problemstellungen und die Nutzung von zeitintensiveren Arbeitsformen bereithalten.

Dimensionen von Aufgabenqualität

An dieser Stelle sollen die Ausführungen nun konkreter werden. Die Leserin und den Leser erwartet ein ganze Reihe von Aufgabenbeispielen und Anregungen, klassifiziert nach einigen für wesentlich erachteten **Dimensionen von Aufgabenqualität**. Diese Dimensionen lassen sich in Beziehung setzen zu den im zweiten Kapitel beschriebenen konstruktivistisch begründeten Qualitätsmerkmalen und Zielen von Mathematikunterricht.

In den folgenden Abschnitten werden also im Wesentlichen solche Merkmale von Unterricht zur Sprache kommen, die schon durch die Konzeption von Aufgabenformulierungen und Problemstellungen angestrebt werden können (offene Probleme mit mehreren Lösungswegen, Berücksichtigung von Alltagsvorstellungen, Anwendungsorientierung etc.). Eher prozessuale Aspekte (wie z. B. aktives, selbstgesteuertes Lernen oder Unterrichtskultur) bleiben dabei natürlich nicht ganz außen vor. Ihnen ist jedoch schwerpunktmäßig das gesamte vierte Kapitel gewidmet.

Die Beispiele und Anregungen der nächsten Seiten beziehen sich auf den folgenden Katalog von Merkmalen für Aufgabenqualität:

Dimensionen von Aufgabenqualität

- **Authentizität – Bedeutsamkeit – Relevanz**
- **Offenheit**
- **Aufforderungscharakter:**
  1. Anwendungsrelevanz
  2. Aktueller Bezug
  3. Kognitiver Konflikt
  4. Bezug zur Wahrnehmungswelt der Schüler
  5. Präsentationsform
  6. Innermathematische Eigenschaften

Wie kann man den Merkmalskatalog praktisch nutzen?

Der im Folgenden angebotene Katalog von Qualitätsmerkmalen erhebt weder einen Anspruch auf Objektivität noch auf Vollständigkeit. Er sollte als Anregung und Arbeitshilfe verstanden und verwendet werden:

Zunächst einmal dienen die folgenden Erläuterungen zu den verschiedenen Merkmalen als Orientierung auf dem bunten Jahrmarkt der Möglichkeiten. Jeder möge hier selbst urteilen, ob er mit den vertretenen Standpunkten und Begriffsauffassungen übereinstimmt.

Ganz pragmatisch lässt sich die Merkmalsliste verwenden, um konkret vorhandene Aufgaben systematisch zu analysieren und merkmalsorientiert zu bewerten. Anhand der einzelnen Merkmale kann man sich vergewissern, welche Ziele man mit einer Aufgabe verfolgt und welche Mittel hier angemessen sein können.

Das Potenzial, das eine Aufgabe in sich trägt, lässt sich anhand der Merkmalsliste ausloten und die Aufgabe entsprechend umgestalten oder sogar gänzlich neu konzipieren. Obwohl die Bezeichnung *Dimension* dies suggeriert, kann eine Aufgabe nicht alle Merkmale zugleich besitzen – hier ist es sicherlich nötig, Schwerpunkte zu bestimmen.

Unfertige Ideen oder im Alltag aufgefundene Probleme lassen sich mit Blick auf die hier beschriebenen Dimensionen auf ihre Verwendbarkeit im Unterricht prüfen.

Schließlich können die dargebotenen Kriterien und Begriffe als Leitgedanken zur Kommunikation über Aufgaben dienen, z. B. im Fachgespräch über Parallelarbeiten oder über Einstiege in Unterrichtsreihen.

Qualitätsmerkmale: Authentizität – Bedeutsamkeit – Relevanz

Die drei Aspekte der Überschrift hängen eng zusammen, jede Dimension gewinnt durch die andere, und so sollen sie an dieser Stelle auch gemeinsam behandelt werden.

Im Duden findet man als Begriffsdefinition für *authentisch* „den Tatsachen entsprechend und daher glaubwürdig". Versteht man unter *Tatsachen* die Gegebenheiten der realen Welt, so bedeutet dies für den Mathematikunterricht: Eine authentische Aufgabe spiegelt die Gegebenheiten unserer (natürlichen und sozialen) Umwelt realistisch und für Schüler glaubwürdig wider.

Natürlich gehören zu einem authentischen, ausgewogenen Bild ebenso diejenigen Tatsachen der Mathematik, die nicht auf die reale Welt bezogen sind. Dieser Aspekt wird jedoch in diesem Abschnitt nicht behandelt.

Zunächst also ein Beispiel für das Bemühen um Authentizität:

Unterrichtsbeispiel *Ein Handwerkermeister hat seinem Lehrling auf der Baustelle die Maße für eine dreieckige Holzplatte aufgeschrieben. Als der Lehrling den Zettel in der Werkstatt auspackt, bemerkt er, dass sein Stift ausgelaufen ist und nun einige Stellen nicht mehr lesbar sind. Berechne die fehlenden Größen!*

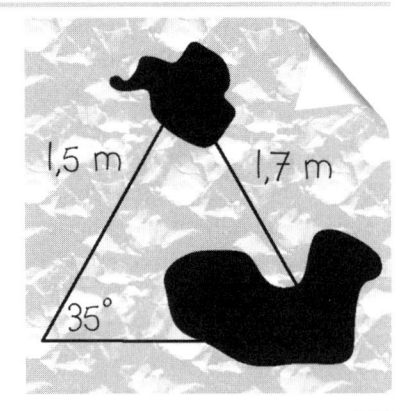

Obwohl die Aufgabe in eine nette Geschichte verpackt ist und auch der zerknüllte Zettel leidlich realistisch wirkt, ist sie in keiner Hinsicht authentisch: „Wozu soll so ein Holzdreieck überhaupt gut sein? Hätte der Meister wirklich die Winkel aufgeschrieben und nicht vielleicht eher die Höhe? Braucht man überhaupt die anderen Größen, das Dreieck kann man doch schon mit den drei Angaben aufs Holz zeichnen? Der Lehrling soll doch einfach den Meister auf seinem Handy anrufen!" Schülerinnen und Schüler bemerken sofort, dass diese Aufgabe nur oberflächlich eingekleidet wurde. Der Arbeitsauftrag „Berechne die fehlenden Größen" hätte völlig ausgereicht. Proteste wären allerdings wohl aufgrund der „Vorsozialisation" der Schüler nicht zu erwarten gewesen, denn die Schulbücher sind voll von solchen Aufgaben.

Eine Aufgabe wird also nicht dadurch authentisch, dass sie mit fiktiven Personen und Dingen bestückt wird. Das wesentliche Moment von Echtheit einer Aufgabe ist vielmehr, dass sie (bei aller Vereinfachung) glaubwürdig und authentisch die charakteristische Weise wiedergibt, in der **Mathematik auf die reale Welt bezogen** ist.

Beim Begriff der Relevanz muss man klar zwischen verschiedenen Perspektiven unterscheiden: Die **objektive Relevanz** einer Mathematikaufgabe besteht in ihrem unmittelbaren oder **zukünftigen Nutzwert** für die Schülerinnen und Schüler. Dies kann sich beispielsweise auf die lebenspraktischen Fähigkeiten, die mit einer Aufgabe vermittelt werden, beziehen. Dieses Moment ist aber wiederum nur wirksam, wenn den Schülern dieser Nutzwert glaubwürdig gemacht werden kann.

In viel stärkerem Maße wird eine Aufgabe durch ihre **subjektive Relevanz** aufgewertet. Hierunter wird die von den Schülern empfundene Bedeutsamkeit für ihre **aktuelle Lebenssituation** verstanden. Den Weg von der objektiven zur subjektiven Relevanz hat man beschritten, wenn die Schüler sich die Aufgabenziele zu Eigen machen. Dies ist sicher nicht mit knappen Anwendungsaufgaben zu erreichen, sondern bedarf der Einbettung in umfassendere Tätigkeiten und auch die Einbeziehung von außermathematischen Aspekten. Selbst gefundene Probleme oder Projekte, die sich auf den Schüleralltag beziehen, können dies leisten.

Die **Anwendungsrelevanz** einer Aufgabe schließlich besteht darin, dass die mit der Aufgabe vermittelten Inhalte und Methoden die **Bedeutsamkeit der Mathematik** für die Gegenstände und Prozesse des täglichen Lebens angemessen wiedergeben. Dies ist ein zentraler Aspekt eines angemessenen Mathematikbildes.

Man könnte die zentrale Frage dieses Abschnitts also so stellen:

Wie kann man Schülerinnen und Schülern glaubwürdig vermitteln, dass Mathematik bedeutsam und nützlich ist?

Im Folgenden soll nun an einigen Beispielen verdeutlicht werden, welche Merkmale dieses Moment von Mathematikaufgaben ausmachen. Diese Darstellung ist weder systematisch noch erschöpfend, sondern soll exemplarisch einige wichtige Qualitätsaspekte aufzeigen: 1. die Offenheit echter Probleme, 2. das Durchbrechen der Exaktheit, 3. die Anwendbarkeit im Alltag und 4. die Lösungskompetenz für reale Probleme.

1. Echte Probleme sind offen

Im Vorgriff auf die Behandlung der Offenheit soll am folgenden Beispiel demonstriert werden, wie *Offenheit* und *Authentizität* einander bedingen.

Aufgabe *Das Schild ist schon fertig. Was ist jetzt zu tun?*

Beim Öffnen der Türen bitte die markierte Fläche freihalten

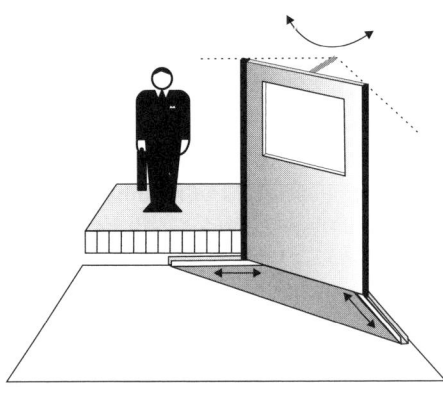

Die Offenheit zeigt sich hier u. a. an den folgenden Merkmalen:
- Ziele und Aufgabenstellung werden erst im Verlauf der Bearbeitung ausgehandelt.
Wie funktioniert der Mechanismus? Wie sieht die Fläche aus, die freigehalten werden muss? Kann die drehbare Stange oben an der Tür massiv sein, oder verkürzt oder verlängert sie sich beim Öffnen?
- Es ist nicht offensichtlich, mit welchen Methoden man sich der Lösung nähern soll.
Bei welchen Fragen kann Mathematik weiterhelfen? Kann man das Problem zeichnerisch lösen? Hilft vielleicht das schon einmal verwendete Geometrieprogramm? Kann man das Pro-

blem rechnerisch lösen? Was braucht man dann dazu, Geometrie oder Funktionen?
- Es ist erlaubt, die Fragestellung kritsch zu prüfen. *Kann man (und sollte man nicht sicherheitshalber) einfach eine etwas größere Fläche kennzeichnen?* 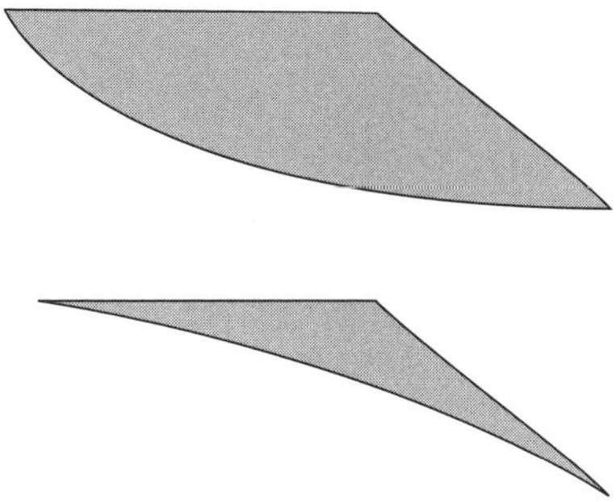
- Es sind nicht immer alle notwendigen Angaben verfügbar.

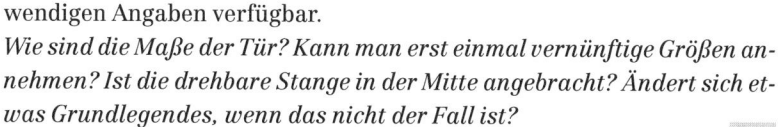

Wie sind die Maße der Tür? Kann man erst einmal vernünftige Größen annehmen? Ist die drehbare Stange in der Mitte angebracht? Ändert sich etwas Grundlegendes, wenn das nicht der Fall ist?

2. Mathematisch arbeiten heißt nicht immer exakt arbeiten.
Der hier angesprochene Aspekt der so genannten „weichen Mathematik" umfasst Tätigkeiten wie Schätzen, Überschlagen oder auf Plausibilität prüfen. Gerade dadurch, dass uns immer mehr exakte mathematische Tätigkeiten von technischen Geräten abgenommen werden, werden **Kontrollfähigkeiten** immer bedeutsamer. Dass viele Schüler bis zum Ende ihrer Schulkarriere solche Tätigkeiten nur selten eingesetzt haben, liegt häufig daran, dass sie nur unzureichend verwendet und eingeübt werden und ihre Relevanz somit den Schülern auch nicht deutlich wird. Wie übt man aber solche Fähigkeiten? Viele gute Ideen findet man in der Zeitschriftenliteratur (z. B. BÖER 1996) und inzwischen auch in neueren Schulbüchern. Ergänzend dazu soll hier eine Aufgabenkategorie vorgestellt werden, die für diesen Zweck geradezu maßgeschneidert ist.

Unterrichtsidee Fermi-Fragen: Unter Fermi-Fragen wird ein Typ von Aufgaben verstanden, dessen Ursprünge auf den Physiker ENRICO FERMI zurückgehen. In der Physik gehört es zu den maßgeblichen Tugenden, auch solche Größen schnell abschätzen zu können, zu denen man weder vollständige Informationen noch eine eindeutige Berechnungsformel hat. Fragen, die diese Fähigkeiten – auch in einfachen Alltagskontexten – fordern und fördern, werden als Fermi-Fragen gehandelt und erfreuen sich besonders in den USA einer immer größeren Beliebtheit. Es ist bereits eine regelrechte „community" entstanden, die sich damit auseinander setzt, Fermi-Fragen für die

Schule zu formulieren und nutzbar zu machen. Am einfachsten versteht man ihren Charakter wohl an einem konkreten Beispiel: Wie viele Zahnärzte gibt es in Deutschland? 1.000? 10.000? oder eher 100.000? Wie beantwortet man nun eine solche Fermi-Frage? Oft kann man sich an dem folgenden Muster orientieren:

1. Suche nach geeigneten Hilfsfragen: *Wie viele Zahnärzte werden wohl benötigt? Wie viele Menschen gehen in Deutschland zum Zahnarzt? Etwa 80.000.000. Wie oft geht jeder? Ein- bis zweimal im Jahr, einige gar nicht, einige viel öfter. Wie lange dauert ein Termin durchschnittlich? Manche 15 Minuten, manche 1 Stunde. Wie viele Stunden arbeitet ein Zahnarzt? Wahrscheinlich etwa 35 Stunden, vielleicht mehr. Wie viele Arbeitswochen hat er? Bei 6 Wochen Urlaub etwa 45 Wochen.*
2. Abschätzen (oder Nachschlagen) der benötigten Werte und Berechnen: *Man benötigt also etwa 80.000.000 · $\frac{1}{2}$ = 40.000.000 Zahnarztstunden. Jeder Zahnarzt arbeitet etwa 35 · 45 ≈ 40 · 40 = 1.600 Stunden. Das können 40.000.000:1.600 = 400.000 : (4·4) = 25.000 Zahnärzte bewältigen.*
3. Auf Plausibilität prüfen: *Kann das sein? Was würde das für eine Großstadt bedeuten? Essen mit 800.000 Einwohnern hätte also 25.000:100 = 250 Zahnärzte. Ein Blick ins Branchenverzeichnis zeigt mehr als 300 Zahnärzte. Welche Annahmen könnten falsch gewesen sein? Wie wirkt sich eine Veränderung der Schätzungen auf das Ergebnis aus?*

Oft erlauben Fermi-Fragen unterschiedliche Lösungsmethoden (wie hier etwas das Nachschauen im Branchenbuch).

Dies war zugegebenermaßen schon eine harte Nuss. Für einen ersten Versuch des Unterrichtseinsatzes eignet sich das Beispiel vor allem deswegen nicht, weil viele der Kompetenzen, die Schüler zur Beantwortung solcher Fragen benötigen, erst schrittweise gelernt und geübt werden müssen.

Welche Kompetenzen erfordern (und fördern) Fermi-Fragen?
- heuristische Strategien: Fragen stellen
- Alltagswissen benutzen
- Arbeiten mit großen Zahlen
- Umrechnen von Größen
- Überschlagsrechnen, geschicktes Rechnen
- Unklarheit verkraften, also auch bei vagen Angaben weiterarbeiten
- Ergebnisse überprüfen und bewerten
- Kontroll- und Bewertungsstrategien

Weitere Beispiele von sehr unterschiedlichem Charakter sollen das Potenzial von Fermi-Fragen illustrieren und ebenso aufzeigen, dass man den Umgang mit derartigen Fragestellung anhand von sukzessive anspruchsvolleren Beispielen erlernen kann. Man erkennt, dass ein weiteres Einsatzgebiet für Fermi-Fragen darin bestehen kann, einen Überblick über Größenordnungen von schwer vorstellbaren Mengen oder Größen zu bekommen.

Unterrichtsideen **Weitere Fermifragen:** *Wieviele Tropfen Wasser füllen ein Trinkglas? Wie groß ist die Masse aller Schüler unserer Schule? Wie viele Bäume stehen in unserem Ort? Wie hoch ist der Turm aus Papier, den unsere Schule jedes Jahr für Kopien verbraucht?Wie viele Stunden am Tag verbringt ein Schüler durchschnittlich am Telefon/Fernseher?Wie oft kommt das Wort „und" in der geschriebenen/gesprochenen Sprache vor?*
Weitere methodische Anregungen:
- Schülerinnen und Schüler denken sich Fermi-Fragen aus und sammeln sie, z. B. auf einem schwarzen Brett. Eine Gruppe von Schülern sucht sich interessante heraus und bearbeitet sie.
- Eine mathematische Variante des populären Ratespiels *„Wie viele Erbsen sind in diesem Behälter?"* wird als Wettbewerb ausgeschrieben. Schülerinnen und Schüler dürfen vor der Abgabe ihrer Schätzung Maße nehmen und mit Erbsen experimentieren. Nach der Auflösung werden die verwendeten Rechenstrategien diskutiert.

Fermi-Fragen sind, wie man gesehen hat, keineswegs auf den wissenschaftlich-akademischen Bereich beschränkt. Sie lassen sich in der Schule vor allem mit den folgenden Lernzielen von übergreifender Bedeutung einsetzen:
- Vernetzung von Alltagswissen mit dem Mathematikunterricht fördern
- selbstständige Arbeitsstrategien einüben
- Vorstellungen von Größenordnungen entwickeln

3. Mathematik kann Alltagsbeobachtungen strukturieren und unterstützen

Dieser Aspekt ist gewissermaßen eine Vorstufe zum Lösen realitätsnaher Probleme mit Mathematik. Die mathematische Strukturierung ist eine Teilkompetenz des Modellierens und kann auch auf einfachen Niveau geübt werden. Ein Beispiel aus einem in jeder Hinsicht richtungsweisenden neuen Schulbuch für die 5. Klasse (LERGENMÜLLER/ SCHMIDT, 2000, S. 125) zeigt, wie authentische Anwendungsaspekte bereits in der 5. Klasse berücksichtigt werden können:

Aufgabe

a) Der Große Wagen besteht aus 7 Sternen. Zeichne in ein Gitter die sieben Punkte A(0|5), B(4|6), C(7|5), D(11|4), E(13|1), F(19|1) und G(19|4) ein. Verbinde die Punkte in der angegebenen Reihenfolge. Verbinde schließlich auch noch den Punkt D und G. Erkennst du den Wagen?

b) Verlängert man die Verbindungslinie von F nach G fünfmal über G hinaus, so findet man den Polarstern. Trage den Polarstern in die Zeichnung ein. Welche Koordinaten hat er?

Diese Aufgabe ist nicht nur eine Übung zur Verwendung von Koordinaten, sondern vermittelt zudem ein angemessenes Bild: Mathematik macht es möglich, den Ort von Sternen zu benennen und Sterne aufzufinden, also den Himmel zu kartografieren. Dass es sich hier um eine karteische statt sphärische Karte handelt, ist an dieser Stelle eine angemessene Vereinfachung (zwei Seiten zuvor werden im genannten Buch auch Koordinaten auf dem Globus behandelt!). Hinzu kommt bei dieser Aufgabe noch, dass das (wahrscheinlich) große subjektive Schülerinteresse einbezogen und zugleich Sachwissen über Sternbilder vermittelt wird.

Mathematik aus der Zeitung
Eine wichtige Gelegenheit für mathematisch geleitete Alltagswahrnehmung ist das Interpretieren von Zeitungsdaten. Zu den allgemeinbildenden Zielen des Mathematikunterrichts zählt hier vor allem, dass Schülerinnen und Schüler in die Lage versetzt werden, mit mathematisch orientierten Informationen mündig umzugehen – ein wesentlicher Aspekt des kritischen Vernunftgebrauchs. Vor allem grafische Darstellungen sind in dieser Hinsicht ergiebige Quellen für den Unterricht. Hierbei muss es nicht immer nur um das Finden von Fehlern und das kritische Durchleuchten von unangemessenen Darstellungen gehen. Das Interpretieren von Daten oder das Beziehen

Qualität durch Aufgaben 107

auf eigene Erfahrungen sind ebenso wichtige Tätigkeiten. Zum Thema **Zeitungsmathematik** gibt es inzwischen umfangreiches Material (SYLVESTER/KATZENBACH 1996, HERGET/ SCHOLZ 1998). Aber schon das aufmerksame Verfolgen der Tagespresse beschert einem immer wieder Beispielmaterial, wie z. B. das folgende:

> **Unterrichtsidee**
>
> ## Motorradfahrer gefährdet
>
> WIESBADEN (ddp) Motorradfahrer sind auf den Straßen besonders gefährdet. 1999 gab es 981 Todesopfer, erklärte das Statistische Bundesamt. Das sind 117 Todesopfer oder 14% mehr als 1998. Insgesamt verunglückten im vergangenen Jahr 43 800 Fahrer und Beifahrer von Motorrädern. Dies war ein Anstieg um 11%.
>
> **Tödliche Bilanz**
> Verunglückte Motorradfahrer in Deutschland
>
> 1992: 37 300; 1993: 38 300; 1994: 38 100; 1995: 35 200; 1996: 36 800; 1997: 42 200; 1998: 39 600; 1999: 43 800
>
> davon Getötete:
> 1992: 903; 1993: 934; 1994: 912; 1995: 885; 1996: 864; 1997: 974; 1998: 864; 1999: 981
>
> Bestand an Motorrädern in Millionen:
> 1992: 1,6*; 1993: 1,8*; 1994: 2,1; 1995: 2,3; 1996: 2,5; 1997: 2,7; 1998: 3,0; 1999: 3,2
> *Westdeutschland
>
> Quelle: Stat. BA, KBA

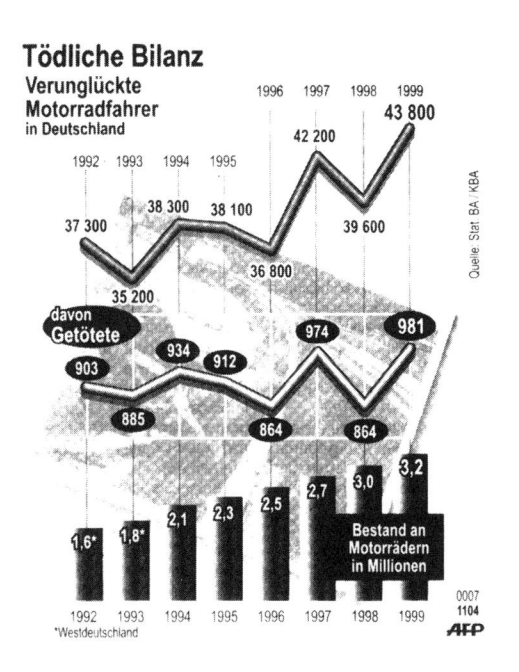

Diese Zeitungsanzeige gibt nach Inhalt und Darstellung viele Ansatzpunkte für eine kritische Diskussion: *Wie sehen die Schwankungen in einem Diagramm mit Nulllinie aus? Wie sehen beide Kurven in einem gemeinsamen Diagramm aus? Wie kann man die starken jährlichen Schwankungen erklären? (Vielleicht durch das Wetter?) Wie ist die im Text genannte Steigerung um 14 % zu bewerten? Sind die Unfälle häufiger tödlich als früher? Wenn ja, um wie viel?*

Ein weiteres Beispiel findet sich im nächsten Abschnitt (S. 126).

4. Mathematik hilft, reale Probleme zu lösen

Was aber sind „reale Probleme"? Hier muss man sich sicherlich auf ein breites Spektrum einlassen. Dass auch die Einkleidung in einen realen Kontext ein Problem noch nicht zum Realproblem macht, wurde an der Handwerkeraufgabe (S. 100) deutlich. Allgemein könnte man sagen: Je ganzheitlicher, alltagsorientierter der Kontext ist, je ausführlicher die Beschäftigung mit ihm, desto größer ist die Chance, dass die Schülerinnen und Schüler die Bedeutsamkeit von Mathematik auch erleben können. Welche Abstufungen hier möglich sind, sollen die folgenden Beispiele illustrieren.

a) Mathematik löst Schülerfragen

Der Idealfall relevanter Mathematik liegt dann vor, wenn die Fragestellung von Schülern aufgebracht oder zu ihrer eigenen gemacht wird, und die Ergebnisse der Beschäftigung die Lebenswelt der Schüler verändern. Eine subjektiv empfundene Relevanz kann eine Mathematikaufgabe eigentlich erst dann erhalten, wenn ihre Ergebnisse wirklich verwendet werden. Als Beispiel sei hier ein Projekt von BÖER (1996) zitiert:

> **Unterrichtsidee** *Die Aufgabe: Wie groß ist die jährliche Wasserverbrauchsmenge? Wie viel kann man einsparen? „[Das Engagement der SchülerInnen] war riesengroß. Es ging um ein Stück selbstverständlich gewordener Lebensqualität – genügend viel und genügend gutes Wasser. Und es ging um das Alltagsverhalten und den alltäglichen Einfluss jedes Menschen, auch um ihren Einfluss. Darüber hatten die Schülerinnen und Schüler noch nie nachgedacht. Sie trieben die Arbeit voran. Die Aktionsvorschläge kamen von ihnen und wurden offensiv verfolgt."*
>
> Die Schülerinnen und Schüler suchten Orte des häuslichen Wasserverbrauchs, erfanden Methoden zur Messung, schätzten Benutzungshäufigkeiten, berechneten den Jahresverbrauch, recherchierten in Büchern und Broschüren, sammelten Ideen zur Verbrauchsreduzierung bei Toilettenspülungen, stellten die Wassermenge anschaulich dar (Wasserhöhe über dem Stadtgebiet, Bau einer Säule, die das Pro-Kopf-Jahresvolumen darstellt), informierten die Mitschüler und die Öffentlichkeit.

Wohlgemerkt war diese umfangreiche Aktion nicht von vornherein als Projekt ausgelegt, sondern entwickelte ausgehend von einer einfachen Aufgabe ihre Eigendynamik. Entscheidend bei diesem Prozess ist der authentische Lebensbezug (s. dazu auch BÖER 2000).

Qualität durch Aufgaben

b) Mathematische Probleme im Alltag
Nun kann Mathematikunterricht aber nicht dauerhaft als Projektarbeit gestaltet werden. Sinnvoll sind auch kurzfristig lösbare Aufgaben aus dem Alltag. Dabei geht es hier nicht um die fundamentalen Kulturtechniken, wie die Grundrechenarten, oder die „klassischen" Anwendungskontexte, wie z. B. die Zinsrechnung. Vielmehr soll vermittelt werden, dass die Mathematik ein nützliches Werkzeug darstellt, um auch Alltagsprobleme anzugehen.

Unterrichtsidee
1. Rezept für einen Gries-Auflauf „... und geben Sie die Menge in eine Auflaufform (10x12cm)..."
Ich habe aber nur zwei runde Auflaufformen. Welche ist besser geeignet?

2. *Beim Fußballturnier aller sechs 7. Klassen sollen jede Mannschaft gegen jede genau einmal spielen. Wie viele Spiele und wie viele Runden sind nötig? Wie organisiert man, wer in welcher Runde gegen wen spielt? (nebenstehend eine grafische Lösung)*

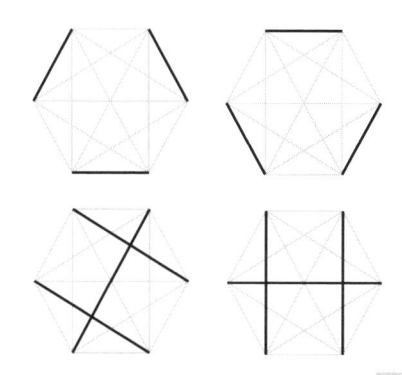

c) Mathematische Probleme alltagsnah gestalten!
Zwischen Alltagsproblemen, bei denen man sich vorstellen kann, dass sie mit mathematischer Hilfe zu lösen sind, und realen Anwendungen von Mathematik in professionellen Kontexten liegt eine riesige Spannweite. Versucht man in Aufgabenstellungen die objektive Relevanz mathematischer Herangehensweisen in echte Kontexte zu legen, so muss man sich oft mit komplexen, ganzheitlichen Situationen befassen. Es werden anspruchsvolle Modellbildungsprozesse und nicht-triviale mathematische Methoden benötigt. Es lassen sich aber durchaus auch echte Anwendungskontexte von Mathematik in vereinfachten, alltagsnahen Situationen glaubwürdig realisieren.

Unterrichtsbeispiel *Im Zeitalter der schnellen Küche soll die Garzeit von Nudeln möglichst kurz gehalten werden. Mit diesem Ziel haben Lebensmittelhersteller die abgebildete Spaghetti entworfen.*  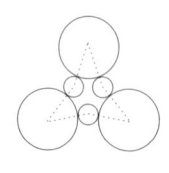
Der Querschnitt lässt sich nur mit Kreisen darstellen. Der Vorteil dieser fantasievollen Nudelform ist eine große Oberfläche und damit eine verkürzte Kochzeit. Leider neigen die Spaghetti dazu, der Länge nach durchzureißen, wenn man die Stege zu dünn macht.
Entwirf eine Spaghetti, die den folgenden Anforderungen genügt:
- *Die Stege sollen mindestens 1 mm dick sein.*
- *Die Nudel soll 30 cm lang sein.*
- *Welche Oberfläche hat die Nudel und welches Gewicht?*

Um das Gewicht zu bestimmen, muss man die Dichte von Nudelteig kennen. Diese Angabe können Schüler beispielsweise mit Hilfe einer Packung Spaghetti als Hausaufgabe bestimmen. Beim Entwurf einer Spaghetti können verschiedene Kreisgrößen und Winkel gewählt werden. Um die Ergebnisse bezüglich der erreichten Oberfläche zu vergleichen, muss erst die Gesamtoberfläche einer bestimmten Menge Nudeln gleichen Gewichts bestimmt werden.

Die Arbeit an dieser Aufgabe ist in verschiedenen Hinsichten realitätsnah: Nicht alle nötigen Daten sind von vornherein gegeben, es können Parameter frei gewählt werden, der Ansatz ist offen (man kann gezeichnete Winkel messen oder berechnen) und schließlich gibt es kein vorbestimmtes Endergebnis. Die einzelnen Lösungen müssen verglichen und gegeneinander abgewogen werden.

Abschließend soll ein Beispiel gegeben werden, wie man eine „Standardaufgabe" aus der Geometrie zu einem relevanten, glaubwürdigen Problem umgestalten kann.

Aufgabe

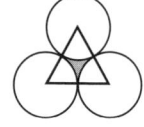

a) Wie groß ist die Fläche zwischen den Kreisen ($r = 5\,cm$)?

b) Wie groß ist die Fläche zwischen den Euro-Münzen?

c) Wie stellt man Dosen Platz sparend auf?

Aufgabenvariante b) ist alltagsnäher und offener als a) formuliert. Die Messung der Geldstücke und die Lösungsmethode werden den Schülern überlassen. Variante c) ist wesentlich anspruchsvoller. Das Aufgabenziel ist mit Absicht unscharf formuliert. „Möglichst Platz sparend" wird vermutlich zunächst übersetzt mit „möglichst viele Dosen auf einer gegebenen Fläche". Dann hängt das Ergebnis aber von der Form und Größe der Fläche ab! Bei prinzipiell unendlich großer Fläche ergeben sich wieder andere Lösungen. Also gilt es, den Begriff Platzbedarf angemessen zu mathematisieren.

Mit Variante c) dieser Aufgabe liegt offensichtlich ein anspruchsvolles Beispiel für offene Aufgabenstellungen vor, das in vielerlei Hinsicht die Bedeutung von Mathematik angemessen darstellen kann: Ein offeneres Problem muss modelliert werden, Methoden und Begriffe müssen entwickelt und Lösungen im Hinblick auf das Ausgangsproblem bewertet werden. Die Fragestellung der *dichtesten Packung* steht in Beziehung zu immer noch aktuellen mathematischen Forschungen (vgl. LEPPMEIER 1997).

Weitere Literatur und Material zum Thema Anwendungsorientierung und Problemkontexte findet man bei MUED[1], ISTRON (1990–2000) und außerdem in den bereits zitierten Artikeln der Zeitschrift MATHEMATIK LEHREN.

Qualitätsmerkmal: Offenheit

Das Gros aller Mathematikaufgaben, die man in den Schulbüchern und Klassenarbeiten findet, sind keine offenen Aufgaben. Sie sind ganz im Gegenteil kunstvoll auf einen bestimmten Zweck maßgeschneidert, den sie im methodischen Fortgang des Lehrbuches oder bei der Leistungsbewertung zu erfüllen haben. Die Übersicht auf S. 112 gibt einige Charakteristika solcher Aufgaben vom „geschlossenen" Typ an.

---

[1] Die Mathematik-Unterrichtseinheiten-Datei ist ein eingetragener Verein, der Material für beziehungshaltigen, realitätsnahen Unterricht zusammenstellt (Projekte, Facharbeiten) und versendet. MUED e.V., Bahnhofstr. 72, 48301 Nottuln-Appelhülsen. Internetpräsenz: www.muedev.via.t-online.de

> **Charakteristika geschlossener Aufgaben**
>
> - **Eindeutige Zweckorientierung**
>   *Übungsaufgaben* sollen eine bestimmte Fähigkeit einschleifen (z. B. die sichere Anwendung der binomischen Formeln). *Einstiegsaufgaben* sollen auf eine Problemsituation führen, welche die Einführung einer neuen Methode oder eines neuen Begriffs nahe legen. *Prüfungsaufgaben* haben das Ziel, möglichst deutlich Schwierigkeiten und Stärken eines Schülers oder einer Schülerin offen zu legen und sind oft zum Zwecke der besseren Überprüfbarkeit – und auch der gerechten Bewertung – standardisiert.
> - **Eingleisigkeit des Rechenweges**
>   Die Art der Aufgabenstellung oder der fachliche bzw. methodische Unterrichtsgang lassen im Wesentlichen nur einen Weg zur Lösung zu. Abwege, Umwege, Näherungslösungen werden (explizit oder implizit) nicht akzeptiert.
> - **Existenz einer eindeutigen Lösung**
>   Der Zielzustand ist eindeutig definiert, Schülerinnen und Schüler wissen aufgrund der Aufgabenstellung oder vorher getroffener (expliziter oder impliziter) Vereinbarungen genau, wann und ob sie das Problem gelöst haben. Es ist bereits im Voraus klar, dass das Problem mit den (meist unmittelbar vorher behandelten Mitteln) zu lösen ist.
> - **Engführung in der Aufgabenstellung**
>   Eine kleinschrittige Gliederung der Aufgabenstellung oder die Einschränkung der zu verwendenden Methoden („Berechne ohne Benutzung der Potenzgesetze ...") schließt Möglichkeiten (oder Anlässe) für eigene Lösungswege aus.

Die Anlage von Aufgaben in geschlossener Form bedeutet prinzipiell keine Abwertung solcher Aufgabenstellungen. Immerhin gewährleisten sie das effektive Erreichen eines bestimmten Ziels, beispielsweise einer klar definierten Leistungskontrolle, einer schnellen Hinführung zu einem zentralen Problem, einem intensiven Üben von grundlegenden Fertigkeiten usw. Zudem sind gerade die klare Definition von *richtig* und *falsch*, die gerechte Bewertbarkeit und ein überschaubarer, klarer Rechenweg Eigenschaften, die Schüler an einer Aufgabe schätzen, ja geradezu einfordern.

Bedenklich wird der Einsatz geschlossener Aufgaben erst, wenn er zum Ausschließlichkeitsprinzip wird und die Unterrichtsmethode dominiert. Dann entstehen problematische Bilder vom Mathematikunterricht:

- Der Mathematikunterricht erscheint als eine Enklave **klar definierter Wahrheiten**. Wenn Schüler spüren, dass individuelle Vorstöße und kreative Ansätze ausgegrenzt werden, verlieren sie die Freude oder gar den Mut, solche vorzubringen – schließlich existiert ja bereits eine abschließende, vorherbestimmte Wahrheit, die am Schluss der Diskussion ohnehin vom Lehrer oder einem Mitschüler geliefert wird.

- Hierunter leidet vor allem die **Kommunikation** in der Gruppe. Beiträge von Mitschülern werden dahingehend bewertet, ob sie „zielführend" sind, d.h. inwieweit der Lehrer signalisiert, dass eine Idee wertvoll ist. Eine wirkliche Diskussion, bei der die Schüler z. B. auch darauf achten müssen, dass ihre Mitschüler ihre Argumentation nachvollziehen können, findet nur schwerlich statt.
- Es entsteht ein falsches **Bild vom Umgang mit Fehlern**, das nicht nur im Sinne einer unterrichtlichen Produktivität vermieden werden muss, sondern auch im Hinblick auf die Arbeit der Mathematik als Wissenschaft zutiefst unrealistisch ist. Das Prinzip von Versuch und Irrtum, die Produktivität von Fehlern, das Einschlagen von Seitenwegen, subjektive Wertungen, das Akzeptieren vorläufiger oder näherungsweiser Lösungen sind alles nicht nur wichtige, sondern auch typische Bestandteile aller mathematisch orientierten Wissenschaften, insbesondere auch der Mathematik.
- Das Lernen im Mathematikunterricht läuft Gefahr, zum Streben nach der erfolgreichen **Nachahmung von Schemata** zu verarmen. Schülerinnen und Schüler bemühen sich dann darum, die im Unterricht behandelten Methoden möglichst exakt zu kopieren. Gelingt ihnen dies einmal nicht, so führt dies zu ungerichtetem Probieren, zur falschen Generalisierung oder zum Aufgeben. Übergeordnete Strategien (Metastrategien) können nicht herangezogen werden, da sie im Rahmen von geschlossenen Aufgaben auch nicht erarbeitet und eingeübt werden können.

Mathematikunterricht wird also erst dadurch reichhaltig, dass in größerem Umfang auch offene Aufgaben einbezogen werden. Im Folgenden sollen nicht nur Kriterien für diese Dimension einer Aufgabe formuliert, sondern zugleich auch Ansätze vorgeführt werden, wie eine geschlossene Aufgabe **in eine offenere Form transformiert** werden kann.

Einige Charakteristika offener Aufgaben

1. Es gibt **mehrere Lösungswege**. Welcher Weg einzuschlagen ist, liegt nicht sofort auf der Hand.
2. Die **Problemsituation** muss erst **mathematisiert** werden.
3. Es werden „**weiche mathematische Tätigkeiten**" verlangt.
4. Eine **unscharf definierte Problemstellung** führt zu divergenten, konkurrierenden Ansätzen.
5. Zur Lösung der Aufgabe bedarf es der **Integration von mathematischen Kenntnissen** aus verschiedenen Bereichen, eventuell besteht die Notwendigkeit einer **Erweiterung der Wissensbasis**.

Diese Charakteristika werden im Folgenden anhand von Beispielen und Kommentaren etwas näher erläutert.

1. Es gibt mehrere Lösungswege

Unterrichtsbeispiel

Zu welchem Zeitpunkt nach 4 Uhr stehen der große und der kleine Zeiger genau übereinander?

Die Aufgabenstellung ist klar, gibt aber keinen Hinweis auf eine Lösungsmethode. Einige der hier möglichen Ansätze sollen angedeutet werden. Sie unterscheiden sich zum Teil radikal.

a) **Ausprobieren und Schätzen**. Wenn eine lediglich auf eine Sekunde genaue Angabe für ausreichend erachtet wird, kann man schrittweise probieren oder die Lösung einschachteln. Jedenfalls ist es notwendig, die minutenabhängige Stellung des Stundenzeigers auf irgendeine Art mathematisch zu modellieren.

b) Die Minutenposition des Stundenzeigers lässt sich **funktional darstellen**: Um 4 Uhr und x Minuten steht der Minutenzeiger bei x Minuten, der Stundenzeiger bei 20+x·5:60. Aus der Gleichung 20+x·5:60=4 erhält man x=240/11.

c) Dies lässt sich auch als **Schnitt der Geraden** f(x)=x und g(x)=x:60·5+4 ermitteln, wenn man erst einmal die Minutenposition des Zeigers durch lineare Funktionen modelliert hat.

d) Die sukzessive Denkweise „Wenn der Minutenzeiger nachgerückt ist, ist der Stundenzeiger wieder ein Stück weitergegangen" führt auf eine **geometrische Reihe**:

Der Minutenzeiger rückt 20 Minuten vor, für den Stundenzeiger ist das eine $\frac{20}{60} = \frac{1}{3}$ Stunde, er rückt also $5 \cdot \frac{1}{3} = \frac{5}{3}$ Minuten vor. Während der Minutenzeiger dies einholt, vergeht wieder eine $\frac{5}{3} : 60 = \frac{1}{36}$ Stunde, der Stundenzeiger rückt also $5 \cdot \frac{1}{36} = \frac{5}{36}$ Minuten vor etc. Dies führt auf eine geometrische Reihe:

$$x = 20 + \frac{5}{3} + \frac{5}{36} + \ldots = 20 + \frac{5}{3} \cdot (1 + \frac{1}{12} + \frac{1}{144} + \ldots) = 20 + \frac{\frac{5}{3}}{1-\frac{1}{12}} = \frac{240}{11}$$

Dies lässt sich in der Sekundarstufe I näherungsweise berechnen, in der Sekundarstufe II bietet sich hier die Gelegenheit, einen ersten, anschauungsgeleiteten Blick auf das seltsame Phänomen der Konvergenz einer

Qualität durch Aufgaben 115

monoton steigenden, beschränkten Folge zu werfen. (Diese Problemsituation ist eine attraktive Alternative zur klassischen Variante des paradoxen Wettrennens des Archimedes mit der Schildkröte.)
e) Ein **globaler Blick** auf das Problem zerschlägt den gordischen Knoten: In 12 Stunden stehen die Zeiger in gleichen Zeitabständen 11 Mal übereinander. Von 0 Uhr bis 4 Uhr dauert dies 4·60:11 Minuten.

Eine geschlossene Form der Aufgabe würde z. B. das Aufstellen der funktionalen Zusammenhänge aus c) verlangen (das Gleichsetzen wäre dann nur noch ein Automatismus) oder eine schrittweise Anleitung zur Durchführung von Lösungsweg d) geben. Bei Verzicht auf solche Vorgaben muss bei der Planung offen bleiben, ob z. B. die Problematik der geometrischen Reihe überhaupt unter den Schülerideen auftritt.

2. Die Problemsituation muss erst mathematisiert werden

Unterrichtsbeispiel
Als „Daumensprung" bezeichnet man das Anpeilen eines Objektes über den Daumen mit abwechselnd geschlossenen Augen. Bestimme aus dem Bild rechts die ungefähre Entfernung vom Gebäude.

Eine geschlossene Form der Daumensprungaufgabe findet man in fast jedem Schulbuch als Anwendung der Strahlensätze bzw. Ähnlichkeitssätze. Sie gibt ein Paradebeispiel dafür ab, wie man eine geschlossene Aufgabe in eine offene transformieren kann.

- Durch das **Weglassen der vorgegebenen Skizze** wird den Schülerinnen und Schülern das geometrische Modellieren der Situation abverlangt. Zudem gibt es nun unterschiedliche Ansätze, z. B. mit gleichschenkligen oder rechtwinkligen Dreiecken, sogar solche, die ganz auf Ähnlichkeitsbetrachtungen verzichten.
- Das **Fehlen konkreter Angaben**, hier z. B. eines Wertes für die Armlänge oder die Hausbreite, mobilisiert weitere Fähigkeiten der Schüler: Sie müssen analysieren, wie viele und welche Angaben sie benötigen. Sie müssen überlegen, welche Angaben sie durch Schätzen näherungsweise bekommen können. Sie müssen sich auf plausible Werte festlegen und die Genauigkeit des Ergebnisses bewerten.

3. „Weiche mathematische Tätigkeiten" werden verlangt

Unterrichtsbeispiel *Die Chöre und Gesangvereine (über 200 Sänger) einer Stadt planen eine große Chorgala. Dazu mieten sie das Opernhaus für einen Abend (Kosten: 15.000 DM). Wenn sie allen ihren Familien und Verwandten Karten verkaufen, ist das Haus ausverkauft. Wie teuer sollte man die Karten machen? Mitberücksichtigen könnte man z. B. etwa 100 Frei- und Ehrenkarten, etwa 10% ermäßigte Karten, unterschiedlich teure Sitzplätze, schlimmstenfalls 50% Auslastung.*

Exakte Rechnungen sind hier weder möglich noch sinnvoll. Hier entfalten Tätigkeiten wie *Schätzen, Überschlagen* und *näherungsweises Rechnen* ihr Potenzial.

4. Eine unscharf definierte Problemstellung führt zu divergenten, konkurrierenden Ansätzen

Ein einfaches Beispiel hierfür gewinnt man, wenn man eine der Standardanwendungen der Differenzialrechnung **in eine offene Form transformiert**:

Unterrichtsbeispiel
Geschlossene Aufgabenstellung:
Für welches x ist das Volumen der entstehenden Schachtel maximal?

Offene Aufgabenstellung:
Aus einer quadratischen Vorlage soll eine oben offene Schachtel mit möglichst großem Volumen gebaut werden.

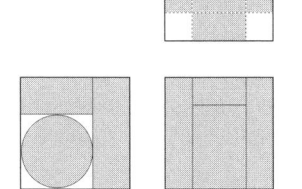

Qualität durch Aufgaben 117

Hat man sich erst einmal darauf geeinigt, dass Klebekanten vernachlässigt werden (auch mit Klebekanten kann das Problem sinnvoll untersucht werden), bleibt eine Fülle von Lösungsansätzen, die nicht unbedingt auf Differenzialrechnung zurückgreifen müssen.

Die links dargestellte Lösung verspricht z. b. weniger Verschnitt, zudem ist bei Kreisen das Verhältnis Umfang zu Grundfläche günstiger. Die rechte Lösung hat überhaupt keinen Verschnitt. Bei beiden muss ermittelt werden, für welche Abmessungen die vorgesehenen Seitenflächen die Grundfläche wirklich ganz umschließen können.

Eine weitere Aufgabe aus dieser Kategorie ist das Schnürbandproblem[2]:

Unterrichtsidee
Bei welcher Art, einen Schnürsenkel durch Löcher zu ziehen, ist der benötigte Senkel am kürzesten?
1. Amerikanische Schnürung
2. Europäische Schnürung
3. Schnellschnürung bei Herstellung des Schuhs oder vielleicht bei einer noch anderen Methode?

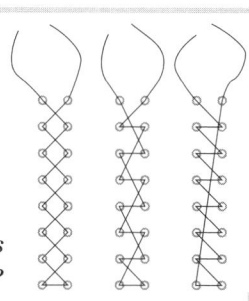

5. Integration von mathematischen Kenntnissen

Unterrichtsidee *Zu Beginn des zwanzigsten Jahrhunderts fantasierten die Menschen von einem Transatlantiktunnel, der Amerika auf schnurgerader Strecke mit Europa verbinden sollte.*

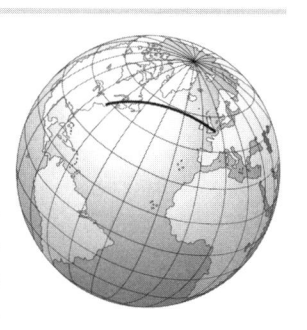

Es ist durchaus denkbar, die sich hier ergebenden Fragen nicht explizit vorzugeben, sondern die Klasse erst erarbeiten zu lassen: *Um wie viel wäre die Strecke kürzer? Wie viel Zeit könnte man sparen? War das Projekt nur zu teuer, oder gab es andere Probleme?* (s. Abb.: „Mittelatlantischer Rücken") *Wie sieht die Situation beim Ärmelkanaltunnel aus?*

[2] Siehe z. B. bei STEWART, Ian: Arithmetic and old lace. SCIENTIFIC AMERICAN (6/94) oder in einer äußerst anregenden Problemsammlung der amerikanischen Zeitschrift SCIENCENEWS: www.sciencenews.org/sn_arc99/2_6_99/mathland.htm

Zu einer Lösung lassen sich unterschiedliche Methoden heranziehen:
- Wahl eines Maßstabes, Erstellen einer Zeichnung, Ablesen und Umrechnen der Ergebnisse
- Längenberechnung eines Kreisbogenabschnitts und trigonometrische Berechnung
- Prozentrechnung zur Berechnung der relativen Ersparnis

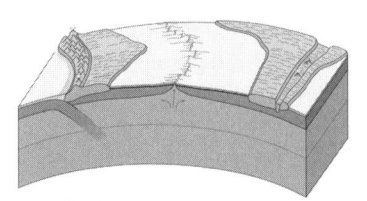

Mittelatlantischer Rücken. Information: Der Atlantik ist ca. 8 km tief, die kontinentale Erdkruste ca. 50 km dick, die ozeanische Kruste ca. 2 km dick, in der Mitte liegt der so genannte „mittelatlantische Rücken".

Bei der Bearbeitung ergibt sich zudem die Notwendigkeit der Informationsbeschaffung: *Wie weit sind Amerika und Europa voneinander entfernt? Welche Orte könnten hier relevant sein? Wie findet man Information über die Abstände (Flugpläne, Karten, Globus, Internet)? Wie schnell waren früher Eisenbahn, Schiffe und Flugzeuge? Wie tief reicht der Tunnel? Wie sieht es im Atlantik eigentlich aus?*

Wie öffnet man eine Aufgabe?

An dieser Stelle sollen noch einmal die verschiedenen Ansätze zur Konstruktion offener Aufgaben zusammengefasst werden. Man muss nicht unbedingt auf die Suche nach innovativen, ungewöhnlichen Aufgaben gehen. Im Prinzip kann man bereits von einfachen Schulbuchaufgaben ausgehen, aus denen man durch eine Reihe einfacher Veränderungen offene Problemstellungen gewinnen kann. Oft bieten Schulbücher „fertige Probleme", d.h. Aufgabestellungen, bei denen der gesamte Arbeitsprozess bereits vorgezeichnet ist, z.B. in Form einer Skizze, einer Erklärung und eines Arbeitsauftrages. Hier kann man vor allem durch **Weglassen**, aber auch durch Umformulieren und Variieren die Qualität der Aufgabe maßgeblich verändern.

Weitere Anregungen zum Öffnen von Aufgaben, vor allem auch von „klassischen Schulbuchaufgaben" findet man in den Artikeln von BÖHMER, SCHMIDT und DOCKHORN, alle im Heft „Aufgaben öffnen" in MATHEMATIK LEHREN (6/00).

Qualität durch Aufgaben 119

> **Aufgaben öffnen**
>
> **Zulassen von verschiedenen Lösungswegen**
> - Aufgaben auch außerhalb des aktuellen Kontextes stellen, so dass nicht von vornherein klar ist, dass soeben eingeübte Techniken angewendet werden müssen (vernetztes Lernen fördern)
> - Alternative Lösungswege auch im Unterricht thematisieren und würdigen (z. B. in der Sammlungsphase von Gruppenarbeit)
>
> **Verzicht auf Eingangsinformationen**
> - Schüler aushandeln lassen, welche Informationen notwendig und sinnvoll sind
> - Benötigte Daten nicht angeben, sondern aus Alltagserfahrung schätzen lassen
> - Den Effekt des Weglassens kann man auch durch das Gegenteil erreichen: ein Übermaß von Information anbieten, aus dem erst sinnvoll ausgewählt werden muss. (Diese Situation ist in der Realität z. T. der Normalfall.)
>
> **Verzicht auf Informationen über das Arbeitsziel**
> - Weglassen oder Ausdünnen des Arbeitsauftrages
> - Divergente Arbeitsaufträge stellen (*„Probiert alles aus, was euch einfällt."*)

Einsatz offener Aufgaben

Nach dem Einsatz offener Aufgaben zu fragen, suggeriert keinesfalls, dass offene Aufgabentypen grundsätzlich nur für bestimmte Lerngruppen oder spezielle Lernepochen geeignet seien. Es wäre ein Fehler, solche Aufgaben ausschließlich zur Förderung besonders starker Schüler zu reservieren, z. B. in Mathematikwettbewerben. Im Gegenteil, die Gesamtheit der Schüler, die ja nolens volens alle gleichermaßen mit dem Fach Mathematik konfrontiert werden, sollte ein angemessenes Bild von den Möglichkeiten und der Bedeutung des Faches „mit ins Leben nehmen". Insofern ist eine Reduktion auf abzuarbeitende Routineverfahren zugunsten schwächerer Schüler schon gesellschaftlich gesehen geradezu fatal. Gewiss benötigen Schülerinnen und Schüler zur Lösung offener Aufgaben eine höhere heuristische Kompetenz. Umgekehrt ist es geradezu unerlässlich, Problemlösefähigkeiten zu fördern – ein oberstes Kriterium von Qualität. Diese Perspektive bekräftigt die folgende zentrale These:

> Die günstigen Vorbedingungen für die Verwendung offener Aufgaben erweisen sich zugleich als übergeordnete Lernziele, die mit derartigen Aufgaben angestrebt werden sollen.

In diesem Sinne ist die folgende Auflistung zu verstehen:

> **Offene Aufgaben fördern und fordern wesentliche Momente einer Unterrichtskultur:**
>
> - Schülerinnen und Schüler entwickeln eine angemessene **Frustrationstoleranz** gegenüber Problemen, auf die nicht auf Anhieb eine gut eingeübte Lösungsmethode passt.
> - Sie üben einen toleranten und **reflektierenden Umgang mit Fehlern** ein.
> - Es gibt **curriculare Freiräume**: Erst eine Loslösung von der engen Zweckbindung von Aufgaben ermöglicht ein wirklich divergentes Arbeiten. Schüler merken sonst sehr schnell, wenn ihre Ideen allein nach dem Kriterium der Nützlichkeit für das „geplante Stundenthema" bewertet werden.
> - Es gibt **zeitliche Freiräume**: Nur eine Loslösung vom engen Zeitschema der Stunde erlaubt es, gegebenenfalls auf Schülerlösungen länger einzugehen, Schülerideen zur Weiterentwicklung an die Gruppe zurückzugeben, gleichberechtigt alternative Lösungen zu präsentieren usw. Das funktioniert nur bedingt, wenn in derselben Stunde Hausaufgaben besprochen, ein Ergebnis an der Tafel und im Heft festgehalten und Übungsaufgaben durchgearbeitet werden müssen.
> - Die Schüler besitzen eine **Referenzfähigkeit**, also Fertigkeiten, die es ihnen erlauben, mit vernetztem Wissen zu arbeiten. Hierzu gehört die Aktivierung von Vorwissen, z. B. durch Nachschlagen in alten Aufzeichnungen (Schulhefte, Regelhefte) oder das Verwenden von anderen Wissensbasen (Schulbücher, Internet etc.).
> - Die **Kommunikation** in der Gruppe ist reziprok und effektiv: Zu einer solchen Gesprächskultur gehört beispielsweise, dass Schüler in der Lage sind, ihre eigenen Ideen vorzutragen, Rückmeldung entgegenzunehmen und sicherzustellen, dass sie von Mitschülern verstanden werden.

Dass die Offenheit von Aufgaben einen ganz zentralen Ansatzpunkt für eine Verbesserung des deutschen Mathematikunterrichts darstellt, wird – nicht erst seit TIMSS – von immer mehr Mathematiklehrern und Didaktikern erkannt. Viele Veröffentlichungen sind hierzu bereits erschienen (vgl. HERGET 2000 und die darin angegebene Literatur), und auch erste Schulbücher setzen diese Philosophie konsequent um.

Ein Ansatz, der die hier formulierten Gedanken radikal weiterdenkt, der so genannte *open ended approach*, wird auf S. 214 vorgestellt.

Qualitätsmerkmal Aufforderungscharakter – oder: Was ist eine interessante Aufgabe?

Allen Mathematiklehrerinnen und -lehrern ist die Suche nach „interessanten Aufgaben" oder „ansprechenden Problemen" aus dem Arbeitsalltag wohl bekannt. Was aber macht eine Aufgabenstellung „interessant" und für wen? Nimmt man die Kriterien für den Grad der Attraktivität einer Aufgabe unter die Lupe, so stößt man auf zahllose meist implizit benutzte Kriterien und Maßstäbe, die alle die Auswahl und Gestaltung von Aufgaben für den täglichen Unterricht beeinflussen. Das Spektrum reicht von einem unmittelbaren Ziel-Mittel-Kalkül, wie etwa *„Wie kann eine Aufgabe die Beschäftigung mit dem anstehenden Gegenstand motivieren?"* bis zu übergreifenden didaktischen Zielperspektiven: *„Welches Bild von Mathematik möchte ich mit den Aufgaben vermitteln?"*

Eine ebenso große Vielfalt von Faktoren, die einen Einfluss auf die Wahrnehmung eines mathematischen Problems haben, findet man auf Seiten der Schüler: Was den jeweiligen Lehrer anspricht, muss für die Schüler noch lange nicht attraktiv erscheinen – noch dazu, wenn man die breite Streuung von Stärken und Vorlieben innerhalb einer einzigen Klasse in Betracht zieht. Die Aspekte eines mathematischen Problems, die es zu einer potenziell interessanten Aufgabe machen können, sind also stark von den Voraussetzungen des Betrachters abhängig. Was interessant an einer Aufgabe sein kann, bestimmt sich in der nebenstehenden Konstellation. Solche Aspekte einer Aufgabe sollen mit dem Begriff *Aufforderungscharakter* belegt werden.

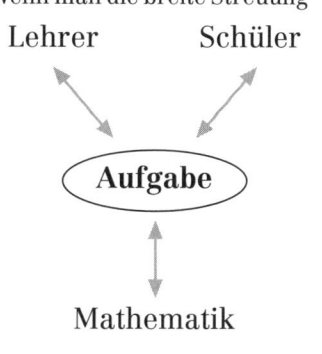

Diese Feststellungen mahnen dazu, bei der Auswahl, Bewertung und Konstruktion von Aufgaben die folgenden Aspekte zu berücksichtigen:
- Eine Aufgabe darf nicht nur als Vehikel für einen bestimmten mathematischen Sachzusammenhang angesehen werden. Die Wahrnehmung durch die Schüler bestimmt die Bedeutung der Aufgabe zum großen Teil mit. Der Kontext wird, wie auch empirisch belegt ist, immer mitgelernt.
- Jeder Lehrer und jede Lehrerin hat ganz individuelle Vorlieben und Abneigungen. Auch im festen Glauben, bei seinen oder ihren „Lieblingsthemen" einen inspirierteren Unterricht zu gestalten, sollte man sich umso gründlicher der Perspektive der Schüler vergewissern.

- In dem Bemühen, die Wirkung einer Aufgabe auf Schüler vorauszuahnen, darf man nicht allein deren geringere mathematische Erfahrungsbasis als Kriterium zu Rate ziehen. Bei Schülern der Mittelstufe kann man bereits eine ebenso breite Streuung von Haltungen und Interessen wie bei Erwachsenen finden. Die Erfahrungen der Schüler im Mathematikunterricht sind hier wahrscheinlich weniger entscheidend als ihre individuell erworbenen Alltagsvorstellungen.

Die folgende Darstellung wichtiger Kriterien für den Aufforderungscharakter einer Aufgabe soll aufzeigen, welche Wege man beschreiten kann, wenn man im Zuge der Unterrichtsplanung die Qualität der in Aussicht genommenen Aufgaben aus Sicht der Schüler bzw. der Lehrkräfte bewerten will. Natürlich kann nicht jede einzelne Aufgabe auf den Prüfstand gestellt werden, bevor sie den Schülern angeboten wird. Es wäre z. B. unsinnig, Aufgaben rein instrumentellen Charakters wie z. B. Übungsaufgaben daraufhin zu untersuchen, ob man in ihnen einen kognitiven Konflikt wirksam werden lassen kann. Auch sind nicht alle Aspekte des Aufforderungscharakters in jedem Kontext gleich aussagekräftig. Daher werden im Folgenden die jeweiligen Bedingungen für die Wirksamkeit gleich mitdiskutiert.

1. Anwendungsrelevanz

Dieses Kriterium ist nicht gleichzusetzen mit der an anderer Stelle besprochenen Dimension Bedeutsamkeit/Relevanz. An dieser Stelle geht es primär um die Wahrnehmung durch die Schüler.

Unterrichtsbeispiel *Um beim Anstreichen eines Zimmers den richtigen Farbton „Zitrus" zu treffen, soll man laut Hersteller zur weißen Farbe etwa 2–3 % gelber Tönung hinzugeben. Für 10 m² braucht man laut Angaben auf dem Farbeimer etwa 4 Liter Farbe. Wie würdest du vorgehen, wenn du dein Zimmer vollständig im Farbton Zitrus streichen wolltest?*

Eine solche Aufgabe ist gleich aus zwei Gründen realitätsnah: zum einen aufgrund ihrer gut vorstellbaren Handlungssituation, zum anderen durch ihre Offenheit. Da keine konkreten Zahlenwerte gegeben sind, sind die Schüler darauf angewiesen, Schätzungen anzugeben, mit unscharfen Größen zu rechnen und methodisch zu reflektieren, wie sie zur Lösung des Problems vorgehen würden (*Welche Größen muss man messen? Wie genau muss man auf- oder abrunden? Wie berücksichtigt man, dass es nur bestimmte Packungsgrößen gibt?*).

Qualität durch Aufgaben 123

Durch die Wahl eines realistischen Anwendungskontextes *und* durch die realistische Form der Problemstellung hat der Schüler oder die Schülerin die Möglichkeit, hier eine echte Handlungssituation zu erkennen. Dies wird umso klarer, wenn man einmal eine andere, nur scheinbar praxisrelevante Formulierung einer analogen Aufgabenstellung dagegenhält:

Aufgabe: *Peters Zimmer ist 3,2 m lang, 2,3 m breit und 2,2 m hoch, hat eine Tür (2 m hoch, 1 m breit) und ein Fenster (1,2 m hoch, 1 m breit). Wie viel Farbe braucht man, wenn 4 l für 10 m² reichen?*

Eine solche Aufgabe lösen Schüler, ohne auch nur einen Moment lang daran zu denken, sie kämen einmal selbst in die Lage, so etwas ausrechnen zu müssen. Die nötigen Mess- und Schätzprozesse bleiben völlig ausgeblendet, es ist sogar nachweisbar, dass viele Schüler solche Aufgaben schematisch lösen, ohne den Kontext überhaupt wahrzunehmen. Ein Hinweis des Lehrers auf die Praxisrelevanz der Aufgabe hilft hier wenig, da die Schüler sie gedanklich bereits als typische Textaufgabe und damit ausschließlich der Sphäre des Mathematikunterrichts zugehörig verbucht haben.

Man mache sich aber keine falschen Hoffnungen über die Wirksamkeit anwendungsrelevant formulierter Aufgaben. Immerhin handelt es sich im Kontext einer Schulstunde immer nur um **imaginierte Handlungssituationen mit potenzieller Anwendungsrelevanz.**

Der Idealfall der Anwendungsrelevanz liegt vor, wenn ein Problem aus einem realen Handlungskontext erwächst (z. B. die Reisekostenberechnung für eine Klassenfahrt). Dann treten zwei weitere Qualitäten hinzu: Die Authentizität des Problems und die unmittelbare Relevanz seiner Lösung für eine Entscheidungssituation. Sie machen die Bedeutsamkeit von Mathematik für Schüler handgreiflich und individuell erlebbar.

Bedingungen für die Wirksamkeit
- Wie auch bei anderen Momenten des Aufforderungscharakters, sollte man sich die Vielfalt der Schülertypen vergegenwärtigen. Die Relevanz eines mathematischen Problems innerhalb eines Anwendungskontextes mag der eine einsehen, ein anderer vielleicht nicht:
    - Die Rationale: *„Ich rechne mir vorher aus, welche Menge ich von welcher Farbe brauche."*
    - Der Kreative: *„Ich lasse mich da ganz von meinem Gefühl leiten. Vielleicht gehe ich nochmal zum Baumarkt, wenn es nicht reicht."*

- Die Praktische: „*Ich kaufe mir auf Vorrat, vergleiche beim Mischen mit der Abbildung, bis es passt, und bringe den Rest zurück.*"
- Wichtig ist es bei der Suche nach Anwendungskontexten zudem, die Wahrnehmungswelt der Schülerinnen und Schüler im Blick zu haben: Können sich die Schüler wirklich vorstellen, ihr Zimmer anzustreichen oder dabei verantwortlich mitzuhelfen? (siehe hierzu auch S. 133)

2. Aktueller Bezug

Die Mathematikhaltigkeit unserer alltäglichen Umwelt lässt uns oft auf Fragestellungen stoßen, die mit Hilfe mathematischer Methoden erhellt werden können. Dies gilt aber nicht nur für den Mathematiklehrer, der gleichsam mit „offenen Mathematikeraugen" durch die Welt läuft. Nicht selten haben solche *mathematischen Momente* einen Bezugspunkt im aktuellen Tagesgeschehen, auf den Schüler wie Lehrer gleichermaßen zugreifen können. An einer solchen Stelle besteht dann eine günstige Gelegenheit, Schülern transparent zu machen,

- wo ihre Umwelt von Mathematik durchdrungen ist,
- wie Mathematik einen mündigen Umgang mit Informationen ermöglicht,
- wie eine mathematische Perspektive den Wahrnehmungshorizont erweitern kann.

Als Beispiele seien verschiedene Ereignisse der letzten Zeit angeführt:

Unterrichtsidee Die Nachricht vom **Beweis der Fermatschen Vermutung** bahnte sich ihren Weg von der Fachwelt in die Öffentlichkeit (bis hin zur Bild-Zeitung). Einige attraktive Anknüpfungspunkte ergeben sich hier:

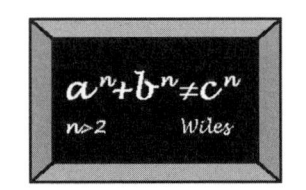

$$a^n + b^n \neq c^n$$
$$n > 2 \quad \text{Wiles}$$

- Eine Suche nach pythagoräischen Zahlen, die Frage nach deren Systematik und Anzahl, gibt die Gelegenheit zur „zahlentheoretischen Forschung im Kleinen". Dies ist möglich auf dem Niveau jeder Klassenstufe, mit Zettel und Bleistift oder auch mit dem Computer.
- Anhand der Geschichte der Fermatschen Vermutung lässt sich in der Schule der Fortgang von mathematischer Wissenschaft (einschließlich aller Missverständnisse, Irrtümer, persönlichen Ambitionen etc.) schildern. Auch im Mathematikunterricht kann man Geschichten erzählen und aus Büchern vorlesen! (Eine lesenswerte Darstellung findet sich bei SINGH 1998).

- Gerade bei zahlentheoretischen Grundlagenfragen liegt eine Diskussion über die Bedeutung der Mathematik innerhalb unserer Kultur nahe: Wieso dringt die mathematische Forschung nicht so sehr an die Öffentlichkeit wie beispielsweise die naturwissenschaftliche? Profitiert die Gesellschaft von den Ergebnissen der Mathematik? Die überraschende Antwort lautet: Ja, beispielsweise in der zivilen Nutzung der Kryptologie (populäre Darstellung bei KIPPENHAHN 1999 und SINGH 2000).

Unterrichtsidee Der Jahrtausendwechsel hat die Aufmerksamkeit vieler Menschen auf das **Schaltjahrproblem** gelenkt: *„Wieso fällt das Schaltjahr alle 100 Jahre aus? Wieso ausgerechnet im Jahr 2000 doch nicht?"* Hiermit ist man schnell bei den Grundfragen der Konstruktion unseres Kalenders, die auf die Inkommensurabilität von Jahres- und Tagesrotation der Erde zurückzuführen ist. Schüler können erkunden: *„Welche Regelung gibt es für das Schaltjahr? Seit wann gilt sie? Was war vorher? Wieso ist das Jahr 365,2425 Tage lang? Wie sehen die weiteren Nachkommastellen aus? Wie lange dauert es, bis der Kalender wieder ‚falsch' geht?*

Unterrichtsidee Die **Sonnenfinsternis** 1999 wurde in Deutschland allenthalben als spektakuläres Ereignis gefeiert. Das Aufklärungsinteresse, gemessen in Sondersendungen und -artikeln, war beträchtlich. Die Frage nach der Herkunft der detaillierten Informationen über Ort und Zeit der Finsternis, die wir offenbar haben, verweisen vehement auf die Bedeutung von Mathematik. Die meisten Menschen werden allerdings die Einschätzung äußern, dass die Vorhersagen auf irgendeine Weise *direkt* aus langfristigen, genauen Beobachtungen entsprängen. Die Macht und Ästhetik der zu Grunde liegenden physikalischen Theorie wird wohl im Mathematikunterricht nur ansatzweise gestreift werden können. Das Potenzial mathematischer Argumentationsweisen zur Vorhersage von Naturphänomenen lässt sich allerdings im Mathematikunterricht „im Kleinen" nachvollziehen. Schüler können sich, ausgestattet mit einigen wesentlichen Angaben über Erde, Sonne und Mond mit Fragen wie den folgenden beschäftigen:

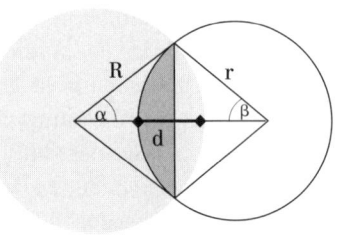

Fragen zur Sonnenfinsternis:
Wie kann man die Größe von Halbschatten und Kernschatten vorausberechnen? Welche Geschwindigkeit hat der Schatten? Wie lange dauert eine Finsternis? Wann genau ist die Hälfte der Mondscheibe bedeckt? Nach genau dem halben Zeitraum der parziellen Phase? Wieso sind Sonne und Mond von der Erde aus etwa gleich groß? Ist das Glück oder muss es so sein?

All solche Fragen lassen sich mit elementaren mathematischen Mitteln (zumindest in grober Näherung) untersuchen. Im Anschluss lässt sich die Leistung der Mathematik (und Physik) in der sekundengenauen Voraussage der zu erwartenden Phänomene wirklich würdigen. Es wäre ein Fehler, derartige Fragen ausschließlich an den Physikunterricht zu delegieren.

Unterrichtsbeispiel

Anzeige in vielen deutschen Tageszeitungen im Januar 2000

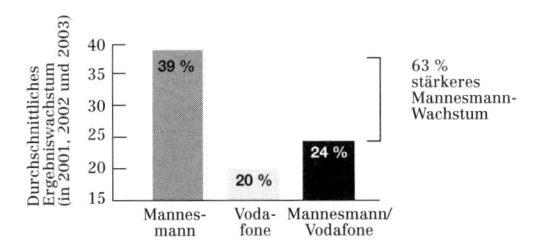

Diese Grafik ist ein schon recht komplexes Beispiel, nicht nur für die Gefahren einer verzerrten grafischen Darstellung, sondern für einen bewusst manipulatorischen Umgang mit Mathematik. Fragen wie die folgenden drängen sich auf: *„Welches Ziel möchte der Auftraggeber mit dieser Anzeige erreichen? Welche Mittel setzt er hierzu ein? Worin liegt hier eine bewusste Täuschung?"* Hierbei ergibt sich eine große Zahl von Ansatzpunkten für konkrete Aufgabenstellungen, denen in diesem Beispiel eine Information über die Umstände der Fusion zwischen Mannesmann und Vodafone und über die Anzeigenkampagne von bis dahin nicht gekannter Größe vorausgehen könnte.

Fragen:
1. Wie ist die 2. Achse beschriftet? Was bewirkt diese Wahl der Darstellung? Welche anderen Darstellungen wären möglich? Wie sähe das Diagramm dann aus? Wie verändert sich seine Wirkung auf den Leser?
2. Was ist mit Ergebniswachstum 39% für eine Aktie gemeint? Gib ein Beispiel. Wie kommen die 24% gemeinsames Wachstum zustande? Wieso ergibt sich nicht der Mittelwert von 29,5%? Wie kommt die Angabe „63% stärkeres Mannesmannwachstum" zustande? Wie fiele der Vergleich aus, wenn man die Wachstumsfaktoren (also 1,24 statt 24%) zu Grunde legen würde?
3. Versuche, auf ähnliche Art und Weise die Taschengelderhöhung deines älteren Bruders als ungerechtfertigt darzustellen.

Bedingungen für die Wirksamkeit
- Medien wie Fernsehen und Zeitung sind wohl die wichtigsten Quellen aktueller mathematischer Fragestellungen. Bezüglich der Tragfähigkeit solcher Texte sollte man allerdings vorsichtige Zurückhaltung walten lassen. Das verstärkte Auftauchen eines Themas in den Medien zeigt zwar, dass ihm ein gewisses gesellschaftliches oder kulturelles Gewicht zukommt. Hieraus folgt aber nicht zwangsläufig, dass es auch für die Schülerinnen und Schüler bedeutsam wäre. Beispielsweise wäre zu bedenken, ob die Bemühungen von Konkurrenzunternehmen um ihre Aktionäre Schüler der 7. Klasse hier wirklich motivieren könnte (vielleicht eher schon obige Frage 3).
- Man kann bei solchen Gelegenheiten nicht darauf warten, dass sich das Thema harmonisch in eine laufende Unterrichtsreihe einfügt, sondern muss gegebenenfalls bereit sein, den laufenden Unterricht auch für mehrere Stunden zu unterbrechen.
- Wichtig für den wirksamen Einsatz derartiger Problemstellungen ist, dass den Schülerinnen und Schülern ausreichendes Material und genügend Zeit zur Verfügung stehen, um sich erst einmal selbstständig mit den Quellen auseinander setzen zu können (Zeitungsartikel kopieren, lesen und zusammenfassen, Kopie des Artikels aushändigen). Nimmt man das Material nur als „Aufhänger", so gerät schnell in Vergessenheit, dass ein reales Ereignis die Ursache für die Beschäftigung mit Mathematik war. Die Gelegenheit zur Verkopplung von Wirklichkeit und Mathematik in den Köpfen der Schüler wäre verspielt.

3. Kognitiver Konflikt

Jeder Mensch hat ein natürliches Bedürfnis, Widersprüche aufzulösen. Mit KLEIST gesprochen: „Ein jeder trägt den leid'gen Stein zum Anstoß in sich selbst". Aus konstruktivistischer Perspektive könnte man sagen, dass das perturbierte System bestrebt ist, wieder eine Ordnung herzustellen (oder mit PIAGETs Worten: „Nach misslungener Assimilation setzt ein Akkomodationsprozess ein.") Wie auch immer man es formuliert, im Idealfall sind nach dem Auslösen eines Konfliktes weitere Anstöße des Lehrers zunächst überflüssig, der Stein kommt von allein ins Rollen.

Unterrichtsbeispiel

Phase 1: *Was ist hier los?*
Wie funktioniert ein Spiegel?
Wieso sind im Spiegel links und rechts vertauscht?
Warum nicht auch oben und unten?
Welche Bilder sind noch denkbar?

Phase 2: *Drücke den Vorgang des Spiegelns (in einem richtigen Spiegel) mit Vektoren im Koordinatensystem aus. Gib eine Vorschrift an, wie man ein Spiegelbild errechnen kann.*

Phase 3: *Benutze deine Erfahrungen mit der Analyse des Spiegel- und Sehvorgangs, um die Frage zu klären: Warum sieht das Spiegelbild so aus, wie man es kennt?*

In der ersten Phase führt die Konfrontation mit dem Bild zu einem Widerspruch mit den Wahrnehmungsgewohnheiten. Mitunter kann es – wie hier – sinnvoll sein, sich geschickte Impulse zurechtzulegen, mit denen man den Widerspruch noch zuspitzen kann. Allein der Wunsch nach der Auflösung des Konfliktes stellt im Idealfall eine starke intrinsische Motivation dar, sich mit dem Problem weiter zu beschäftigen. Das hier vorgeführte (Un)-Phäno-

men, das man zunächst einmal der Physik zuschlagen möchte, lässt sich durchaus an vielen Stellen im Mathematikunterricht nutzen:
- In der Mittelstufe lässt sich hiermit die Erweiterung des *Kongruenzbegriffes* auf räumliche Situationen anregen (Spiegelebene, Links-/Rechtshändigkeit, Doppelspiegelung = Drehung, etc.).
- In der Oberstufe kann die Untersuchung des zu Grunde liegenden Sehvorganges durch eine vektorgeometrische Modellierung vorgenommen werden (siehe zweite Phase der Aufgabe). Die gewonnenen mathematisch-analytischen Erfahrungen lassen sich zur Rückübertragung auf das Ausgangsproblem nutzen (Phase 3 der Aufgabe), so dass ein tieferes Verständnis des Phänomens resultiert. Eine solche Abrundung in einem analytisch-synthetischen Argumentationsgang ist ein wünschenswertes Idealbild für den Modellbildungsprozess in der Mathematik.

Bedingungen für die Wirksamkeit
- Die Praxis lehrt (ebenso wie der Konstruktivismus), dass kein kognitiver Konflikt bei jedem Menschen gleichermaßen wirkt. Bei der ersten Konfrontation mit dem Spiegelproblem sieht der Eine seine bisherige Denkbahnen in Frage gestellt und wird neugierig: *„Das habe ich mir bisher nie überlegt, wieso eigentlich ..."*, der Andere wird in grenzenlose Verwirrung gestürzt und zieht sich zurück: *„Das ist doch Unsinn, jeder weiß, dass es nicht so ist ..."*. Ein Dritter sieht überhaupt keine Probleme und würde gar nicht auf die Idee verfallen, auf die Mathematik zurückzugreifen, um eine Lösung zu finden: *„Wieso, ist doch ganz klar, meine Augen sind doch auch rechts und links!"*
- Auch der Aspekt der so genannten *optimalen Passung* setzt der Wirksamkeit von kognitiven Konflikten Grenzen – zumal bei heute oft anzutreffenden Klassenstärken und immer größeren Leistungsunterschieden innerhalb einer Klasse. Eine Chance auf Erfolg hat der Konflikt, wenn man vergleichsweise universelle Alltagserfahrungen oder den „gesunden Menschenverstand" antrifft. Hier gibt es tatsächlich so genannte *kognitive Illusionen*, die bei allen Menschen gleichermaßen funktionieren und sogar durch besseres Wissen nicht abgestellt werden können (vgl. auch S. 71).
- Bei der Anwendung kognitiver Konflikte im Klassenzimmer kommt oft ein wichtiges Kriterium für die Wirksamkeit hinzu: eine *funktionierende Unterrichtskultur*. Unter „Normalbedingungen" ist nämlich keinesfalls selbstverständlich, dass Schüler auf eine konflikthafte, widersprüchliche

Erfahrung reagieren, indem sie spontan Argumente und Vorschläge hervorbringen. Oft warten sie auch einfach eine Auflösung durch den Lehrer ab („Nun sagen Sie uns doch schon die Lösung!"), vor allem, wenn sie gewohnt sind, dass ihnen diese gewöhnlich nach einigen Minuten geboten wird. Hier die Grundlage für eine offene Diskussion zu schaffen, die nicht durch das Wahrheitsmonopol des Lehrers dominiert wird, ist ein wichtiger Aspekt einer funktionierenden Unterrichtskultur. Der Beitrag des Lehrers hierzu besteht darin, dass er sich mit Wertungen zurückhalten muss, Pausen und Widersprüche aushält und das Kommunikationsverhalten der Schüler unterstützt. Oft kann eine bewusste *Inszenierung* des Konfliktes helfen. Zusammenfassend könnte man sagen, ein kognitiver Konflikt kann nur wirksam werden, wenn er konsequent ausgelebt wird.

Der kognitive Konflikt ist naturgemäß in der Physikdidaktik sehr beliebt. Dort stellt er nicht selten die Initialzündung für die Beschäftigung mit vielen Themenbereichen dar und repräsentiert ein wichtiges Moment des naturwissenschaftlichen Erkenntnisprozesses. Hierbei kann die Physik auf vielfältige Alltagsvorstellungen bei den Schülern zurückgreifen (*Präkonzepte*) und einen Widerspruch zu neu erlebten Phänomenen (*Unterrichtsdemonstration*) erzeugen. Wie steht es aber in der Mathematik? Mit zunehmendem Anspruch der Themen gibt es immer weniger Verbindungen zu Alltagserfahrungen der Schüler.

Dennoch gibt es auch in der Mathematik der Mittel- und Oberstufe zahlreiche Themenbereiche, für die sich ein konfliktorientierter Einstieg als möglich erweist. Es lassen sich drei Bereiche erkennen, die sich alle auf Widersprüche und Paradoxa des „gesunden Menschenverstandes" beziehen.

Kognitive Konflikte im Mathematikunterricht

Die folgenden drei Abschnitte geben drei wesentliche Problemfelder an, in denen sich der Charakter des kognitiven Konflikts im Mathematikunterricht besonders ausgeprägt niederschlägt.

Stochastische Probleme, bei denen der intuitive Wahrscheinlichkeitsbegriff in Frage gestellt wird.

Unterrichtsidee

- Das fundamentale Paradoxon des Widerstreits zwischen **statistischer Unabhängigkeit** und dem **Gesetz der großen Zahl**: *Wenn beim Würfeln die Sechs bereits zehnmal ausgeblieben ist, wird ihr Fallen dann wahrscheinlicher?* Interessant werden solche Fragen besonders, wenn man sich „harten" Entscheidungsproblemen zuwendet, bei denen die statistische Unabhängigkeit nicht vorderhand klar ist: *Soll man nach drei Töchtern aufhören, auf einen Jungen zu hoffen? Wie viel Vertrauen darf man zu Journalisten haben, die aus drei aufeinander folgenden harten Wintern den Beginn einer Klimaveränderung prognostizieren?*
- Das **Geburtstagsproblem**: *In einer Gruppe von mehr als 23 Personen ist die Wahrscheinlichkeit dafür, dass mindestens zwei am selben Tag Geburtstag haben, größer als 50 Prozent.*
- Das **Ziegenproblem**: *Bei einer Quizshow mit zwei Nieten und einem Gewinn hinter drei Türen hat man sich für eine entschieden. Der Moderator öffnet eine andere Tür, hinter der eine Niete erscheint. Soll man sich nun umentscheiden, um seine Gewinnchancen zu vergrößern?* Dieses Problem stößt an die Fundamente des Unabhängigkeitsbegriffs und hat in den letzten Jahren heftige Kontroversen auch in (vermeintlich) fachlich aufgeklärten Kreisen ausgelöst. Bei einer Suche im Internet wird man überschüttet mit Material: Unterrichtsentwürfe, interaktive Darstellungen des Problems als Java-Applets oder als Excel-Tabellen, Hintergrundberichte, Erklärungen – oft angefertigt von engagierten Schülern, siehe z.B. bei: mgw.dinet.de/physik/Divers/Java/Beispiele/Ziegenproblem/Ziegen.html.
- Das **Geburtenproblem**: *Gibt es mehr Jungen als Mädchen, wenn sich viele Familien dazu entschließen, so lange Kinder zu zeugen, bis der erste Junge kommt?* Die erstaunliche Antwort ist: Nein!
- **Entscheidungsprobleme** der Spieltheorie wie das Gefangenendilemma (s. S. 157 „Das Streitgespräch").

Es mag einsichtig geworden sein, dass es sich bei den hier vorgeschlagenen Problemen nicht um mathematische Spielereien für eine Knobelstunde – etwa vor den großen Ferien – handelt, sondern um handfeste Probleme, die die mathematische Begriffs- und Modellbildung auf grundlegender Ebene fördern. Eine wahre Fundgrube für solche stochastischen Probleme ist das Buch „Denkste!" von KRÄMER (1996).

Geometrische Situationen, die mit Alltagswahrnehmungen in Konflikt geraten.

Unterrichtsidee

- **Fremdartige Geometrien**: Die *Winkelsumme im Dreieck* ist nicht immer 180°, auf der *Kugeloberfläche* geschehen in dieser Hinsicht seltsame Dinge, die durchaus in der Schule behandelt werden können. Hier liegt der seltene Fall eines eher innermathematischen Konfliktes vor, der davon profitiert, dass Schüler den Winkelsummensatz als fest zementierte Wahrheit bereits verinnerlicht haben und sich nur ungern davon abbringen lassen. Die interessante Schilderung eines Stundenverlaufs findet man bei FÜHRER (1984). Der dort aufgebaute Konflikt erlaubt gleichsam ein Nacherleben des Streits um nicht-euklidische Geometrien im Kleinen und macht einen wichtigen Aspekt eines angemessenen Mathematikbildes für Schüler hautnah erfahrbar.
- **Unmögliche geometrische Objekte**: Bilder à la ESCHER mit unmöglichen Gebäuden und Konstruktionen sind faszinierend und verwirrend zugleich. Hier bieten sich viele Anlässe für Diskussionen geometrischer Sachverhalte (Winkel, Parallelität, Projektionen, Symmetrie, Dimension etc.).
- Kurven der **fraktalen Geometrie**, die bei unendlicher Länge eine endliche Fläche umschließen (KOCH-Kurven, Meeresküsten) oder andere fraktale Mengen kommen nicht selten in der Natur vor. Ihnen darf das Klassenzimmer nicht von vornherein verwehrt sein (PEITGEN/JÜRGENS/ SAUPE 1992). Diese Thematik verweist bereits in den nächsten Bereich.

Das Unendliche in der Mathematik.
Wie kann etwas beständig wachsen, ohne über eine bestimmte Grenze hinauszukommen? Standardbeispiel sind hier die geometrische Reihe (z. B. am Beispiel des klassischen Wettlaufs des Archimedes gegen die Schildkröte) oder uneigentliche Flächen. Auch das Problem der übereinander stehenden Zeiger einer Uhr (s. S. 114) beinhaltet die gesamte Problematik. Eher innermathematisch orientiert sind Fragen wie die Division durch Null, Definitionslücken bei hyperbolischen Funktionen, die Frage nach dem Wert des Ausdrucks 0°, die Schnitteigenschaft von Parallelen. Aber auch die Abzählbarkeitsfrage (z. B. thematisiert anhand von *Hilberts Hotel*) bietet attraktive Einstiegspunkte. Eine große Zahl von Zugängen auf populär verständlichem Niveau findet sich bei TASCHNER (1995).

4. Der Bezug zur Wahrnehmungswelt der Schüler

Dass man bei der Unterrichtsgestaltung die Schülerinnen und Schüler „in ihrer Welt abholen" müsse, ist eine pädagogische Binsenweisheit. Mit einem solchen Bezug zur Wahrnehmungswelt der Schüler kann man unterschiedliche Ziele zugleich verfolgen:
- Herstellung einer größeren Beziehungshaltigkeit durch Einbeziehen der Alltagserfahrungen
- Motivation durch Berücksichtigung der Schülerinteressen
- Legitimation der Beschäftigung mit Mathematik
- Stärkung einer Unterrichtskultur, bei der der Lehrer nicht das Wissensmonopol hat

Man erkennt an diesen Zielen deutlich, dass die Entsprechung dieser *Erfahrungsorientierung* auf der unterrichtsmethodischen Seite die *Handlungsorientierung* ist. Beide lassen sich konsequent im projektorientierten Unterricht verwirklichen (s. auch S. 189).

Wie oft können Mathematikaufgaben nun in die Alltagswelt der Schüler, zu ihren Interessen und Ideen wirklich vordringen? Von den vier genannten Zielen kann man wohl nur von dem ersten behaupten, dass es im Unterrichtsalltag ernstlich und erfolgreich verfolgt wird. Um die schwierige Situation des Mathematikunterrichts deutlich zu machen, sei nur auf die beinahe entgegengesetzte Position des Musikunterrichts verwiesen: Zu Beginn einer Unterrichtseinheit werden in einem Prozess der Themenfindung in der Lerngruppe „die Wünsche der Schülerinnen und Schüler im Spannungsfeld zwischen individuellen Erfahrungen und Vorlieben einerseits und den Sachaspekten der Bereiche des Faches andererseits in ein Unterrichtsthema integriert." (MSWWF-NRW Musik 1999, S. 15)

Wo lassen sich also „Erfahrungen und Vorlieben" der Schüler in den Mathematikunterricht einbringen? Hinsichtlich der Schülererfahrungen muss man gerade im Mathematikunterricht noch differenzieren. Die in Mathematikaufgaben „eingebauten" Schülererfahrungen können einen sehr unterschiedlichen Konkretheitsgrad besitzen:

- **unmittelbare Erfahrungen** beziehen sich auf konkrete Alltagshandlungen: einkaufen, Fahrrad fahren, Musik hören, Sport treiben etc.
- **mittelbare Erfahrungen** erhalten Schüler aus den Medien, mit einem deutlichen Vorsprung des Fernsehens. Man kann einerseits beklagen, dass die direkten Erfahrungen zunehmend von medial vermittelten verdrängt werden. Es ist jedoch unleugbar, dass der Kenntnishorizont heutiger Jugendlicher gegenüber früher enorm angewachsen ist. Viele Ereignisse und Phänomene aus Wirtschaft, Technik, Gesellschaft und Natur sind den Schülern durch das Fernsehen vertraut – und dies lässt sich im Unterricht nutzbar machen.
- **hypothetische Erfahrungen** müssen häufig als Ersatz für wirkliche Erfahrungen dienen. Hier wird vorausgesetzt, dass die Schüler sich gewisse Handlungssituationen vorstellen können, auch wenn sie sie bisher nie durchgeführt haben. Die hypothetischen Situationen sind im Mathematikunterricht der Mittel- und Oberstufe eher die Regel als die Ausnahme. (*„Stellt euch einmal vor, ihr müsstet den Abstand von Ort A und B bestimmen, obwohl ein Berg dazwischen liegt."*)

Natürlich soll auch und gerade hypothetisches Denken im Mathematikunterricht gefördert werden. Als Grundlage für einen erfolgreichen Lernprozess sollte man sich aber immer im Klaren über die jeweilige Qualität der Erfahrungsbezogenheit eines Themas sein. Übrigens wird das geringere Ansehen der Mathematik bei Mädchen oft darauf zurückgeführt, dass sie dem Fach das Fehlen menschlicher Bezüge vorwerfen.

Bedingungen für die Wirksamkeit

Einige Beispiele sollen die Risiken und Chancen des in diesem Abschnitt behandelten Aspekts von **Schülerorientierung** illustrieren. Die Auswahl ist weder repräsentativ noch erschöpfend, soll aber einige wesentliche Themenfelder anreißen.

a) Teilnahme am Straßenverkehr: Dieser so genannte sinnstiftende Kontext hat eine zentrale und tragfähige Rolle für die Behandlung der Mechanik in den nordrhein-westfälischen Oberstufenrichtlinien für das Fach Physik bekommen (MSWWF-NRW Physik 1999). Man sollte aber deutlich unterscheiden zwischen der Art der Fortbewegung: Themen des Autofahrens (Bremsweg, Stau) sind eher dem mittelbaren Erfahrungsbereich der Schüler zuzuordnen, während man z. B. unmittelbare Erfahrungen mit dem Straßenbahnfahren nur bei Schülern einer Großstadt voraussetzen kann (Streckenpläne, Konstruktion von Fahrplänen (ISW 2001).

b) Erlebnisfeld Sport: Schon durch den kontinuierlichen Schulsport ist hier gewährleistet, dass ein Großteil der Schülerinnen und Schüler hier unmittelbare Erfahrungen gesammelt hat. Für viele ist das sportliche Engagement eine wichtige Freizeitbeschäftigung, die persönliche und soziale Erfolgserlebnisse einbringt. Anknüpfungspunkte für den Mathematikunterricht bieten sich hier in umfangreicher Zahl. Meist führt die thematische Verbindung über die Idee des Messens. Ein umfangreicheres Beispiel wird an späterer Stelle (S. 195) vorgestellt.

c) Geometrische Objekte im Alltag: Die Benennung und Klassifizierung von geometrischen Figuren in der Unterstufe kann gar nicht ausführlich genug an die alltägliche Wahrnehmung angekoppelt werden: *Welche Formen kommen als Lebensmittelverpackungen vor, welche nicht? Warum wohl? Wie kann man einen Quader bauen? Wie wird eine echte Milchtüte hergestellt? (Auseinandernehmen!) Wie viel Karton braucht man?* Die für solche Fragen nötigen grundlegenden Erfahrungen können wohl bei allen Schülern vorausgesetzt werden.

d) Zeitung und Fernsehen: Hier handelt es sich um eher mittelbare Erfahrungen. Beispiele werden auf den S. 106 und S. 126 näher diskutiert.

e) Ein Beispiel aus dem Internet: Welcher Film ist der beste aller Zeiten? Bei der internet movie database (www.imdb.com) läuft seit Jahren eine Abstimmung zu diesem Thema. Das folgende Material ist direkt den Internetseiten entnommen.

Unterrichtsbeispiel Top-Rated Movies

All registered users of the IMDb are invited to rate movies on a scale from 1 to 10. These lists are updated weekly on Monday mornings.

Rank	Title	Year	Rating	votes
1	The Godfather	(1972)	8.9/10	24231
2	American Beauty	(1999)	8.8/10	18526
3	The Shawshank Redemption	(1994)	8.8/10	35256
4	Schindler's List	(1993)	8.7/10	27795
5	Casablanca	(1942)	8.7/10	18819
6	Citizen Kane	(1941)	8.7/10	15968
7	Star Wars	(1977)	8.7/10	44592

The formula for calculating the top 250 films gives a **true Bayesian estimate**:
weighted rank (WR) = $(v \div (v+m)) \times R + (m \div (v+m)) \times C$
R = average for the movie (mean) = (Rating)
v = number of votes for the movie = (votes)
m = minimum votes required to be listed in the top 250 (currently 750)
C = the mean vote across the whole report (currently 6.9)

Übersetzungshilfe:
WR = gewichteter Rang
v = Zahl der Stimmabgaben für den Film
m = minimale Zahl von Stimmabgaben, um berücksichtigt zu werden, (momentan 400)
R = mittlere Wertung für den Film
C = mittlere Wertung *aller* Filme

Mögliche Leitfragen, für eine Besprechung der Liste:

- *Übersetze und erkläre: Wie kommt die Liste der TOP 250 zustande?*
- *Wie lautet die Formel in der üblichen mathematischen Notation?*
- *Versuche die einzelnen Größen anhand von Beispielfilmen (auch hypothetische, die in der Liste gar nicht auftauchen) zu erklären.*
- *Warum wurde die Größe m eingeführt?*
- *Was passiert Filmen, die sehr gut bewertet werden, aber nur wenige Stimmangaben bekamen?*
- *Was passiert mit Filmen, die insgesamt gleich gut bewertet werden, aber verschiedene Stimmzahlen bekommen?*
- *Können Filme, die (exakt) den gleichen Rang bekommen, verschieden gute mittlere Bewertungen bekommen?* Unter welchen Voraussetzungen bekommt ein Film die Wertung 9?
- *Ist die Formel angemessen? Könnte man eine Verbesserung vornehmen?*
- *Wird die Wertung weniger aussagekräftig, wenn man die Mindestzahl m in der Berechnung des Ranges unberücksichtigt lässt und einfach nur al-*

le Filme mit weniger als 400 Stimmen auslässt? Vergleiche anhand konkreter Beispiele.
- Wie kommen andere Bestenlisten zustande (Bestseller, Box-Office, Eislaufen etc.)?

Dieses Beispiel illustriert die Motivationsfunktion des Erfahrungsbezugs. Hier wird im Unterricht eine Freizeitbeschäftigung der Schüler thematisiert. Die angesprochenen Filme kennen wohl viele, das Ranking wird sicher umstritten sein. Damit diese Unterrichtsidee trägt, müssen die Ansätze und Ideen der Schüler (Verbesserungsvorschläge für das Ranking) in der Auseinandersetzung ernsthaft berücksichtigt werden. Das Thema darf beispielsweise nicht allein für die Wiederholung des Mittelwertbegriffs instrumentalisiert werden.

f) *Wie sinnvoll ist Glücksspiel?* Dem Glücksspiel in der einen oder anderen Ausprägung (meist Würfeln oder Lotto) kommt aus vielen Gründen eine zentrale Rolle im Stochastikunterricht zu.
- Hier lassen sich viele grundlegende Begriffe anschaulich einführen.
- Es gibt viele Anlässe zur handlungsorientierten Erforschung von Zusammenhängen. Speziell in den jüngeren Jahrgängen entfaltet der „Spieltrieb" eine starke Motivationswirkung.
- Es wird angenommen, dass Schüler bereits unmittelbare eigene Erfahrung einbringen können. Der Konkretheitsgrad dieser Erfahrungen kann allerdings von Schüler zu Schüler stark variieren.

Vor der Thematisierung eines Glücksspiels, das im Unterricht nicht tatsächlich durchgespielt wird (beispielsweise Lotto oder Roulette) sollte man erkunden, wie viele Schüler tatsächliche Erfahrungen mit den Spielen gemacht haben. Auch wenn das Roulettespiel in Filmen oft vorkommt, kann man doch feststellen, dass die Mehrheit der Schüler keine, nicht einmal grundlegende Kenntnisse von den Regeln hat. Beispiele für den schülernahen Einsatz von Glücksspielen im Unterricht werden auf S. 147 „Das Spiel" beschrieben.

5. Präsentationsform

Unter allen Kriterien für die Qualität einer Aufgabe ist die Präsentationsform wohl das äußerlichste. Dennoch sind Aspekte, die eine Aufgabe oder ein Problem attraktiv machen, einen Sachverhalt plastisch und anschaulich vor Augen führen, bei der Konstruktion einer Aufgabe keineswegs zu vernachlässigen. Im Folgenden sollen nur einige von vielen Möglichkeiten an Beispielen illustriert werden.

In der Mathematik dominieren symbolische Darstellungen. Nicht selten aber lassen sich solche Darstellungen handelnd darbieten oder von den Schülern selbst handelnd erfahren. Dies müssen keineswegs echte Anwendungskontexte sein, also Situationen, in denen die jeweilige Mathematik relevant wird, sondern mitunter auch nur einfache, aussagekräftige Analogien oder Bilder. Als ein Beispiel für **enaktive Darstellungsformen** kann man die Veranschaulichung des CAVALIERI'schen Prinzips mit einem großen Stapel von Blättern ansehen. Aus demselben Zusammenhang der Volumenbestimmung bzw. „Volumenwahrnehmung" stammt das folgende Beispiel:

Unterrichtsidee

Wie viele von den kleinen Bechern passen noch in die beiden Trinkgläser? Wie ist das Verhältnis der Volumina der beiden Kelche bei ganzer und halber Füllhöhe zueinander? Erfüllt die Form des geschwungenen Sektkelchs einen bestimmten Zweck?

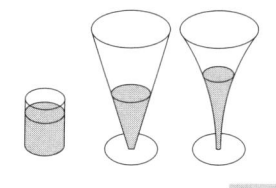

Hier ist das experimentierende Umgießen und die handgreifliche Feststellung: *„Wenn der geschwungene Kelch halb voll ist, passt noch dreimal mehr hinein!"* wesentlich ansprechender als der rein rechnerische Vergleich der Volumina. Man erkennt zudem, dass die Inszenierung der Präsentation eine nicht unwesentliche Rolle dabei spielt, ob die Situation als kognitiver Konflikt empfunden wird.

Zur handlungsorientierten Darstellung wird eine enaktive Repräsentation erst dann, wenn alle Schülerinnen und Schüler selbst Gelegenheiten zum Handeln haben. Eine solche handlungsorientierte Darstellung des Funktionsbegriffs lässt sich bewerkstelligen, wenn man einen Entfernungsmesser mit einem Funktionenplotter kombiniert[3] (vgl. BARZEL 1998).

---

[3] Technisch lässt sich dies z. B. mit einem Bewegungsdetektor für den TI-92 (vgl. BARZEL 1998) bewerkstelligen. Aber auch mit einem herkömmlichen Computer mit Messinterface oder Soundkarte kann man den Aufbau verwirklichen.

Unterrichtsidee Ein elektronisches Gerät misst den Abstand (oder die Geschwindigkeit) eines Schülers, der Computer stellt dies in Abhängigkeit von der Zeit in einem Graphen dar. So lässt sich spielerisch erkunden, was eine Funktion ist und was keine Funktion sein kann.

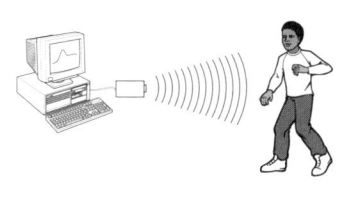

Zu den enaktiven Darstellungsformen kann man sicherlich auch das Spiel zählen (s. hierzu S. 167 „Das Spiel") und mit Einschränkungen auch dynamische und interaktive Computerdarstellungen.

6. Innermathematische Eigenschaften

Auch Aufgabeneigenschaften wie *Fundamentalität, ästhetischer Charakter* oder die *Existenz eines unerwarteten Lösungswegs* können Aufgaben attraktiv machen. Diese ausgesprochen innermathematischen Aspekte einer Aufgabe sind bezüglich ihrer unmittelbaren Wirksamkeit bei Schülern allerdings sehr kritisch zu beurteilen. Das bedeutet sicher nicht, dass derartige Aspekte aus dem Mathematikunterricht verbannt werden sollten. Schließlich manifestieren sich in ihnen besonders typische Charakteristika des Faches, ohne die kein angemessenes Bild von Mathematik vermittelt werden kann. Man sollte also unbedingt auf eine sinnvolle „Dosierung" solcher Probleme achten. Einige Beispiele für Probleme, die sich auf fundamentale Fragestellungen beziehen, und von Schülern als reizvoll empfunden werden können, sind die folgenden: *Gibt es einen Dezimalbruch, der nie periodisch wird? Wie ist es mit* $1{,}234567891011\ldots$ *? Ist* $0{,}\overline{9}$ *eine andere Zahl als 1? Gibt es eine unendlich große Zahl?*

Zwei große Komplexe von in der Schule behandelbaren mathematischen Grundlagenfragen, die z.T überlappen, sind der **Zahlbegriff** (einschließlich der Zahlbereichserweiterungen) und Probleme der **Unendlichkeit**.

- Während bei den Erweiterungen des Zahlbereichs von den natürlichen über die ganzen bis hin zu den rationalen Zahlen heutzutage anschauungsbezogen argumentiert wird, führt die Erweiterung um **irrationale Zahlen** zu vielen fundamentalen Fragestellungen: „*Woher will man eigentlich wissen, dass es Lücken zwischen den Bruchzahlen gibt?*"
- Auch die Erweiterung auf **komplexe Zahlen** birgt interessante Grundlagenfragen, die man nach der Klärung von Addition und Multiplikation durchaus problematisieren sollte: „*Wie lassen sich weitere Rechenopera-*

tionen mit komplexen Zahlen ausführen? Was ist z. B. die Wurzel aus i?"
- Die Untersuchung der **Mächtigkeit** von Zahlenmengen ergibt sich bereits mit so einfachen Fragen wie: „*Gibt es mehr natürliche Zahlen, ganze Zahlen, Quadratzahlen, Primzahlen oder rationale Zahlen?*" Die Faszination, die von solchen Fragen ausgehen kann, schildert HEFENDEHL-HEBEKER (1998). Weitere Grundlagenbereiche der Mathematik, deren Verknüpfung mit klassischem Schulstoff weniger offensichtlich ist, wären z. B.: *Fragen der Logik (Paradoxien, Beweisbarkeit), Mengenlehre (Antinomien)* oder *topologische Fragen (fraktale Dimension)*.

Bedingungen für die Wirksamkeit
Offenkundig sind die genannten Beispiele für Fundamentalfragen durchweg innermathematischer Natur und vermögen Schüler nur dann zu faszinieren, wenn gewisse günstige Bedingungen erfüllt sind:
- Die Unterrichtskultur muss eine offene, funktionierende Diskussionsatmosphäre gewährleisten.
- Bestimmte mathematische Grundkenntnisse müssen vorausgesetzt werden (z. B. der Größenvergleich von Brüchen bei der Diskussion der Einordnung irrationaler Zahlen).
- Günstig ist ebenfalls, wenn die Fragestellung aus einer Unterrichtssituation erwachsen ist, z. B. von einem Schüler oder einer Schülerin aufgebracht wurde und von den Mitschülern getragen wird. Einer vom Lehrer ex cathedra aufgestellten Frage droht die Gefahr, als Aufgabe mit ohnehin bereits feststehender Lösung missverstanden zu werden, so dass eine echte, offene Diskussion nicht stattfinden kann.

4 Instrumente für den Unterricht: Methoden

- Wie angemessen ist die Kritik am fragend-entwickelnden Unterricht?
- Was steckt hinter der Forderung nach Methodenvielfalt?
- Welche anderen Unterrichtsmethoden gibt es?
- Wie kann man sie für den Mathematikunterricht fruchtbar machen?

Die Klassifizierung der in diesem Abschnitt vorgestellten Materialien als *Methoden* ist zum Teil ungenau und sicherlich nicht immer schlüssig. Sind *Aufgaben*, denen ein eigener, großer Abschnitt gewidmet wurde, etwa keine Methoden? Wieso taucht der Computer an dieser Stelle nicht auf?

Für die hier vorgenommene Einordnung der Materialien als Methoden gibt es zwei eher pragmatische Kriterien:

- Die vorgestellten Konzepte haben einen eher prozessualen Charakter. Der Schwerpunkt der Darstellung liegt auf der **Anregung von Unterrichtsprozessen**, nicht ihrer Ergebnisse oder ihrer technischen Verwirklichung.
- Die dargestellten Unterrichtsformen und Organisationsabläufe sind ihrer Anlage nach nicht unbedingt auf den Mathematikunterricht beschränkt. Oft handelt es sich sogar um **geläufige Konzepte** aus anderen Fächern, deren Produktivität für den Mathematikunterricht gezeigt werden soll.

Hier geht es also weniger um eine Übersicht über die empirische Wirksamkeit der unterschiedlichen Lehr- und Lernformen, sondern um die Präsentation eines möglichst weiten Ideenspektrums, das den Unterreicht verändern und bereichern kann. Aus diesem pragmatischen Interesse heraus wird auch nicht streng nach Sozialformen, Organisationsformen, Arbeitsformen etc. unterschieden. Der Computereinsatz im Mathematikunterricht schließlich ist so zu einem so vielgestaltigen Thema angewachsen, dass er in diesem Buch gänzlich ausgeklammert bleiben muss.

Die zentrale Frage bei der Beschäftigung mit Lern- und Arbeitsformen ist sicherlich:

Welche Methoden garantieren erfolgreiche Lernprozesse?
Auch wenn jeder professionell mit dem Lehren und Lernen Beschäftigte weiß, dass es auf diese Frage keine letztgültige Antwort geben kann, würde doch niemand auf die Idee kommen, die Methodenwahl der Willkür zu überlassen. Immerhin gibt es auch auf der methodischen Seite offizielle Vorgaben, z. B. in Form von Richtlinien. Die Hoffnung, hieraus klare Leitlinien für die Unterrichtsmethodik herauslesen zu können, ist oft allerdings trügerisch. Nicht selten findet man hier wahre „Rundumschläge", wie etwa den folgenden:

Eine Gestaltung der Lehr- und Lernprozesse, die die Ansprüche von Schüler- und Wissenschaftsorientierung gleichermaßen berücksichtigt, auf „kumulatives Lernen" und den Erwerb von „intelligentem Wissen" angelegt ist und verschiedene Lernformen wie selbstständiges und angeleitetes, individuelles und gemeinsames, fachliches und überfachliches Lernen variabel verbindet. (aus dem Rahmenkonzept „Qualitätsentwicklung und Qualitätssicherung schulischer Arbeit" MSWWF-NRW 1998a, S. 11)

In Übereinstimmung mit dem allgemeinen Konsens (und der Lernforschung) wird hier die Vielfalt der Unterrichtsmethoden als wichtiges Qualitätsmerkmal hervorgehoben. Doch ist eine solche Methodenvielfalt, nachdem sie immerhin nicht erst seit kurzem zu einem wichtigen Bestandteil professioneller Lehrkultur gehört, nicht schon längst in unseren Klassenzimmern etabliert? Viele Anzeichen deuten darauf hin, dass dies nicht der Fall ist.

Die Kritik am fragend-entwickelnden Unterricht

Dass in den Sekundarstufen deutscher Schulen der Frontalunterricht und mit ihm die fragend-entwickelnde Unterrichtsmethode seit jeher eine dominante Stellung einnehmen, ist nicht nur vielfältig empirisch belegt – jeder Schüler und jede Schülerin wird problemlos das hinter den Unterrichtsstunden vieler Fächer stehende gemeinsame Schema aus der täglichen Erfahrung beschreiben können. Seitdem 1998 die im Rahmen von TIMSS angefertigten Videostudien bekannt wurden, erhält diese Feststellung im Bewusstsein der Lehrenden eine neue, kulturelle Dimension: Parallel zu den Leistungstests haben die USA, Deutschland und Japan Videoaufnahmen von „typischen Schulstunden" angefertigt. Als erstes und auffälligstes Ergebnis des Vergleichs kann man festhalten, dass die deutschen Schulstunden, ebenso wie die japanischen und amerikanischen, nach einem jeweils landestypischen Skript verlaufen. (Eine differenziertere Darstellung und ein Vorschlag, wie man sich die Videostudien nutzbar machen kann, finden sich auf S. 218 ff.) Die qualitative Erkenntnis, dass das Skript der deutschen Beispielstunden (im Gegensatz zu den japanischen) ein deutliches Übergewicht lehrerzentrierten Arbeitens aufweist, wirft wiederum ein Licht auf die festgestellten Qualitätsunterschiede der Schulsysteme, z. B. das Defizit deutscher Schüler beim selbstständigen Problemlösen.

Woher kommt die Vorliebe für den fragend-entwickelnden Unterricht?

Die Vorteile lehrerzentrierter Unterrichtsformen liegen klar auf der Hand, werden aber nicht immer und nicht gern explizit genannt. Die wesentlichen Aspekte klingen in der folgenden Übersicht an.

- „Unterrichtsstudien [belegen] die Lernwirksamkeit und häufig die Überlegenheit eines anspruchsvollen lehrergesteuerten, störungspräventiven, aufgabenorientierten und klar strukturierten Unterrichts, in dem die verfügbare Zeit intensiv für akademische Aufgaben genutzt wird, das Interaktionstempo aber gemäßigt bleibt, sodass Schüler Zeit zum Nachdenken und Spielraum für die Entwicklung eines eigenen Gedankenganges finden. Die Forschungsergebnisse zu den positiven Wirkungen eines Frontalunterrichts, der diese Merkmale der direkten Instruktion realisiert, sind außerordentlich robust. Nachgewiesene Effektstärken sind auch von praktischer Bedeutung." (BLK 1997)
- Einige der folgenden (zum Teil auch nur vermeintlichen) Stärken lehrerzentrierter Unterrichtsformen werden im Schulalltag gewöhnlich angeführt. (vgl. ASCHERSLEBEN 1985, 1999)
    - **Wissenschaftlichkeit**: Klare, abgesicherte Zusammenhänge können in angemessener Fachlichkeit und zudem sinnvoll vorstrukturiert vermittelt werden.
    - **Gerechtigkeit**: Die Schülerinnen und Schüler erfahren zumindest dem Prinzip nach eine Gleichbehandlung.
    - **Transparenz**: Die Lerninhalte haben für die Schülerinnen und Schüler eine größere Gewissheit.
    - **Lernökonomie**: Das Thema kann didaktisch effektiv aufgearbeitet werden, z. B. durch Visualisierung, didaktische Reduktion etc.
    - **Zeitökonomie**: Der Zeitbedarf ist geringer, da das Thema direkt angesteuert werden kann. So bleiben mehr Freiräume beispielsweise für Übungsphasen.
    - **Kontrolle**: Die stärkere Kontrolle der Arbeitsprozesse ermöglicht auch eine bessere Disziplinierung.

- Das Handlungsmuster des fragend-entwickelnden Unterrichts ist nicht mit der Sozialform des Frontalunterrichts gleichzusetzen. Letzterer umfasst eine Vielzahl unterschiedlicher Handlungsmuster, die mehr oder weniger lehrergelenkt sein können: Das gelenkte Gespräch, der Impulsunterricht, der darbietende Unterricht wie z. B. der Lehrervortrag, aber auch die selbstständige Schülerarbeit sind Teil des Frontalunterrichts.

Eine pointiert formulierte These von Meyer (1987, S. 188), die (wie er selbst einräumt) den Vorteil hat, empirisch nicht überprüfbar zu sein, rüttelt an den Grundfesten dieser Feststellungen. *„Frontalunterricht ist die vermeintlich effektivste Form der Stoffvermittlung, tatsächlich aber nur eine geeignete Form der Darstellung von Sach-, Sinn- und Problemzusammenhängen."* [Hervorhebungen von Meyer] Ein solches Infragestellen deutet bereits eine konstruktivistische Sichtweise an und leitet zur folgenden Frage über:

Wie lautet die (konstruktivistische) Kritik am fragend-entwickelnden Unterricht?

Aus konstruktivistischer Perspektive lassen sich die Bedenken dem fragend-entwickelnden Unterricht gegenüber etwa folgendermaßen formulieren:
- Mögliche Phasen des **aktiven Lernens** werden zugunsten vornehmlich rezeptiven Lernens zurückgedrängt. Die aktive Beschäftigung der meisten Schüler muss sich auf das „stille Mitdenken" und wenige Wortbeiträge beschränken.
- Der **Vieldeutigkeit konstruktivistischen Lernens** kann keine Rechung getragen werden. Fragestellungen wie „Na, was fällt euch hier auf?" sind nur vermeintlich offen, wenn sie allein auf die Erreichung eines bestimmten Unterrichtsschrittes in einem geplanten Verlauf zielen.
- Das Unterrichtsgespräch kann **individuelle Lernwege** nicht adäquat verfolgen, eine Differenzierung nach Komplexität oder Lerntempo findet nicht statt und wird allenfalls durch ein betont langsames Fortschreiten ersetzt.
- Die **Verantwortung für den Lernprozess** liegt allein beim Lehrer, der Richtung und Ziel des Gesprächs vorgibt (aber nicht immer preisgibt).

Die Quellen, die sich kritisch mit dem fragend-entwickelnden Unterricht auseinander setzen, sind Legion und beziehen sich nicht notwendig auf eine konstruktivistische Position. Exemplarisch hierfür seien einige pragmatisch formulierte Einwände nach Grell/Grell (1994) angeführt – zum einen, weil die Autoren zu den beredtesten Kritikern der fragend-entwickelnden Methode gehören, zum anderen, weil sich die vorgebrachten Einwände unmittelbar auf den Mathematikunterricht beziehen lassen. (Die von den Autoren gewählte Bezeichnung des fragend-entwickelnden Unterrichtsstils als *Erarbeitungsmuster* unterstreicht im Übrigen dessen *Skript*charakter.)

> **Einwände gegen das Erarbeitungsmuster des fragend-entwickelnden Unterrichts**
>
> - Als Verfahren der Informationsbereitstellung ungeeignet, aber dennoch oft dafür verwendet.
> - Die hohe Behaltensqualität eines Aha-Erlebnisses, einer selbstgefundenen Lösung, tritt höchstens zufällig und bei einzelnen Schülern auf.
> - Wenn ein einzelner Schüler im Unterricht eine Frage beantwortet, ist noch längst nicht gewährleistet, dass dieses Wissen auch in die Köpfe der übrigen Schüler gelangt.
> - Der Akzent liegt bei Lernzielen aus dem kognitiven Bereich, hauptsächlich auf der untersten Ebene (nicht zuletzt weil der Lehrer auf höhere Erwartungen von vornherein verzichtet).
> - Das Unterrichtsgespräch will Spontaneität erzeugen, die freigesetzten spontanen Schülerideen werden aber oft nicht wirklich zur Grundlage des anschließenden Unterrichts gemacht („Spontaneitätsbräuche").
> - Das Erarbeitungsmuster fördert den heimlichen Lehrplan (z. B. Wahrheitsdefinition, Umgang mit Fehlern) und das inzidentelle Lernen (Lernen als Zufallsprodukt).
> - Die Steuerung, Kanalisierung und Filterung durch den Lehrer verengt die möglichen Perspektiven eines Themas.
> - Lernschwierigkeiten Einzelner werden verdeckt.
>
> nach GRELL/GRELL (1993)

Auf einer der „Abstammungslinien" der fragend-entwickelnden Methode liegt das so genannte *sokratisch-genetische Prinzip*. Dieses lässt im idealtypischen Fall die Schülerinnen und Schüler eine mathematische oder naturwissenschaftliche Idee in ihrer (historischen oder innerlogischen) Entwicklung gleichsam „nacherfinden". Der Lehrer oder die Lehrerin soll sich darauf beschränken, die Denkanreize zu stiften und strategische Hilfen zu geben. Diesen Vorstellungen liegt allerdings eine äußerst idealistische Auffassung von den Bedingungen des Lernprozesses zu Grunde. In realistischen Unterrichtssituationen (30 Schüler, inhomogene Motivation) ist es wahrscheinlicher, dass diese Art der Gesprächsführung Reaktanz („Soll ich jetzt zugeben, dass ich Unrecht hatte?") oder Verwirrung („Was will er denn jetzt schon wieder von uns?") hervorruft.

Welche Vorzüge hat der fragend-entwickelnde Unterricht?

In einer etwas großzügigeren Auslegung kann auch der darbietende Frontalunterricht in Form des fragend-entwickelnden Unterrichtsgesprächs als *Angebot* an den Lernenden im Sinne konstruktivistischen Lernens verstanden werden. Die eigentliche Wissenskonstruktion findet weiterhin individuell „im Kopf des Lernenden" statt. Damit diese Auffassung aber ihre Berechtigung behält, sollte man bei der Planung und Durchführung von frontalen Erarbeitungsphasen (unter anderem) die in der folgenden Tabelle zusammengestellten Punkte bedenken.

Bedingungen für das Gelingen von Unterrichtsgesprächen im Frontalunterricht

- Unterrichtsphasen, in denen die Schüler kollektiv angesprochen werden, sollten immer zeitlich wie inhaltlich begrenzt sein: Die Informationsmenge sollte für jeden überschaubar bleiben, ausufernde sokratische Gespräche mit der ganzen Klasse sind unfruchtbar und sollten vermieden werden.
- Im Unterrichtsgespräch besteht immer nur ein Dialog mit einzelnen Schülern. Um allen eine aktive, selbstgesteuerte Beschäftigung mit dem Thema zu ermöglichen, sollte man frühzeitig Gelegenheit zur Individualisierung des Lernprozesses (Gruppenarbeit, Einzelarbeit) schaffen.
- Eine authentische, nicht über den Lehrer vermittelte Auseinandersetzung zwischen Schülern ist im Klassengespräch immer nur begrenzt möglich und eigentlich erst in kleineren Gruppen realisierbar.
- Bei der so genannten *indirekten Unterrichtsführung*, in der der Lehrer eher die Rolle eines Moderators und Impulsgebers übernimmt, lässt sich das systematische Zurückziehen aus der Diskussion planen und praktizieren (so genanntes *Fading*).
- Frontalphasen, die mit der Absicht einer offenen, an Schülerinteressen orientierten Annäherung an ein Thema geplant sind, sollten daraufhin überprüft werden, ob sie diesem Anspruch gerecht werden können: Werden die zusammengetragenen Schülerideen wirklich zur Grundlage des weiteren Unterrichtsgeschehens gemacht? – Sonst erleben die Schüler nur eine frustrierende Demonstration der Belanglosigkeit ihres Wissens.
- Man sollte bei der Planung einer Erarbeitungsphase in Form eines fragend-entwickelnden Gesprächs stets prüfen, inwieweit das beabsichtigte Thema wirklich erfolgreich mit dieser Methode behandelt werden kann. Eine klare Trennung nach Informationsdarbietung und Diskussion bewahrt alle Beteiligten vor unerquicklichen Fragespielen.

Ein erläuterndes Wort zum letzten Punkt soll diesen Abschnitt beschließen. Ein authentisches und erfolgreiches, fragend-entwickelndes Gespräch ist eine der anspruchsvollsten Unterrichtsformen überhaupt und stellt höchste Anforderungen an den Lehrer und die Lehrerin. Es kann insofern mit einer Gratwanderung verglichen werden, als jederzeit der Absturz zur einen oder anderen Seite droht: Wenn die Erarbeitung unerwarteterweise problematisch wird, erwischt man sich entweder dabei, wie man das Problem in winzigste, sozusagen „behavioristische" Lernschritte zerlegt, um zum Ziel zu gelangen („... und wie viele Winkel hat das Quadrat?"), oder nur noch wilde Spekulationen über den eigentlich erhofften Gedankengang evoziert („... was fällt euch denn noch alles dazu ein?"). Ein entsprechend sorgfältig bedachter Umgang mit der Lehrmethode des fragend-entwickelnden Gesprächs ist also angeraten.

Ein Plädoyer für die Methodenvielfalt

Bietet der (radikale) Konstruktivismus eine Alternative an?

Ein Unterrichtskonzept, das dem radikalen Konstruktivismus verpflichtet ist, müsste den obigen Argumenten zufolge den fragend-entwickelnden, ja den Frontalunterricht generell ablehnen. An deren Stelle treten dann Unterrichtsformen, in denen das Lernen fast ausschließlich selbstgesteuert ist: Projektunterricht, freie Vorhaben, konsequente Handlungsorientierung („Wir bauen eine Windkraftanlage"). Die Untersuchungen aus der Unterrichtsforschung zur Wirksamkeit solcher Arbeitsformen sind allerdings spärlich, und die Effizienz des rein selbstgesteuerten Lernens wird eher in Zweifel gezogen (DUBS 1995).

Ein ernst zu nehmender Einwand in dieser Hinsicht ist die Frage nach der wirksamen Vermittlung von *Metakognitionen*. Sicherlich lassen sich Faktenwissen und Handlungsroutinen auch ohne Lehrerdarbietung und -steuerung vermitteln. Wie steht es aber mit höheren kognitiven Fähigkeiten wie der Reflexion der eigenen Handlungsabläufe (z. B. die Methodenrückschau beim Problemlösen) oder dem bewussten Verwenden heuristischer Strategien (z. B. Rückwärtsarbeiten, Teilen des Problems, s. auch S. 211)? Es ist fraglich, ob diese metakognitiven Strategien allein bei der Gruppenarbeit gelernt werden können. Das Modelllernen (BANDURA) ist ohne den Lehrer als Modell – zumindest im Mathematikunterricht – schwer vorstellbar. Zwar ist der Lehrer beim selbstgesteuerten Lernen immer noch als Lernberater tätig und kann strategische Hilfen geben (*coaching*), doch kann er immer nur Einzelne betreuen. Unter den aktuellen Bedingungen in den Sekundarstufen (Klassenfrequenzen, Stoffkanon) ergeben sich für die Lehrerinnen und Lehrer echte Zielkonflikte, die dem wünschenswerten selbstgesteuerten Lernen Grenzen setzen.

Die Argumente für eine Verknüpfung von selbstgesteuertem und lehrerzentriertem Lernen berufen sich aber nicht allein auf die strukturellen Bedingungen der Schule. Dies soll auf den folgenden Seiten dargelegt werden.

Was steckt hinter der Methodenvielfalt?

Eine nahe liegende Begründung für einen regelmäßigen Methodenwechsel liegt sicher in der Forderung nach einer abwechslungsreichen Gestaltung des Unterrichts. Hierin darf man nicht den Aufruf zur Spaßschule, die den Schüler allein durch ihren Unterhaltungswert bei Laune halten muss („edutainment"), wittern. Jeder, der einmal in einer weniger inspirierten und inspirierenden Unterrichtsstunde hospitiert hat, weiß, wie ermüdend schon 20 Minuten Unterrichtsgespräch sein können. Man bedenke zudem, dass ein Schüler oder eine Schülerin bis zum Abschluss der Klasse 10 in der Sekundarstufe etwa 5 000 Mathematikstunden erlebt hat – und es wäre nicht verwunderlich, wenn 90 Prozent dieser Stunden nach demselben Schema verlaufen wären (Hausaufgaben – Erarbeitung einer neuen Aufgabe im Unterrichtsgespräch – Üben). Da überrascht es nicht, wenn sich Schüler auch nach Jahren noch an die *eine* Unterrichtsstunde, die auf dem Schulhof stattfand, erinnern können.

Neben solchen Argumenten stützt sich die Forderung nach Methodenvielfalt auch auf Erwägungen, die sich auf den Aufbau **sinnvollen** und **intelligenten Wissens** beziehen. Der Tenor heutiger Vorstellungen von der Gestaltung erfolgreicher Lernprozesse wird nicht durch eine dogmatische Forderung nach ausschließlich selbsttätigem Lernen geprägt, sondern ist durch eine **gemäßigt konstruktivistische Haltung** gekennzeichnet:

> Erfolgreiches Lernen wird ermöglicht durch eine Vielfalt von Unterrichtsmethoden, bei denen sowohl selbsttätige als auch gelenkte Lernprozesse flexibel und situationsabhängig eingesetzt werden.

Gudjons (1998) begründet das so: „Ein Gegeneinander-Ausspielen von schüleraktiven und frontalunterrichtlichen Verfahren [...] wäre ein Zurückfallen hinter den gesamten Stand der Didaktik und Methodik der Gegenwart." Das hört sich nach einem vernünftigen Ausgleich zwischen unterschiedlichen Unterrichtsphilosophien an – sozusagen einem gemeinsamen Marsch auf dem goldenen Mittelweg. Obige These müsste man also folgendermaßen verstehen: Jeder Lehrer braucht ein *Methodenrepertoire*, aus dem er rational auswählt. Zu jeder Lernsituation gibt es eine (oder mehrere) optimale Unterrichtsmethoden, seien es rezeptive oder aktive, individuelle oder gruppenorientierte.

Aber der Begriff der Methodenvielfalt geht noch einen Schritt weiter: **Methoden sind Teile didaktischer Theorien und als solche ebenfalls als Konstrukt zu verstehen.** Sie sind kein Abbild objektiver Wirklichkeiten, sondern gewissermaßen situationsspezifische Wirklichkeitskonstruktionen der am Unterricht Beteiligten. Das gilt auch und insbesondere für die individuellen Unterrichtskonzepte, die Lehrerinnen und Lehrer täglich in ihrem Unterricht erproben. Diese Perspektive gibt dem Begriff der Methodenvielfalt eine zusätzliche Dimension:

> Erfolgreiches Lehren und Lernen wird dadurch ermöglicht, dass alle Teilnehmer am Unterricht ihr Methodenrepertoire in Abhängigkeit der spezifischen Gegebenheiten (Lehrer, Schüler, Schule) selbst erfinden.

Mit REICH (1998) könnte man diese These mit dem Schlagwort „**Methodenvielfalt statt Methodenrepertoire**" charakterisieren. Ein Aspekt dieses konsequent zu Ende gedachten **Methodenkonstruktivismus** ist, dass Aussagen über die Wirksamkeit von bestimmten Unterrichtsmethoden angesichts der Vielfalt schulischer Wirklichkeit nur wenig sinnvoll sind. Das bedeutet aber, dass Prozesse der Unterrichtsentwicklung *vor Ort* stattfinden müssen.

Welche Folgen hat dieses neue Selbstverständnis in der Praxis?

Die Lehrerinnen und Lehrer sind aufgefordert, ihr Methodenrepertoire zu erweitern und im Unterricht zu erproben. Ein solches Experimentieren ist in pädagogischer Isolation nur schwer durchzuhalten, hier müssen Austausch- und Kommunikationsprozesse ins Leben gerufen werden – auch in dieser Hinsicht bedarf es einer Erweiterung des Methodenrepertoires.

Für den Mathematikunterricht könnte das bedeuten:
Gemeinsames Experimentieren mit bisher wenig berücksichtigten, alternativen Arbeits- und Sozialformen im Unterricht: Wochenarbeitsplan, Freiarbeit, Erkundungen usw., kollegialer Austausch über die Ergebnisse, Einrichten von Arbeitsgruppen, z.B. zur Erstellung von Freiarbeitsmaterialien, etc.

Für eine derartige Unterrichtsentwicklung vor Ort ist eine Erweiterung der Freiräume unbedingt erforderlich. Schulische Normierungsprozesse, die auf die Homogenisierung des Lernens abzielen, bedeuten hier ein Hemmnis für die Entwicklung, so z. B. eine Schulleitung, die die Kollegen an eine große Zahl von Bedingungen bindet (Schulcurriculum, Mindestzahl von Klassenarbeiten, starre Stundentafel). Auch Parallelarbeiten oder mündliche Prüfungen, die obligatorisch für alle Schulen eingeführt werden, sind aus dieser Perspektive ein ambivalentes Instrument der Qualitätsentwicklung.

Für den Mathematikunterricht könnte das bedeuten:
Zu schuleigenen Mathematikwettbewerben werden Förderkurse für engagierte Schüler eingerichtet. Hieraus kann eine systematische Differenzierung des Mathematikunterrichts der Sekundarstufe entstehen, bis hin zu einer Aufteilung von Lerngruppen.

Vor diesem Hintergrund sind die Vorschläge der BILDUNGSKOMMISSION NRW (1995, S. 151 ff.) zur **Stärkung der Schule als Handlungseinheit** als begrüßenswerte Entwicklung hin zur so genannten „autonomen Schule" anzusehen. Eine solche größere Freiheit geht allerdings einher mit der Frage nach der Verantwortung für die Qualitätskontrolle. Sowohl auf der Ebene des individuellen Unterrichts wie auch auf der Ebene der ganzen Schule werden neue Evaluationsprozesse und -instrumente nötig. Dies fordert ein radikales Umdenken sowohl von der Schule als auch von den Schulbehörden in ihrer Aufsichtsfunktion. Hier steht die **Entwicklung einer inneren Schulreform** definitiv erst in den Startblöcken, und man kann der Schule nur wünschen, dass es ohne Fehlstart in die Zukunft geht.

Für den Mathematikunterricht könnte das bedeuten:
Lehrer müssen lernen, wie man den Mathematikunterricht evaluiert. Natürlich kann nicht jede Schule das Rad neu erfinden. Zunächst gilt erst einmal: Bedürfnisse entdecken, Ideen sammeln (Kommunikaton mit anderen Schulen), Evaluation lernen durch Ausprobieren. Viele Anregungen finden sich in bei BURKARD/EIKENBUSCH (2000).

Wie findet man eine „richtige" Unterrichtsmethode?

„Methodenvielfalt", „Lehrer und Lehrerinnen entdecken ihre eigenen Methoden", das hört sich nach idiosynkratischem Individualismus und wertungsloser Beliebigkeit an. Dem ist natürlich nicht so, und das möchte ich auf den folgenden Seiten darstellen. Natürlich gibt es konsensfähige und vernünftige Kriterien für den Einsatz jeder speziellen Unterrichtsform. So werden zu jeder hier vorgestellten konkreten Unterrichtsmethode auch didaktische Erwägungen zu Einsatzgebieten, Vorteilen, aber auch zu „Risiken und Nebenwirkungen" mitgeliefert.

Zunächst aber sollen noch einige allgemeine Kriterien für die Verwendbarkeit irgendeiner geplanten Lehrform in Abhängigkeit von Besonderheiten der jeweiligen zu behandelnden Inhalte angeboten werden. Die Darstellung lehnt sich an DUBS' (1995) „Modell zur Anregung von Variation im Unterricht und im Lehrerverhalten" an. Der Leser bzw. die Leserin möge dies nicht als „Kochrezept für richtiges Unterrichtsverhalten", sondern als Hilfsmittel für die Unterrichtsplanung ansehen.

Im Folgenden soll anhand konkreter Beispiele erläutert werden, wie man diese Tabelle bei der alltäglichen Unterrichtsplanung einsetzen kann. Zugleich werden einige der erklärungsbedürftigen Begriffe eingehender erläutert.

Welches Unterrichtsverhalten ist für einen bestimmten Unterrichtsinhalt eher geeignet?

Merkmale des Unterrichts	Erarbeitung von deklarativem, prozeduralem Wissen	Anwendung von Wissen	Eigenkonstruktion von Wissen
	Anfängerunterricht: Lernen und Üben von objektiven Wissensbeständen		Fortgeschrittene: Problemlösen in komplexen Kontexten oder mit mehreren Lösungen
	Die Schüler benötigen viel Orientierungswissen.		Die Schüler haben bereits notwendiges Orientierungswissen oder das Orientierungswissen ist leicht verfügbar
	wenig verfügbare Unterrichtszeit		viel verfügbare Unterrichtszeit
angemessenes Unterrichtsverhalten	direktes Unterrichtsverhalten	indirektes Unterrichtsverhalten	Lernberatung
	geführter Unterricht	Klassendiskussion	selbstgesteuertes Lernen in Gruppen-/Einzelarbeit
	Denkprozesse anregen, Denkstrategien unterstützen	Impulse geben, moderieren	Beratung, individuelle Betreuung

Im oberen Teil der Darstellung findet man Charakteristika des zu behandelnden Unterrichtsinhalts. Was hier unter Inhalt bzw. Thema zu verstehen ist, soll bewusst nicht zu sehr eingegrenzt werden. (Es kann sich hier z. B. um eine Aufgabe, eine Arbeitsmethode, ein Rechengesetz, eine geometrische Konstruktion usw. handeln.) Auf jedem der vier Pfeile kann man dem Thema nun eine Position zuordnen, die allerdings noch nicht endgültig feststehen muss, z. B. kann man sich durchaus Gedanken darüber machen, ob ein Thema, das man zunächst als „Anwendung" charakterisieren würde, sich nicht auch so anreichern lässt, dass es sich zur „Eigenkonstruktion von Wissen" eignet. Anhand der Einschätzungen ergibt sich ein charakteristisches Bild von eventuell widersprüchlichen Anforderungen an das Unterrichtsverhalten. Nun muss man entweder eine Prioritätenentscheidung treffen oder versuchsweise das Thema so variieren, dass sich ein eindeutigeres Bild ergibt.

Wahl einer angemessenen Unterrichtsmethode
(Anwendung zur Tabelle S. 151)

Betrachte die Folgen

$$a_n = \frac{1+2^n}{1+(-2)^n} \quad \text{und} \quad b_n = \frac{n+1}{2n+\frac{1}{n}}$$

Wie verhalten sich die Folgen langfristig? Berechne.

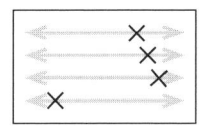

Es muss hauptsächlich bekanntes Wissen (Berechnen von Termen) angewendet werden. Der Zusammenhang ist gemäßigt komplex, da ohne einen sicheren Grenzwertbegriff noch keine endgültige, eindeutige Antwort zu erwarten ist. Hinzu kommt die Problematik des Rundens beim Taschenrechner. Orientierungswissen ist bereits sicher vorhanden: „Wie interpretiert man den Ausdruck a_n? Wie berechnet man den Wert bei gegebenem n?" Die Interpretation des Adverbs „langfristig" müsste wahrscheinlich im Unterrichtsgespräch erarbeitet werden. Es ist vielleicht wenig Zeit vorhanden, da man schnell zu einer Grenzwertdefinition kommen möchte. Die Einschätzung ergibt ein sehr uneinheitliches Bild. Also könnte man eine Modifikation des Problems erwägen:

Die Folgen beschreiben die Temperatur eines Kernreaktors n Sekunden nach dem Zusammenbruch der Kühlung (oder die Menge einer chemischen Substanz etc.). Was passiert langfristig? Überlege dir Argumente. Rechne und/oder zeichne.

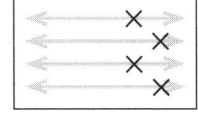

Der Zusammenhang ist eher komplexer geworden, wenn im Unterricht noch keine graphischen Darstellungen von Folgen benutzt wurden. Hier gibt es vielfältige Lösungswege. Die Bedeutung von „langfristig"

Beispiel 1

Ein Plädoyer für die Methodenvielfalt

können die Schüler mit der Modellvorgabe nun selbstständig erarbeiten, das Orientierungswissen ist somit leichter verfügbar. Gibt man den Schülern nun noch mehr Zeit, so gibt es hier bei der Auseinandersetzung mit der Aufgabe eine gute Gelegenheit zur Eigenkonstruktion von Wissen bezüglich dem Grenzwertbegriff bei Folgen.

Beispiel 2

Wie viele Kraftwerke braucht die Stadt Dortmund, um den Stromverbrauch aller Privathaushalte abzudecken? 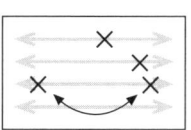
Hier kann man auf eine ähnliche Weise erkennen, dass die Verfügbarkeit von Orientierungswissen der entscheidende Punkt bei der Einschätzung der Aufgabe ist. Entweder man entscheidet sich dafür, das erforderliche Orientierungswissen im Unterrichtsgespräch zu geben, oder man stellt den Schülern das Orientierungswissen in Form von Tabellen mit der Leistung verschiedener Elektrogeräte, Umgang mit Größen wie W, kW, MW etc. zur Verfügung.

Beispiel 3

Polynomdivision (Stufe 11) /
Prinzip des Siebs des Eratosthenes (Klasse 5) 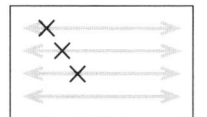
Hier liegt die Erarbeitung von prozeduralem Wissen vor. Die Verfügbarkeit von Orientierungswissen ist in beiden Fällen problematisch: Die Kenntnis der Begründung der schriftlichen Division ist bei den Schülern vermutlich über die Jahre „verschüttet", das Ziel der Übung im Voraus schwer klar zu machen (Stufe 11), bzw. der Primzahlbegriff erst kurz zuvor eingeführt worden und das Siebverfahren für den Anfängerunterricht bereits sehr anspruchsvoll (Klasse 5). (Der Anfängerbegriff definiert sich hier allein in Beziehung zum jeweiligen Inhalt, nicht zum tatsächlichen Alter der Schüler.) Es wird also sinnvoll sein, die Verfahren (wenn man sie denn überhaupt behandeln möchte) im Frontalunterricht darzubieten.

Offensichtlich gibt es also durchaus Kriterien, die den Einsatz von direktem Lehrerverhalten (also Frontalunterricht) nahe legen. Ein engagiertes Plädoyer für einen flexiblen, abwechslungsreichen und anspruchsvollen Frontalunterricht gibt das Themenheft der Zeitschrift Pädagogik mit dem Titel „Frontalunterricht – gut gemacht" (GUDJONS 1998).

Methoden für den Mathematikunterricht

Das Ziel dieses zentralen, pragmatisch orientierten und daher etwas umfangreicheren Abschnittes ist vor Augen zu führen, was Methodenvielfalt in der Praxis des Mathematikunterrichts bedeuten kann. Dazu bedarf es allerdings keines enzyklopädischen Rundumschlages. Die Vorgehensweise ist vielmehr eine exemplarische und soll hier illustriert werden.

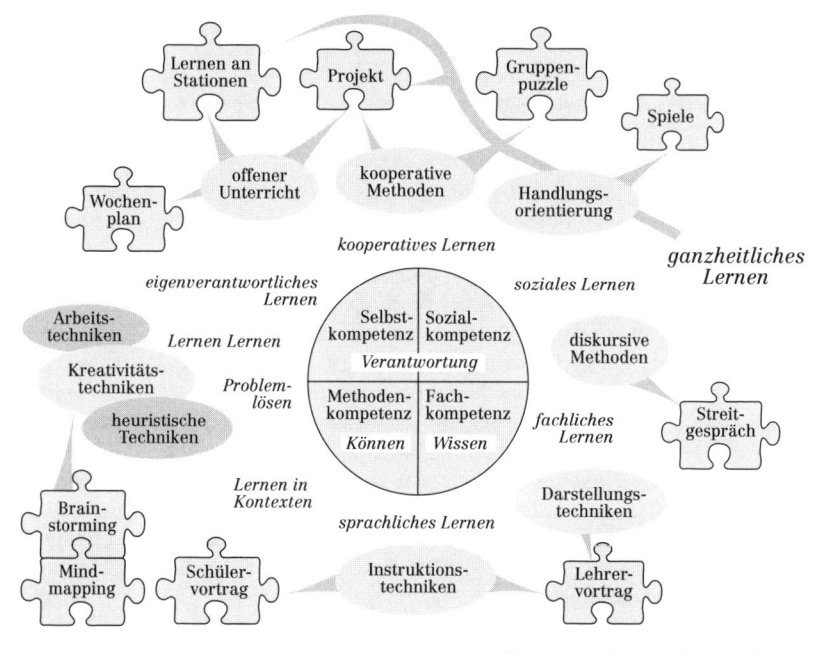

Mind-Map: Unterrichtsmethoden

0. Die **zentralen Kompetenzen** des Schülers stehen im Mittelpunkt. Darum gruppieren sich methodische Arrangements, die diese Kompetenzen fördern können. Der Konkretheitsgrad nimmt von innen nach außen in drei Schritten zu:
1. Die **Aspekte des Lernens** (sprachliches Lernen, soziales Lenren etc.) lassen sich ungefähr den vier Kompetenzen zuordnen. Das ganzheitliche Lernen erhält naturgemäß eine Sonderstellung, wird mit diesem Begriff doch die ausdrückliche Berücksichtigung aller Aspekte belegt. Ein Qua-

litätsmerkmal für die methodische Dimension von Unterricht wäre somit, dass in einem ausgewogenen methodischen Arrangement langfristig alle Aspekte berücksichtigt werden.

2. Auf der nächsten Ebene folgen **methodische Kategorien** (Blasen). Diese sollen die komplexe Landschaft der unterschiedlichen Unterrichtsmethoden für die Zwecke der folgenden Ausführungen etwas gliedern. Der Allgemeinheitsgrad der Begriffe ist teilweise sehr unterschiedlich und die Zuordnung zu den Aspekten des Lernens ist meist vieldeutig und kann graphisch nie zufrieden stellend repräsentiert werden. Die Handlungsorientierung ist beispielsweise mit vielen anderen Aspekten und Methoden vernetzt.

3. In der äußersten Sphäre befinden sich nun ganz konkrete **Unterrichtsmethoden und Arrangements** (Puzzlesteine) von ganz unterschiedlichem Umfang. Sie bilden nur eine (bewusst getroffene) Auswahl möglicher Methoden und sollen die Kategorien exemplarisch repräsentieren. Viele der Methoden sind im Allgemeinen bereits wohl bekannt. Ziel ist es, zum einen das Spektrum in seiner ganzen Breite darzustellen (ohne dabei im Einzelnen in die Tiefe gehen zu können). Zum anderen sollen auch solche Formen, die im Mathematikunterricht noch keine lange Tradition besitzen, anhand konkreter Beispiele als fruchtbar und machbar demonstriert werden.

Die Abbildung ist als pragmatische Orientierungshilfe zu verstehen und soll den Blickwinkel des Mathematiklehrers auf seinen Unterricht widerspiegeln. Weitere praxisorientierte Übersichten über die mögliche Vielfalt von Methoden findet der Leser beispielsweise bei MEYER (1987), GREVING/PARADIES (1996) oder GRELL/GRELL (1993). Im Folgenden werden wesentliche Aspekte der wichtigsten methodischen Kategorien exemplarisch an konkreten Unterrichtsmethoden belegt:

Diskursive Methoden:	1. Das Streitgespräch (S. 156)
Instruktionstechniken:	2. Der Lehrervortrag (S. 160)
	3. Der Schülervortrag (S. 163)
Handlungsorientierung:	4. Spielen im Mathematikunterricht (S. 167)
Kreativitätstechniken:	5. Brainstorming, Mind Mapping & Co. (S. 175)
Kooperative Lernformen:	6. Das Gruppenpuzzle (S. 179)
Offener Unterricht:	7. Lernen an Stationen (S. 187)
	8. Der Projektunterricht (S. 189)

1. Diskursive Methoden – das Streitgespräch

Das Streitgespräch steht exemplarisch für Unterrichtsmethoden, die den Diskurs, d.h. den regelgeleiteten Austausch von Argumenten in den Vordergrund stellen. Eine genauere Differenzierung zwischen unterschiedlichen Ausprägungen (z. B. Streitgespräch vs. Debatte) bezieht sich vor allem auf die Regelvereinbarungen und den Grad der Inszenierung – dies soll hier bewusst dem „Anwender" überlassen werden. Wichtiger ist es, die Frage zu klären, inwieweit solche Unterrichtsformen im Mathematikunterricht überhaupt eine Rolle spielen können. Die Mathematik scheint zunächst weit weniger für eine diskursive Auseinandersetzung geeignet zu sein als (fast) jedes andere Schulfach. Auf den ersten Blick lassen sich keine Themen ausmachen, die kontrovers diskutiert werden könnten, schließlich zeichnen sich mathematische Sachverhalte ja dadurch aus, dass sie unabhängig vom Betrachter einen objektiven Wahrheitswert haben – so lautet jedenfalls die landläufige Meinung. Dass dem nicht so ist, möchte ich an einigen Beispielen belegen.

Einsatzmöglichkeiten

Es gibt durchaus auch in der Mathematik **diskursiv zu erörternde Themen**, bei denen die persönliche Meinung und eine individuelle Einschätzung gefragt sind. Dabei kann dann natürlich keine neue, „anstrengende" Mathematik erarbeitet werden. Im Vordergrund steht die Beschäftigung der Schülerinnen und Schüler mit ihrer **Haltung zur Mathematik**. Damit bei einem solchen Gespräch eine ziel- und sachorientierte Argumentation und keine wilde Spekulation entsteht, muss allerdings immer gewährleistet sein, dass die Argumentationsbasis der Schüler hinreichend breit ist. Wie im Anschluss noch an praktischen Beispielen erläutert wird, kann man dies durch angemessene Materialien und eine gute Vorbereitungsphase erreichen. Eine spontane Pro-und-Kontra-Diskussion über eine in die Runde geworfene Fragestellung ist hier genauso wenig produktiv wie beispielsweise im Deutschunterricht („Darf man Kampfhunde einschläfern?", „Sollte man Mathematikarbeiten abschaffen?").

Mögliche Themen für ein Streitgespräch lassen sich etwa den folgenden Bereichen zuordnen:

1. Innermathematische Probleme: Dies ist aufgrund der Anforderungen an die Schüler wohl die schwierigste Kategorie. Zu ihr gehören *Grundsatzfragen*, wie z. B. *„Gibt es unendlich kleine oder große Zahlen?"* oder die folgende:

Unterrichtsidee *„Wird Mathematik entdeckt oder erfunden?"*

Vorbereitung in drei Phasen:
- *Phase 1*: Alle Schüler bekommen eine Reihe von Textpassagen angeboten, die sich kurz mit verschiedenen Aspekten des Themas auseinander setzen. Sie sichten das Material zunächst allein oder mit einem Partner.
- *Phase 2*: Die Schüler prüfen ihre Position und ordnen sich einer Gruppe zu.
- *Phase 3*: Aufbereitung der Argumente in den Gruppen. Wahl eines oder mehrerer Sprecher.

- Kolumbus entdeckt Amerika
- Edison erfindet die Glühbirne
- Der Satz des Pythagoras – „Wie kann man darauf kommen?"
- Woher kann man wissen, dass es $\sqrt{2}$ überhaupt gibt?
- Alternative Rechenoperationen Ist $2+2=4$, weil es so sein muss oder weil es jemand so festgelegt hat?

Zu diesem anspruchsvollen Thema gibt es tatsächlich lesenswerte, in Abschnitten auch für Schüler geeignete Darstellungen, z. B. NEUNZERT/ROSENBERGER (1997) oder BARROW (1992).

2. Anwendungssituationen von Mathematik: Die kontroversen Aspekte eines mathematischen Themas stecken hier oft in der Frage der adäquaten *Modellbildung* oder *Darstellung:* Wie überträgt man eine mathematische Erkenntnis auf die Wirklichkeit? Die **statistische Aufbereitung** einer Umfrage könnte hier z. B. im Mittelpunkt des Interesses stehen: Es wurden Daten zum Zigarettenkonsum erhoben und ausgewertet. Nun steht zur Debatte: *„Sollen wir die Ergebnisse vollständig/teilweise/gar nicht in der Pausenhalle veröffentlichen?"* oder *„(Wie) können wir einer Fehlauslegung vorbeugen?"*

Unterrichtsidee Die **Spieltheorie** konfrontiert den Mathematik treibenden Menschen mit der Fragestellung: „Welche Bedeutung haben mathematische/logische Analysen in Entscheidungssituationen?", beispielsweise in Form des *Gefangenendilemmas*[1]:

---

[1] „Das Gefangenendilemma ist der ‚Beißknochen' der Spieltheorie, man kann endlos auf ihm herumkauen, [...] und trotzdem ist es immer noch so geheimnisvoll und verblüffend wie 1950. „MÉRÖ (2000, S. 47) erläutert in seinem anregenden Buch die Mathematik und Psychologie spieltheoretischer Handlungssituationen.

Zwei Gefangene werden gleichzeitig befragt, ob sie ihren Mithäftling a) decken, indem sie schweigen, oder b) denunzieren möchten. Falls beide schweigen, bleiben sie beide 5 Jahre in Haft, denunziert einer, der andere aber schweigt, so erhält der Denunziant die Freiheit, der andere aber 20 Jahre. Im Fall, dass beide denunzieren, sitzen beide 10 Jahre ein. „Wie würde man sich nun entscheiden, wenn man sich nicht mit dem Mithäftling verständigen kann, weil jede Kommunikation unterbunden wird?"

Ein Streitgespräch hierüber kann in drei Phasen vorbereitet werden:
Phase I: Erläutern und Durchspielen in verschiedenen Paarungen
Phase II: Entscheiden für eine Strategie (Schweigen/Denunzieren)
Phase III: Aufbereiten der Argumente in den Gruppen.

Unterrichtsidee Auch die **Wahrscheinlichkeitsrechnung** hält so manche paradoxe Situationen bereit, zu denen vor einer mathematischen Analyse erst einmal im Diskurs geklärt werden muss, welche unterschiedlichen Positionen es gibt. Nur so können die Schüler eine Frage als wirklich widersprüchlich erfahren. Wohl eines der frappierendsten Beispiele ist das so genannte **Ziegenproblem** (s. S. 131 „Kognitiver Konflikt"): *„Sollte ich als Quizkandidat die einmal gewählte Tür beibehalten oder wechseln?"* Weitere Anregungen für allgemein verständliche Probleme findet man z. B. bei KRÄMER (1996).

3. Gesellschaftliche Implikationen von Mathematik: *„Haben Mathematiker auch eine Verantwortung für ihre Forschungsergebnisse?"*, ist ein denkbares Thema z. B. nachdem im Deutschunterricht DÜRRENMATTs Physiker behandelt wurden. Als Vorbereitung benötigt man hier Material über die Bedeutung von mathematischen Forschungsergebnissen für Gesellschaft und Naturwissenschaft (z. B. NEUNZERT/ROSENBERGER 1997, STEWART 1990)

4. Thema „Mathematikunterricht": Während bei den obigen Punkten immer erwogen werden muss, ob die Erfahrungsbasis der Schüler für eine adäquate diskursive Auseinandersetzung ausreicht, gilt hier: Die Schülerinnen und Schüler sind ausgesprochene Fachleute mit jahrelanger Erfahrung und (meist) klaren Vorstellungen. Wichtigste Voraussetzung für die Diskussion solcher Themen ist ihre Authentizität: Wird das Thema von allen Betei-

Methoden für den Mathematikunterricht 159

ligten und werden die Schüler vom Lehrer auch ernst genommen? Wird das Diskussionsergebnis auch tatsächlich relevant für den Unterricht? Wenn die Klassenatmosphäre eine offene Diskussion problematisch erscheinen lässt, ist eine anonyme Befragung vielleicht aussichtsreicher. Sicherlich eignet sich auch nicht jede der folgenden Fragen gleichermaßen: *Ist der Leistungsdruck in Mathematikarbeiten zu groß? Wie angemessen sind die Hausaufgaben? Hören wir unseren Mitschülern ausreichend zu? Kann Mathematik Spaß machen?*

Unter der Bedingung einer offenen Auseinandersetzung, bei der die Schüler ehrlich ihre Meinung vertreten können, kann ein Streitgespräch somit zu einem sinnvollen **Evaluationsinstrument** werden. Hat man erst einmal Erfahrungen mit der diskursiven Auseinandersetzung gemacht, so springen einem immer mehr Themen und Aspekte ins Auge, die sich potenziell ebenfalls in dieser Unterrichtsform behandeln lassen.

Bedingungen für die Wirksamkeit
- ein klar formuliertes, für den Diskurs geeignetes **Thema**
- ausreichende Vorinformation der Schüler, z. B. in einer **Vorbereitungsphase** mit passendem Material
- klare Definition der **Rollen und Gesprächsregeln**: Aufgaben der Gruppensprecher (evtl. mehrere), Modi der Einbeziehung des Publikums, Funktion des Moderators (evtl. Lehrer), Vereinbarung von Redezeit
- Ist eine Klasse mit einer Argumentationskultur nicht vertraut, so ist der Mathematikunterricht nicht unbedingt das günstigste Podium hierfür.
- Übersteigt die **Diskussionszeit** ein vernünftiges Maß (in Mathematik sind das je nach Thema etwa 10 bis 30 Minuten) droht sinnloser Leerlauf.
- Schüler können nicht dazu gedrängt werden, eine Position zu beziehen, die nicht ihre eigene ist. „Zieht" die Fragestellung nicht und macht sich nicht wenigstens ein Teil der Schüler die Frage zu einem Anliegen, so sollte man eher spontan zu einer anderen Arbeitsform umschwenken oder die Behandlung abkürzen. Eine reine „Inszenierung" ist für alle Beteiligten unerfreulich.
- Die Unterrichtsform ist bezüglich Sachkompetenz und Kommunikationskompetenz eher für **ältere Schüler** geeignet.
- Schüler und Schülerinnen beziehen ihre Erfahrungen bezüglich solcher Kommunikationsformen heutzutage nicht selten aus dem Fernsehen und zwar inzwischen wohl weniger aus Pro-und-Contra-Diskussionen als aus Talkshows, deren oberstes Ziel nicht der Diskurs, sondern das unterhalt-

same Chaos ist. Das Streitgespräch in der Schule kann so schnell Gefahr laufen, von Schülerinnen und Schülern mit einem inszenierten Schlagabtausch verwechselt zu werden. Man sollte allerdings zu Beginn der Sekundarstufe auch nicht übersehen, dass in der Grundschule oft Kommunikationskompetenzen gefördert wurden, auf denen man aufbauen kann, und die man nicht während der ersten Jahre des Mathematikunterrichts in der Unterstufe verkümmern lassen sollte. Anregungen aus dem Grundschulbereich findet man beispielsweise bei POTTHOFF (2000).

Mögliche Lernziele
- **Kommunikative Kompetenzen:** zuhören, auf Argumente des Gegenübers eingehen, präzise und verständlich formulieren, für eine Gruppe sprechen, einen Konsens finden oder Dissens aushalten
- **Vermittlung eines angemessenen Mathematikbildes:** Auch die Mathematik ist keine Wissenschaft der letzten Wahrheiten. Es gibt offene Probleme, deren Lösung von Meinung, Gewichtung und Wertung abhängen.
- **Verantwortung für den eigenen Lernprozess:** Im Konsens aller Beteiligten ist eine Mitgestaltung von Unterricht möglich und fruchtbar.

2. Instruktiontechniken – der Lehrervortrag

Eine Apologie des gut gemachten Lehrervortrags ist heutzutage nicht mehr vonnöten. Hier gibt es eine große Zahl von Darstellungen von der lerntheoretischen Grundlegung bis hin zu praxisorientierten Anleitungen, zu Strukturierung und Vortragsstil, Rhetorik usw. (z. B. GAGE/BERLINER 1986, S. 459–493, MEYER 1987, S. 296–299, LANGHAMMER 1998). Diese können und sollen an dieser Stelle nicht zusammengefasst werden. Vielmehr gilt es, hier die Frage anzugehen, was der Lehrervortrag im *Mathematik*unterricht leisten kann. Tatsächlich wird der Lehrervortrag in keiner der mir bekannten neueren Mathematikdidaktiken näher behandelt, allenfalls als negatives Beispiel für expositorischen Unterricht gestreift. Liegt diese Zurückhaltung im Charakter mathematischer Inhalte begründet, die alle „irgendwie" eher das sokratische Unterrichtsgespräch evozieren? Dass es auch jenseits mathematischer Begriffe und Gegenstände viele Gelegenheiten für Lehrervorträge gibt, sollen die folgenden Beispiele demonstrieren.

Einsatzmöglichkeiten
- Die Schülerinnen und Schüler benötigen zu Beginn einer Unterrichtsreihe **Orientierungswissen:**

Die Vorgehensweise zur Lösungen linearer Gleichungen in zwei Variablen ist in der Oberstufe zu Beginn der linearen Algebra den meisten Schülern nur noch vage bekannt, andere erinnern sich deutlicher, wieder andere beherrschen die verschiedenen Techniken sicher und kennen sogar noch ihre Bezeichnungen. Viel effektiver und befriedigender, als die Details aus möglichst vielen Schülern herauszukitzeln („Sag einfach, was du noch weißt!"), ist hier ein gut strukturierter kurzer Vortrag (gegebenenfalls auch durch einen im Voraus dafür bestimmten Schüler).
- Ein mathematisches Thema kann durch **historische oder anekdotische Erzählungen** bereichert werden. Es gibt viele gute Anregungen aus der neueren Literatur. Auch ein spannendes Vorlesen ist ein Lehrervortrag!

Unterrichtsidee
- **Entdeckungsgeschichten:** die Geschichte von FERMATS Vermutung (bei der Behandlung pythagoreischer Zahlen in der Mittelstufe, siehe z. B. SINGH 1998)
- **Einblicke in die Nutzung von Mathematik** (FÜHRER, 1986) – Grundlagenforschung und Anwendung: Navigation, Vermessung usw. (z. B. SOBEL 1996)
- **Einblicke in die Arbeitsweise von Mathematikern:** Die Geschichte des Vierfarbensatzes (in der Oberstufe: Beweisen, mathematische Wahrheit, Computerbeweise, siehe z. B. bei STEWART 1990)
- **Entstehungsgeschichten:** Die (fiktive) Entstehung des Zahlensystems: Schafe zählen mit Steinen, Fingern und Füßen (Zahlensysteme in der Unterstufe: „Wie zählen außerirdische Schäfer mit 2 Fingern?". Siehe auch KAPLAN 1999 oder IFRAH 1989)
- **Erzählungen:** Mathematikgeschichten wie z. B. ENZENSBERGERS (1997) „Zahlenteufel" (Unterstufe) oder à la IAN STEWART (1995), der auf unnachahmliche Art dem Laien mathematische Ideen und Rätsel nahe bringt, indem er sie in Geschichten verpackt.

Weitere Anregungen zu diesem Thema gibt das Heft MATHEMATIK LEHREN (9/86) mit dem Titel „Geschichte-Geschichten". Darin findet sich auch der folgende, durchaus ernst zu nehmende Einwand gegen die Behandlung von Mathematikgeschichte im Unterricht:

"Historisches in Mathe? Um es gleich vorweg zu sagen: Ich brauche für den Pflichtstoff in meinem Unterricht so unheimlich viel Zeit, dass ich für ausgedehntere historische Exkurse noch nie eine Gelegenheit gefunden habe. Doch früher, vor 20, 25 Jahren ..." ANDELFINGER (1986)
Dies spricht wohl dafür, einmal zu überdenken, inwiefern das aktuelle Curriculum dem Ziel der Vermittlung eines angemessenen Bildes von Mathematik Rechnung tragen kann.
- Die Schüler benötigen **Wissen aus anderen Bereichen**. Die Vorkenntnisse der Schüler können hier sehr inhomogen sein, evtl. für den Nichtfachlehrer schwer abzuschätzen. Auch Kollegenauskünfte können hier problematisch sein („Das müssten sie eigentlich können."). Ein kurzer Lehrervortrag kann hier Klärung verschaffen, wie in den beiden folgenden Beispielen:

Unterrichtsideen
1. **Stöchiometrische Gleichungen** aus der Chemie bieten ein sehr reizvolles Anwendungsfeld für lineare Gleichungen (Interpretation der Struktur des Lösungsraums, Suche nach ganzzahligen Lösungen). Hier die Schüler spontan nach ihrem Vorwissen abzufragen, kann langwierig und mühevoll sein. Ein Kurzvortrag über die Bedeutung einiger zu untersuchender Gleichungen schafft Bezüge und demonstriert die Nützlichkeit der Mathematik (Berechnung tatsächlich benötigter Mengenverhältnisse, nicht nur Zahlenspiel); z. B. Verbrennen von Traubenzucker:
$x \cdot C_6H_{12}O_6 + y \cdot O_2 \rightarrow z \cdot CO_2 + w \cdot H_2O$
2. Ein attraktiver Einstieg in die analytische Geometrie geht über **Projektionen**, d.h. zweidimensionale Darstellung dreidimensionaler Gebilde. Ein Vortrag über die Perspektive in der Kunstgeschichte (Fluchtpunkte, andere Methoden der Tiefendarstellung, zeichnerische Konstruktionsverfahren, Wirkung auf die Zeitgenossen, Stilfragen) kann zu Beginn die beiden Fächer Kunst und Mathematik sehr anregend verzahnen.

Bedingungen für die Wirksamkeit
- Eine ganze Fülle von Aspekten wäre hier zu nennen: Transparenz (Signale setzen, Rückfragen/Mitschreiben klären), angemessenes Niveau bzgl. Einfachheit, Strukturiertheit, Prägnanz, Stilmittel: wörtliche Rede, Personifizierung, Humor, Bildlichkeit, rhetorische Wendungen, Körpersprache, Mimik ...

Methoden für den Mathematikunterricht 163

- Was für den Mathematikunterricht besonders gilt: keine Scheu vor fachlichen Unsauberkeiten oder Vereinfachungen! Was zählt, ist die Lebendigkeit der Sprache: *„... und dann kommt so eine Gerade mit Hundert Sachen daher gerast ..."*
- Im Übrigen sei hier auf die oben zitierte Literatur verwiesen, darunter besonders lesenswert GRELL/GRELL (1993).

Mögliche Lernziele
- Aufmerksames, konzentriertes Zuhören!? Sollen die Schüler dies lernen? Hoffen wir, dass sie das schon können? Oder liegt es in der Hand des Vortragenden (*„Allein der Vortrag macht des Redners Glück"*)? Sicher ist jedenfalls, dass das Zuhören bei gleichzeitigem Verstehen den Schülerinnen und Schülern, die einmal zur Universität gehen, dereinst nicht leicht gemacht werden wird.
- Der Lehrervortrag dient nicht allein der Ökonomie und (im günstigen Falle) der Motivation. Ein guter Vortrag dient auch als **Modell für Schülervorträge**. Am wirkungsvollsten ist dies, wenn man Schülern, die einen Vortrag halten sollen, einige Stunden zuvor nicht nur verbal erläutert, sondern praktisch demonstriert, welche Anforderungen man an einen angemessen Vortrag stellt. Dass ein solcher *Demonstrationsvortrag* mit Blick auf die erwarteten Schülerleistungen bescheiden gestaltet sein sollte, versteht sich von selbst. Auf den Schülervortrag geht der nächste Abschnitt ausführlicher ein.

3. Instruktiontechniken – der Schülervortrag

a) Das Referat: Unter Schülervortrag versteht man gemeinhin das altbekannte Referat, dessen problematische Aspekte allerdings im Mathematikunterricht besonders stark hervortreten. Für ein Referat muss ein Schüler oder eine Schülerin einen Gegenstand, den er oder sie sich erst neu erarbeiten muss, so darstellen, dass auch die Mitschüler davon profitieren. (Ein Vortrag allein für den Lehrer, die Zensur oder zur Redeschulung des Vortragenden ist unerfreulich und uneffektiv.) Hier kommen gleich mehrere Anforderungen zusammen: fachliche Kompetenz, Grundfertigkeiten des Vortrags und auch eine gewisse didaktische Aufbereitung der Darstellung. Bei der Themenwahl gilt es also, situationsspezifisch zwischen den beiden folgenden gegenläufigen Bedingungen abzuwägen:

Es muss gewährleistet sein, dass das Thema bezüglich Umfang und Komplexität die Schüler nicht überfordert. Zudem benötigen sie anfänglich erhebliche Hilfen bei der Vorbereitung des Themas und bei der Gestaltung des Vortrags.

Schüler sollen zunehmend die Verantwortung für ihren Lernprozess übernehmen. Bei allen Themen, die für einen Lehrervortrag geeignet sind, kann man daher erwägen, die Aufgabe Schülern zu übertragen. Diese übernehmen dann auf Zeit die Rolle eines Experten oder einer Expertin.

Zwischen diesen beiden Polen muss in Abhängigkeit vom Alter der Schüler und der Komplexität des Themas ein angemessener Ausgleich gefunden werden. Hier gilt es, über lange Zeiträume eine Vortragskultur aufzubauen und die Ansprüche zu steigern, nach dem Motto: „Zutrauen und Fördern". Dieses Prinzip der *progressiven Selbstständigkeit* wird durch den hinterlegten Pfeil symbolisiert. Einige Beispiele für mögliche Themen seien im Folgenden angedeutet:

Einsatzmöglichkeiten

Unterrichtsidee
Den Umgang mit **stöchiometrischen Formeln** (S. 162) kann man von einem Schüler aus einem Leistungs- oder auch Grundkurs Chemie erklären lassen. Die Grundlagen (chemische Symbole, Moleküle) kennen alle Schüler noch aus der Unterstufe.

Zum Thema **Bevölkerungsentwicklung** gibt es umfangreiches Material. Ergänzend zu der Anwendung von Exponentialfunktionen bedarf es durchaus einer Relativierung des Modells „exponentielles Wachstum": begrenztes Wachstum, veränderliche Wachstumsrate, Vergleich der Länder der Dritten Welt mit Industrieländern, etc.

Bedingungen für die Wirksamkeit
- **Themenwahl:** Schülerinnen und Schüler sollten nach Möglichkeit Einfluss auf die Auswahl und Gestaltung haben, im Idealfall kommt der Themenvorschlag aus Eigeninitiative zustande.
- **Vorbereitung:** Geeignete Materialien müssen zur Verfügung gestellt werden, mehrere Vorbesprechungen helfen Schülern bei Themen- und Medienwahl, eventuell kann man im Voraus gemeinsam ein Vortragsmanuskript lesen und besprechen.

Methoden für den Mathematikunterricht

Mögliche Lernziele
- Selbstständiges Erarbeiten eines Sachgebietes
- Erfahren der eigenen Kompetenz
- Umgang mit Quellen: suchen, exzerpieren, zusammenfassen, darstellen, strukturieren, aufbereiten etc.
- Fertigkeiten für den Vortrag vor einer Gruppe

b) Das Protokoll als Kurzvortrag: Eine weitere Form des Schülervortrags, die man vergleichsweise selten antrifft, soll hier vorgestellt werden: Ein Schüler oder eine Schülerin fasst die Ergebnisse der vorangegangenen Stunde in Form eines Kurzvortrags von etwa fünf Minuten zusammen, und zwar nicht durch Verlesen eines Protokolls, sondern in freiem Vortrag, gestützt durch eine auf die Wand projizierte Übersichtsfolie. Die Vorzüge einer solchen Vorgehensweise sind vielfältig:

- Die Methode des foliengestützten Kurzvortrags ist in den Naturwissenschaften – und immer mehr auch in der Mathematik – die beherrschende Form des effektiven Gedankenaustauschs (vgl. die unterschiedlichen Formen des Gedankenaustauschs in den verschiedenen Wissenschaften bei GOULD 1996).
- Die Orientierung an einer Folie hat gleich mehrere Vorteile: Die Zuhörer erhalten eine bessere Übersicht, der Vortragende wird zum klaren Strukturieren und Vereinfachen gezwungen und nicht zuletzt wird freies Reden gefordert (keinen Text auswendig lernen!) und gefördert (Stichpunkte als Gedankenstütze).
- Für die Wiederholungsphase zu Beginn der Stunde steht mit dieser Präsentationsform eine effiziente Alternative zum oft geübten Frage- und Antwortspiel zur Verfügung.
- Eine Sammlung von Kopien der Folien kann den Schülern ausgehändigt werden. Dadurch entsteht eine systematische, allen gleichermaßen verfügbare und von allen getragene Dokumentation des Lernfortschrittes, die für spontane oder regelmäßige Rückblicke während der Stunde oder auch zur Klausurvorbereitung genutzt werden kann. Die Zuhörenden (und nur im Ausnahmefall der Lehrer) müssen am Schluss des Vortrags entscheiden, ob das ihnen präsentierte Material in Fachlichkeit und äußerer Form den Anforderungen genügt. Auf diese Weise reflektieren sie noch einmal aktiv die Unterrichtsergebnisse. Schließlich verspüren die Schüler während des Kurzvortrags nicht das Bedürfnis mitzuschreiben und können sich ganz auf das Verständnis konzentrieren.

Bedingungen für die Wirksamkeit/mögliche Lernziele
- Der protokollierende Schüler muss zu Beginn der Stunde feststehen. Gegen Ende der Stunde können mit ihm inhaltliche Details abgesprochen werden und ihm gegebenenfalls Materialien, die ihn bei der Anfertigung unterstützen, ausgehändigt werden.
- Die Reihenfolge der Schüler kann vorher festgelegt werden oder in Abhängigkeit von der Schwierigkeit der Gegenstände vom Lehrer leistungsdifferenzierend verteilt werden.
- Die Anforderungen an die äußere Form des Vortrags müssen transparent sein. Am besten führt der Lehrer zu Beginn in Form eines *Demonstrationsvortrages* vor, wie er sich einen Kurzvortrag vorstellt.
- Auch die Ziele, die mit dieser Form des Protokolls verfolgt werden, sollten offen gelegt werden. Mehr noch als die Notwendigkeit, den freien Vortrag zu üben, überzeugen die Schülerinnen und Schüler die zu erwartenden Vorteile für den Lernprozess.

> **Demonstrationsfolie**
>
> Kurzvortrag 14.5.2001
> *Ziele:*
> - *Übersicht für alle (→ Klausur!)*
> - *Zuhörer können denken statt blättern*
> - *Üben des freien Vortags*
>
> *Beachte:*
> - *Nicht mehr als eine Folie*
> - *Nicht mehr als fünf Minuten*
> - *Alle Mitschüler sollen den Vortrag verstehen können*
> - *...*

- Eine Liste mit Qualitätsmerkmalen eines Kurzvortrags kann mit den Schülern erstellt, schriftlich zusammengefasst und ausgehändigt werden.
- Eine kurze Diskussion der Gruppe über Vorzüge und Verbesserungsvorschläge befördert die Entwicklung einer Vortragskultur.
- Ein Risiko eines solchen kontinuierlichen Protokolls besteht sicher darin, dass einige Schüler diese Arbeitsmethode als Möglichkeit, ihren eigenen Lernprozess aufzuschieben, auffassen – die Zusammenfassung liegt ihnen ja schriftlich vor und „irgendwann" können sie mal hineinschauen. Hier kann die Aufforderung zu sofortigen Rückfragen abhelfen. Für Schüler, die Verständnisprobleme haben, ist es sicherlich einfacher, auf der Folie gewissermaßen den Finger auf die problematische Stellen zu legen, als abstrakt seine Probleme zu beschreiben.
- Jüngeren Schülerinnen und Schülern sollten zu komplexe Themen nicht zugemutet werden. Hier gilt wieder das Prinzip der *progressiven Selbstständigkeit*.

■ Betrachtet man diese letzte Mahnung einmal aus einer anderen Warte, so ließe sich auch die folgende These vertreten: Gegenstände, die zu komplex sind, um von Schülern nach einer heimischen Reflexion zusammengefasst und dargestellt zu werden, hätten im Unterricht vielleicht anders behandelt werden sollen.

4. Spielen im Mathematikunterricht

An praxisrelevantem Material und kreativen Ideen zum Thema Spiele im Mathematikunterricht mangelt es wahrlich nicht (s. vor allem MATHEMATIK LEHREN 12/90, 10/94 und 1996). Da gibt es didaktisch reizvolle Kartenspiele, Brettspiele, Körperspiele, Schreibspiele, Bauspiele, Legespiele, Denkspiele, Gedächtnisspiele – die Liste ließe sich fast beliebig fortsetzen. Unbestritten ist auch, dass viele Mathematiktreibende (Mathematiker wie Lehrer) die Mathematik als ein großes, komplexes Spiel mit klaren Regeln (Axiom, Logik) betrachten. Manche gehen sogar noch weiter: „Das Spiel ist ein Naturphänomen, das von Anbeginn den Lauf der Welt gelenkt hat: die Gestaltung der Materie, ihre Organisation zu lebenden Strukturen wie auch das soziale Verhalten der Menschen" (EIGEN/WINKLER 1985, S. 17). Wieso führt das Spiel im Mathematikunterricht der Sekundarstufen dennoch eine eher randständige Existenz? Hat der starke (ob reale oder eingebildete) Curriculumdruck es als eine vermeintlich unproduktive, zeitintensive Tätigkeit verdrängt?

Das Thema Spiel ist jedenfalls zu vielgestaltig, um hier auch nur annähernd abgedeckt zu werden. Daher sollen die folgenden Seiten vor allem an konkreten Beispielen aufzeigen, wie weit gefächert die Einsatzmöglichkeiten von Spielen im Mathematikunterricht sein können, und Anregungen dazu geben, mit dem Spiel als Unterrichtsmethode einmal spielerisch zu experimentieren. Nicht unerwähnt sollen jedoch auch einige kritische Gedanken zum Spiel im Unterricht bleiben: GEISSLER (1998) mahnt vor allem an, dass einige wichtige Elemente des Spiels („Spiel ist freiwillig, unproduktiv, Selbstzweck, abgetrennt vom gewöhnlichen Leben") im Widerspruch zur Zweckgerichtetheit des Spieles im Unterricht stehen. Hierbei unterschlägt er allerdings einen weiteren zentralen Aspekt des Spielens, nämlich seine Funktion im Rahmen der menschlichen Evolution – ein Zweck, der besonders im Spiel von jungen Tieren augenfällig wird: **Spielen ist lustbetontes, freudvolles Lernen im Schonraum Kindheit.**

Aus der Perspektive des Mathematikunterrichts kann man anhand einiger Kriterien etwas Struktur in den Dschungel des Angebots bringen, wie die folgende Übersicht zeigt.

Spiele – ein Fall für den Mathematikunterricht !?

mathematikhaltige Spiele			unmathematische Spiele
Mathematik als Thema	originäre oder konstruierte Spiele, in deren Aufbau Mathematik „verborgen" ist		
	Aufbau des Spiels mit Mitteln des Mathematikunterrichts		
	behandelbar	nicht behandelbar	
Übespiele	einfache Strategie- und Glückspiele: z. B. Tic-Tac-Toe, Würfeln	komplexe Strategien: z. B. Schach	Bewegungsspiele, Wettkampfspiele, Interaktionsspiele, usw....
Typ I	Typ II	Typ III	Typ IV
→ Spielanlässe für den Mathematikunterricht			

In dieser Übersicht geht es nicht um die Frage, ob gewisse Aspekte eines Spiels (z. B. von Fußball oder Schach) im Mathematikunterricht thematisiert werden können, sondern um Anlässe und Gelegenheiten zum **tatsächlichen Spielen**.

Einsatzmöglichkeiten
- **Spiele zum Üben, Wiederholen** (Typ I):
  (Bei-„Spiel" „Negative Zahlen" siehe weiter unten)
  Viele dieser Spiele sind herkömmliche Spielformen (z. B. Brettspiele mit Würfel, Ereigniskarten etc.), die mit mathematischen Themen gefüllt sind. Die Beschäftigung mit mathematischen Problemen/Aufgaben wird durch den Wunsch zu gewinnen oder auch nur den Spaß am Mitmachen extrinsisch motiviert. Hieran ist nichts Schlechtes zu finden, allenfalls sollte man beachten, dass schwächere Schüler in Konkurrenz mit anderen vielleicht nur eine geminderte Spielfreude empfinden. Bei Einzelspielen können die im Spiel vorgesehenen „positiven Verstärker" (Gewinn als Belohnung) jedoch ungehindert wirken. Der „Verspielung" von Mathematik sind fast keine Grenzen gesetzt: Bruchrechnung, Parabeln, rationale Zahlen (s. S. 162), usw. Unzählige Beispiele finden sich in eigens darauf spezialisierten Veröf-

fentlichungen (s. o.). Bei SCHMIDT (1990) und der dort zitierten Literatur findet man umfangreiche kommentierte Listen mit kommerziellen Angeboten. Die renommierten Schulbuchverlage bieten ebenfalls reichhaltiges Material an.

- **Spiele als Veranschaulichung oder Lernanlass** (meist Typ II)
  (siehe auch weiter unten das Beispiel „Die Armmaschine")

Spielen bedeutet auch immer handeln und mit allen Sinnen wahrnehmen. Das Spiel eignet sich also für einen handlungsorientierten, entdeckenden Zugang zu einem neuen Thema. Fast standardmäßig gehören hierzu die diversen Würfel- und Münzwurfspiele für eine Erstbegegnung mit dem Wahrscheinlichkeitsbegriff. Man sollte jedoch unterscheiden zwischen stochastischen **Experimenten** und stochastischen **Spielen**. Erstere setzen ja eine konkrete Fragestellung an die Natur des Zufalls voraus, letztere haben zunächst einmal nur einen Eigenwert, die mathematische Fragestellung erwächst erst nach und nach aus dem Spiel.

Unterrichtsidee
Spiel: Pferderennen (für 4 Spieler)
1. Schritt: Jedes Pferd erhält eine Startnummer. Zur Verfügung stehen 2, 3, 4, 5 ... 12, aber jeweils nur einmal. Die Reihenfolge, in der man die Startnummern wählen darf, wird erwürfelt oder erknobelt.
2. Schritt: Jedes Pferd erhält eine Bahn. Der Spieler, der zuletzt wählen durfte, ist nun als Erstes dran, der zweitletzte als Zweites usw.
3. Schritt: Los geht's. Es wird reihum mit 2 Würfeln gewürfelt. Das Pferd mit der gewürfelten Augensumme als Startnummer darf ein Feld vorrücken.

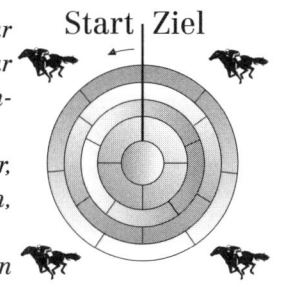

Das Spiel ist einerseits offen genug, um Platz für Strategien und Wettbewerbseifer zu lassen, andererseits führt es die Schüler nach einer gewissen Zeit direkt zur Frage nach der Häufigkeit der Augensummen. Eine unterrichtliche Umsetzung eines ganz ähnlichen Spiels beschreibt WOLNY (1990). Den Spielcharakter, der das Pferderennen ausmacht, trägt das folgende Experiment nicht, obwohl es direkt auf den Erfahrungen des Spiels aufbaut.

Experiment: *Würfle mit 2 Würfeln. Kommen alle Augensummen gleich oft vor? Welche Augensumme kommt wie oft vor? Wie sieht ein gerechtes Rennen aus?*

- **Spiele untersuchen** (Typ II):

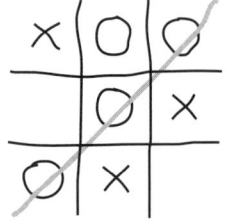

Wer spielt, möchte gewinnen. Er oder sie sucht Strategien, formuliert für sich Hypothesen und prüft diese, modelliert das Zufallselement mehr oder weniger erfolgreich – und ist damit mitten in dem, was man als „Mathematik betreiben" bezeichnet. Spielen kann somit auch eine starke intrinsische Motivation für das Problemlösen sein. Einfachstes Beispiel ist die Faszination, die Kinder überfällt, wenn sie entdecken (oder vorgeführt bekommen), dass beim Tic-Tac-Toe der erste Spieler immer gewinnen kann.

Ein einfaches Alltagsspiel ist mancherorts unter der Bezeichnung „Schnick-Schnack-Schnuck" oder auch als „Stein-Schere-Papier" bekannt. Die beiden Kontrahenten zeigen auf Kommando gleichzeitig mit der Hand eine von drei (in manchen Varianten vier) Figuren. Welche Figur gegen welche siegt, entscheiden feste Regeln. Das Spiel bietet reichlich Anlass zu kombinatorischen und stochastischen Fragestellungen.

Unterrichtsidee *Stein – Schere – Papier – und was noch?* (für 2 Spieler)

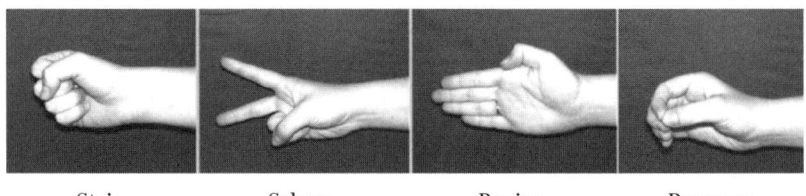

| Stein | Schere | Papier | Brunnen |

Die Regeln: *Stein schleift Schere – Schere schneidet Papier – Papier bedeckt Brunnen – Stein fällt in den Brunnen – Papier umhüllt Stein – Schere fällt in den Brunnen.*

Gibt es eine Gewinnstrategie? Ist das Spiel gerecht? Wenn nicht, wie kann man es gerechter machen? Denkt euch eigene Spiele aus (vielleicht mit Tieren?) Was passiert, wenn man dreimal spielen muss, um zu gewinnen? ...

- **Spiele erfinden/Spiele variieren** (Typ I-II):
Viele Kinderspiele zeichnen sich dadurch aus, dass sich ihre Regeln mit den Bedürfnissen der Spielenden ständig verändern können. Auch bei Spielen, die man im Unterricht einsetzt, sollte man sich überlegen, wer die Regeln aufstellt. Die Formulierung von Regeln innerhalb bestimmter Grenzen an Schüler zu delegieren, unterstützt nicht nur die Identifikation der Schüler mit der Spielidee, sondern kann auch mathematisch fruchtbar gemacht werden, wie das folgende Beispiel zeigt:

Unterrichtsidee *Das Vorzeichen-Würfelspiel*

Die Grundidee besteht darin, sinnvolle Regeln für das Rechnen mit negativen Zahlen zu finden. Nahe liegend ist sicherlich die Vereinbarung: „+" heißt vorwärts, „–" heißt rückwärts. Nun kann man Ereigniskarten (für die grauen Felder) hinzufügen, der Spielverlauf wird spannender, der Umgang mit weiteren Fragestellungen (hier z. B. Addition, Beträge) geübt. Schließlich muss man sich einigen, wie man die Anweisung „rückwärts um – 3 bewegen" sinnvoll auslegen will.

Hinter dieser spielerischen Annäherung an die Multiplikation negativer Zahlen steckt natürlich die Logik der doppelten Verneinung: „Negativ Vorrücken = Zurückgehen" also (schon aus Gründen der Ausgewogenheit) „Negativ Zurückgehen = Vorwärtsgehen". Hier müssen die Schüler echt mathematisch argumentieren: Die Regeln sind Setzungen, die aber von einer inneren Logik nahe gelegt werden – völlig analog zur Vorgehensweise beim Heranziehen des Permanenzprinzips. Das Spiel bietet außerdem die Gelegenheit zu einer enaktiven Repräsentation der Regel „Minus mal Minus gleich Plus".

Bei einer Freigabe der Regeln sollte man allerdings immer auf die wildesten Ideen gefasst sein und nie damit rechnen, dass Schüler die scheinbar nahe liegenden, „vernünftigen" Abänderungen vorschlagen. Hier bricht mitunter so etwas wie eine subversive Kraft der Fantasie durch. Dieses Moment des Kontrollverlustes darf man aber nicht scheuen, wenn man der Kreativität die Türen öffnen möchte. Viel weiter als das hier mit dem Ziel der Illustration vorgestellte Beispiel geht ein Projekt von KÄMMERER (1990). Sie hat im Wahlpflichtkurs Mathematik der Klasse 10 ein Projekt durchgeführt, in dem Schüler mathematische Lern- und Übespiele für den Unterricht (auch in anderen Stufen und Klassen) erfunden und hergestellt haben.

- **Spiele mit dem ganzen Körper** (Typ I-II mit einem Einschlag von Typ IV): Die Körperlichkeit der Schüler kommt im Mathematikunterricht unbestritten zu kurz. Einige Anregungen, wie Schüler beispielsweise kombinatorische Fragestellungen „spielend" darstellen können, macht VERNAY (1996). Bei dieser Art von Spiel gilt allerdings mehr als sonst: Man muss ein Feingefühl dafür haben, was die Schülerinnen und Schüler (mehr oder weniger) freiwillig mitzumachen bereit sind und wo ihre Grenzen liegen.

Unterrichtsidee *Knotenspiel*
4 bis 6 Personen stellen sich eng zusammen und greifen möglichst durch die Menge hindurch mit jeder Hand die Hand eines anderen. Nun versuchen sie (oder ein Außenstehender) die Gruppe zu entknoten.
Kann man den Knoten immer lösen? Gibt es immer eine geschlossene Kette? Wie hängt das Ergebnis von der Personenzahl ab? Gibt es verschiedene Arten von Knoten? Kann man jeden Knoten in jeden anderen überführen?
Der nächste Schritt liegt auf der Hand. Jetzt braucht jeder eine Schnur und eine Schere und kann loslegen. Man mag es kaum glauben: Hier befindet man sich schon inmitten aktuellster Mathematik (LIVINGSTON 1995).

Methoden für den Mathematikunterricht

- **Spiele zur Konzentration** (Typ III):
Auch mathematikhaltige Spiele, deren Grundlagen im Rahmen des Mathematikunterrichts nur angerissen werden können, lassen sich erfolgreich einsetzen, z. B. in Vertretungsstunden. Ein solches Spiel, das bei Mathematikern genauso viel Faszination auslöst wie in Gruppen mit lernschwachen Schülern, ist das Kartenspiel SET!².

Unterrichtsidee *Im Spiel geht es darum, Sets aus je drei Karten zusammenzustellen, die bezüglich jeder Eigenschaft (Farbe, Form, Anzahl, Muster) entweder alle gleich oder alle verschieden sind. Die erste Zeile ist z. B. ein Set (Farbe gleich, Zahl und Muster und Form verschieden); die dritte Spalte ist kein Set (das leere Muster fehlt, das volle ist zwei Mal vorhanden)*³.

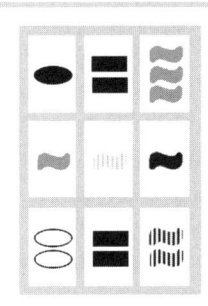

- **Spiele zum Auflockern** (Typ IV):
Hier geht es um Spiele *statt* Mathematik. Bewegungsbetonte Spiele können die Unterrichtsatmosphäre verbessern, die Anspannung nach einer vorangegangenen Klassenarbeit lösen, Gewohnheiten aufbrechen und vieles mehr.

Fazit: Lernziele $\subset$ Spielziele
Spiele können neben all den Aspekten, die sich auf das Mathematiklernen beziehen, eine Ventilfunktion für expressive Aktivitäten und Emotionen sein, die sonst im Mathematikunterricht zu kurz kommen: Gewinnen wollen, ehrgeizig sein, Spaß an der Bewegung haben, Spaß an der sozialen Interaktion usw. Einfach ausgedrückt, bringen Spiele Abwechslung in den Unterricht.

Abschließend sei hier ein Spiel vorgestellt, das *alle* vorgestellten „Spiel-Arten" miteinander verbindet.

---

[2] SET! ©1997, SCHMIDT SPIELE
[3] Wenn Sie die Erklärung zu knapp fanden, schauen Sie doch einmal unter einer der Internetadressen nach: wwwsetgame.com, www.mathekiste.de

Unterrichtsidee *Die „Armmaschine"*
Eine Gruppe von (zunächst vielleicht) 4 bis 6 Schülerinnen und Schülern stellen sich in eine Reihe. Sie dürfen ihren Arm nach festen Regeln heben oder senken.

Spiel 1: Wenn ein Schüler bzw. eine Schülerin den Arm hebt oder senkt, müssen die beiden Nachbarn (am Rand nur der eine Nachbar) ihre Armhaltung wechseln. Ziel ist es, schließlich alle Arme oben zu haben. Natürlich kann man dieses Spiel auch auf einem Blatt Papier oder am Computer durchführen, dann jedoch fehlt der Aspekt der Interaktion: Die Gruppe ist gemeinsam festen Regeln unterworfen und muss sich über ihre Aktionen einigen und dabei auch über ihre Strategie verständigen. Denkbar wäre z. b. auch ein Wettkampf zweier Gruppen, bei dem jede Gruppe einen Beobachter zur Kontrolle der anderen einsetzt. *Ist das Problem unabhängig von der Zahl der Mitspieler lösbar? Wie viele Schritte braucht man?*

Spiel 2: Die links stehende Person darf den Arm jederzeit heben oder senken. Alle anderen dürfen die Armposition nur verändern, wenn der unmittelbar linke Nachbar den Arm gesenkt und alle anderen links daneben ihren Arm gehoben haben. (VERNAY 1996)

Spiel 3: Welche Regeln muss man den Mitspielern geben, damit die Gruppe der Reihe nach die Binärzahlen durchläuft? Auch hier kann man einen Geschwindigkeitswettbewerb zwischen verschiedenen Gruppen inszenieren.

Spiel 4: Sucht weitere Regeln, die ein interessantes Spiel ergeben. Kann man das Spiel auch auf eine zweidimensionale „Matrix" ausdehnen? Was passiert, wenn man bei den Regeln keine Freiheit mehr lässt? Bei welchen Regeln und welcher Anfangsposition hat die Gruppe irgendwann alle Arme oben?
Das hört sich nicht von ungefähr schon wie ein ganzes Forschungsvorhaben an, steckt dahinter doch die faszinierende Welt der so genannten zellulären Automaten. (siehe z. B. EIGEN/WINKLER (1985)

5. Kreativitätstechniken – Brainstorming, Mind-Mapping & Co.

Kann man Kreativität lernen? Und wenn ja, wie fördert man Kreativität im Unterricht? Dies sind zwei zentrale Fragen, denen sich jedes Unterrichtsfach stellen muss. Kreativität ist sicherlich keine herausragende Begabung einzelner schöpferischer Menschen, sondern steht prinzipiell jedem Menschen zur Verfügung. Zwei Aspekte der Kreativität finden im Mathematikunterricht unterschiedlich stark Beachtung:

- **Kognitive Dimension von Kreativität:** Divergentes und produktives Denken, d.h. in Problemsituationen Einfälle in großer Zahl und Vielfalt hervorzubringen, sind zentrale Elemente mathematischen Problemlösens.
- **Emotionale Dimension von Kreativität:** Regressionsfähigkeit, Einfühlungsvermögen, freie Fantasie und ästhetisches Gefühl werden im Mathematikunterricht weit weniger gefördert.

Wie sehen aber kreativitätsfördernde Unterrichtsmethoden aus, besonders solche, die man mit einer Schulklasse als Gruppe verwenden kann? Hier sollen zwei methodische Anleihen aus der Berufswelt gemacht werden, bei Menschen, deren geschäftlicher Erfolg von ihrer Kreativität abhängt.

Brainstorming ist ein Begriff, den OSBORNE in den Dreißigern prägte. Er steht für *„using the brain to storm a problem"*. Die Regeln lassen sich gut mit dem Akronym AKUT memorieren:

Die Regeln des Brainstorming	
Alle Assoziationen	bedeutet bei Anwendung in einer Gruppe auch: *„Alle assoziieren"*, d.h. jeder muss, wenn er an der Reihe ist, etwas sagen, auch wenn es zunächst noch so trivial oder unpassend erscheint. Nachdenken bahnt den Weg zum Gedächtnis, Assoziieren den Weg zum Unbewussten.
Keinerlei Kritik	Kritik (auch Selbstkritik) hemmt die Kreativität. Selbst unwillkürliche Äußerungen der Mitmenschen zerstören Offenheit. Alle Bewertungen müssen auf einen späteren Zeitpunkt verschoben werden (*deferred judgement*).
Umnutzen	Fehler (besser vielleicht: „gedankliche Querschläger") können produktiv genutzt werden. (Beispiel: Thema *Zahlen*: *Kellner? „Zahlen bitte!" – Rechnung – Taschenrechner – Runden*)
Tempo Menge	Der Zwang zu Tempo verhindert die Reflexion und fördert die „Regression". Das Ziel: *viel Abfall = viel Humus*. (Mit etwas Übung kann man 30 Begriffe in einer Minute sammeln.)

Man versuche sich einmal zu Hause (allein oder zu mehreren) an willkürlich gewählten Begriffen. Vorschläge für Mathematiklehrer: *Messen*, *Schätzen*, *Aggression*, oder für eine Schulklasse: *schöner Klassenraum*. Hilfreich für das Brainstorming kann es sein, vorher einige möglichst allgemein gehaltene *Kategorien* vorzugeben. Das verringert die Gefahr, von der allzu großen Beliebigkeit eingeschüchtert zu werden oder aber auch nur linear in eine Richtung zu denken (Beispiele: *Aggression: Mensch – Ort – Sache – Ereignis*, oder bei mathematischen Begriffen *Zahl: Tätigkeit – Ding – Gedanke – Wort*).

Was fängt man nun mit diesem Humus an? Nach der divergenten Phase folgt eine konvergente Phase, die durch ordnende Tätigkeiten geprägt ist: Oberbegriffe finden – Kategorien bilden – Gegensätze entdecken – Folgebeziehungen aufdecken – nach Wichtigkeit ordnen. Hierzu kann man je nach Zielsetzung in Gruppen oder gemeinsam arbeiten. Eine brauchbare Methode ist hier das Mind Mapping.

Mind-Mapping ist nur eine von vielen Methoden, um freie Assoziationen in geordnete Bahnen zu lenken. Die Idee besteht darin, die Relationen zwischen den Begriffen, so wie sie in der Vorstellung vorzuliegen scheinen, auch grafisch zu repräsentieren. Die Argumente, die für diese Methode angeführt werden, sollen am besten gleich in Form einer *Mind Map* (andere oft verwendete Bezeichnungen: *Ideenkarte*, *thematische Landkarte*, *Post-Organizer* etc.) dargestellt werden.

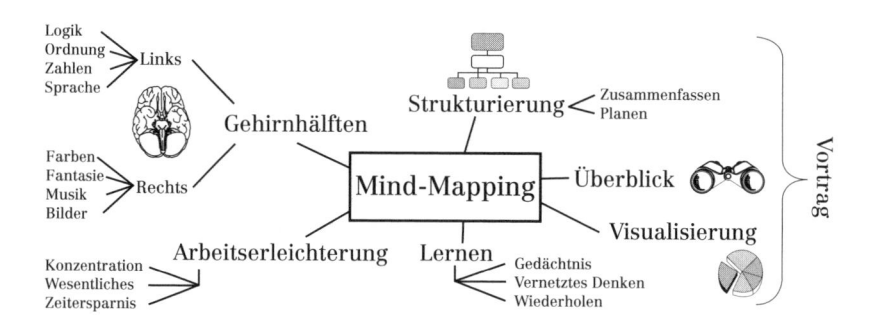

Vorteile des Mind-Mapping

Methoden für den Mathematikunterricht

> **Die Regeln des Mind-Mapping**
>
> - Begriffe sammeln (z. B. durch Brainstorming oder Clustering). Bei einiger Übung kann man diesen Schritt auch überspringen.
> - Ein DIN-A4-Blatt quer legen.
> - Das Thema graphisch hervorgehoben in der Mitte platzieren.
> - Vom Thema aus Unterbegriffe in einer Aststruktur ordnen, so wie sie in der individuellen Wahrnehmung zusammenhängen.
> - Wichtige Punkte und Schlüsselstellen der Mind-Map mit Bildern anreichern.

Für die Mathematik (und andere Themen) mag die streng hierarchische Struktur der Mind Map nicht ausreichend erscheinen. Hier gilt es, das Konzept kreativ zu erweitern:

- Um die einfache Relation Oberbegriff – Unterbegriff darzustellen, kann man die Art des Zusammenhangs durch Beschriftung der Äste oder durch Pfeile andeuten.
- Auch Beziehungen zwischen verschiedenen Ästen kann man durch Linien oder Pfeile kennzeichnen (entstehende Kreisläufe, Einbahnstraßen sagen viel über die logische Struktur des Themas).
- Wenn beim Anlegen einer Mind-Map plötzlich große Umbauarbeiten vonnöten sind, heißt das nur, dass man eine neue Erkenntnis gewonnen hat. Wenn man über ein Mind-Map-Programm auf dem Computer verfügt, sind solche Umbauten problemlos möglich.

Einsatzmöglichkeiten

- **Lokales Ordnen:** Hiermit ist das Klären von logischen Zusammenhängen in einem Sachbereich gemeint. Dazu entwirft man die Mind-Map eines Begriffsfeldes, wie z. B. *Viereck*. Die Schüler legen individuelle Mind-Maps zu gegebenen oder gesammelten Begriffen („Winkel, Ecke, Seite, Quadrat, Diagonale, Fläche, Umfang...") an. Dann werden unterschiedliche Mind-Maps verglichen und diskutiert, schließlich eine gemeinsame Darstellung entworfen. Davon bleibt den Schülern sicherlich mehr in Erinnerung als vom Besprechen oder Abzeichnen eines Hasse-Diagramms („Haus der Vierecke").
- **Vorkenntnisse abklären:** Vor Beginn der Trigonometrie wird eine Mind-Map zum Thema *Dreieck* angelegt (Dreiecksformen, Bezeichnungen, Geraden im Dreieck, Konstruktion, Kongruenz, Pythagoras ...). Schüler und Lehrer können sich so ein Bild über vorhandene oder fehlende Anknüpfungspunkte verschaffen.

- **Wiederholung und Strukturierung:** Das individuelle Anfertigen von Mind Maps zwingt zur Strukturierung des eigenen Wissens, gibt Aufschlüsse über Lücken und unterstützt die Behaltensleistung. Beispielsweise können die Schüler vor einer Klausur in Gruppen oder allein eine Mind Map zum Thema *Grenzwerte von Funktionen* anlegen (eigentliche/uneigentliche Grenzwerte, Stetigkeit, Unstetigkeit, Sprungstellen, Polstellen, Extrema, Ableitung, Ableitungsregeln, Grenzwertregeln, Folgengrenzwert ...)
- **Begriffsbildung:** Begriffsbildung erfordert Vernetzung und Abgrenzung. Vernetztes Wissen lässt sich durch die vernetzte Darstellung einer Mind-Map adäquat verschriftlichen. So lässt sich etwa der Begriff der *Irrationalität* von Zahlen nur angemessen verstehen, wenn man das Konzept mit der Struktur des Zahlbegriffs im Allgemeinen vernetzt. Der Lehrer hat eine solche „geistige Landkarte" schnell zur Hand, dem Schüler kann eine Mind Map zum Thema *Zahlen* (Dezimalbruch, Periode, Bruch, ganze Zahlen, Wurzel ...) sicherlich gute Dienste leisten.
- **Arbeitstechnik:** Als individuelle Arbeitstechnik kann das Mind-Mapping für unterschiedliche Tätigkeiten genutzt werden: mitschreiben, Texte strukturieren, Ideen finden, Arbeit/Projekte planen, Wissen strukturieren, üben usw. Nicht selten haben Schüler deswegen Schwierigkeiten mit dem systematischen Lernen, weil ihnen keine Arbeitstechnik zur Verfügung steht.
- **Visualisieren:** Mind-Maps können dem Zuhörer eines Vortrags einen schnellen Überblick über Aufbau und Inhalt geben. In dieser Funktion kann man mit einer übersichtlichen kleinen Mind-Map einen klaren Rahmen für eine darbietende Phase schaffen.

Die grafische Anordnung von Ideen an sich ist keine neue Methode. In letzter Zeit erfreut sich allerdings das Mind-Mapping steigender Beliebtheit, insbesondere in Kombination mit der Arbeit am Computer. Dieser kann nämlich unter Verwendung kommerzieller Software (z. B. MindMan oder MindManager) ansprechende Diagramme erstellen, die sich auch gut als Präsentationsmaterialien eignen. Den Einsatz in der Schule beschreiben Frank (1997), Steps (1997) und Lipp (1994).

Bedingungen für die Wirksamkeit

Auch kreative Techniken müssen gelernt und geübt werden. Schon der Begriff „Technik" deutet aber gerade an, dass sie effektiv gelernt werden *können*. Jeder, d.h. Schüler wie Lehrer, wird sich bei seinen ersten Schritten in einer solchen Technik nicht ganz wohl fühlen. Vor allem das freie, unge-

Methoden für den Mathematikunterricht 179

hemmte Assoziieren fällt zunächst nicht leicht. Man muss sich auch immer vor Augen halten, dass eine Kreativitätstechnik nicht für jeden Menschen und jeden Anlass gleichermaßen geeignet ist. Ein Lehrer oder eine Lehrerin, die sich erstmalig mit den Methoden beschäftigen möchte, sollte zunächst einmal am heimischen Schreibtisch und vielleicht mit der eigenen Familie Erfahrungen sammeln, bevor sie oder er sie in den Klassenraum trägt. In einigen Schulen hat sich das Mind-Mapping auf breiter Front bereits so bewährt, dass es systematisch als fächerübergreifende Methode gelehrt und praktiziert wird.

6. Kooperative Lernformen – das Gruppenpuzzle

Kooperative Lernformen sind nicht einfach mit der Gruppenarbeit gleichzusetzen. Die Erfahrungen zeigen, dass es nicht ausreicht, Schüler in Gruppen aufzuteilen und mit einem Arbeitsauftrag zu versehen. Oft verlaufen solche Gruppenarbeitsphasen enttäuschend uneffektiv und chaotisch ab. Einige Schüler übernehmen die Führung, einige lassen andere arbeiten, wieder andere nutzen die Gelegenheit zur entspannten Konversation.

Die so genannten kooperativen Lernformen wollen hier Abhilfe schaffen. Sie stellen Organisationsformen des Lernens dar, die Kooperativität in einer Lerngruppe und die Verantwortlichkeit der Lernenden für ihren eigenen Lernprozess und den der Mitschüler in den Mittelpunkt stellen.

Viele Ansätze sind in den letzten Jahren in den USA entwickelt worden und stoßen bei uns auf zunehmendes Interesse. Dabei gibt es eine ganze Bandbreite von unterschiedlichen Konzepten, wie z.B. das **reziproke Lernen** oder die Lern-Leistungs-Gruppe (student team-achievement divisions). Hier auch nur einen groben Überblick zu geben, ist weder möglich noch sinnvoll. Der Leser sei auf GRÄBER/KLEUKER (1998) und die darin zitierte Literatur verwiesen. Ergänzende Sichtweisen hierzu gibt ein Heft der Zeitschrift PÄDAGOGIK (11/97) unter dem Stichwort „**Lernen durch Lehren**".

An dieser Stelle sollen wesentliche Aspekte und Bedingungen kooperativen Lernens exemplarisch dargestellt werden. Hierzu eignet sich das **Gruppenpuzzle** (Bezeichnung aus dem Englischen nach „The jigsaw classroom" von ARONSON 1978) in besonderer Weise, denn es hat die folgenden Vorzüge:

- Es ist besser als andere Formen (die etwa Textverständnis oder Sprachfähigkeit voraussetzen) für den Mathematikunterricht geeignet.
- Schon durch seine spezifische Organisationsform fördert es sowohl individuelles als auch kooperatives Lernen und führt zu einer hohen Eigenaktivität der Schüler.

- Es ist für Schüler und Lehrer als Einstieg in kooperative Arbeitsformen sehr gut geeignet, weil sie stark durchorganisiert ist und dennoch Spielraum für individuelle Variation lässt.
- Es erfreut sich einer immer größeren Beliebtheit: „Das Gruppenpuzzle ist die einzige Unterrichtsmethode, die uns in den letzten 30 Jahren begegnet ist, welche nachweislich das Selbstvertrauen der Lernenden stärkt" (FREY-ELLING/ FREY 1999). Mittlerweile findet man viele Schulen, die positive Erfahrungen mit dem Gruppenpuzzle gemacht haben.

Anstelle einer allgemeinen Beschreibung der Methode sollen im Folgenden konkrete Unterrichtsbeispiele den Einsatz des Gruppenpuzzles illustrieren. Von vielen Seiten wird im Moment hierzu verwendbares Selbstlernmaterial erarbeitet (z. B. SELMA 2000 oder BLK 1998). Informieren kann man sich auch über das Internet an der ETH Zürich (FREY-ELLING/ FREY 1999) oder bei GREVING/PARADIES (1996, S. 216–220).

Einsatzmöglichkeiten

Die klassische Variante des Gruppenpuzzles lässt sich am besten zur **Erarbeitung von objektiven Fakten- oder Methodenkenntnissen** einsetzen.

Das Thema des folgenden Gruppenpuzzles wurde recht willkürlich und aus dem Bereich klassischen Schulstoffs gewählt und wird inhaltlich nicht weiter ausgefüllt, um den exemplarischen Charakter der Darstellung hervorzuheben. Die notierten, fiktiven Schülergedanken sollen illustrieren, wie die Organisationsform die Schülerhaltung beeinflussen kann. (Die folgenden Seiten sind auch als Vorlage für die schulinterne Weiterbildung in einer Fachkonferenz geeignet!)

Unterrichtsidee Der Verlauf eines Gruppenpuzzles – aus Schülersicht

Der Umfang der Einführung („Phase 0") hängt davon ab, wie viele Erfahrungen die Schüler bereits mit der Arbeitsform haben. Es ist empfehlenswert, sich auf Wesentliches zu beschränken und den Großteil der Information schriftlich zu geben. Um Leerlauf zu vermeiden, sollte der Zeitrahmen für alle als verbindlich angegeben werden. (Die hier angegebenen Werte sind natürlich nur Vorschläge.)

Methoden für den Mathematikunterricht

Phase 0 – Organisation und Erläuterungen von Ablauf und Zeitplanung
Thema: *Trigonometrische Winkelberechnungen in räumlichen Figuren*

Vier Teilthemen:
Thema 1: *Quader*
Thema 2: *Pyramide*
Thema 3: *Kegel*
Thema 4: *Kugel*

Drei Arbeitsphasen:
- Phase 1: individuelles Lernen (20 Min.), jeder arbeitet an seinem Thema
- Phase 2: Expertentraining (20 Min.), alle arbeiten gruppenweise an ihren Themen
- Phase 3: Unterrichtsrunde (40 Min.), neue Gruppen, jeder erklärt sein Thema den anderen

Jeder Schüler erhält für die Gruppenzuordnung ein ‚Puzzleteil' von 1 A bis 4 E.

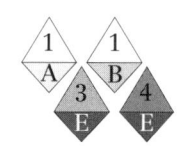

Phase 1 – Individuelles Lernen
Schülerin X erhält das nebenstehende Puzzleteil und beschäftigt sich somit mit dem Thema ‚3'. Hierzu erhält sie ausführliches Material bestehend aus

- einer Anleitung, die vorweg die Lernziele beschreibt

  Das soll ich also aus dem Material lernen. 20 Min. habe ich dazu erst einmal Zeit ...

- Arbeitsmaterial (Beispielaufgaben, Texte, Zeichnungen ...)

  Ich muss mich mit dem Thema so beschäftigen, dass ich das Wesentliche verstehe. In der Expertenrunde ist sicher keine Zeit, um mir das von Grund auf zu erklären. Dann muss ich schon Bescheid wissen.

- Kontrollfragen/-aufgaben (zur Selbstkontrolle)

  Ich bin mir jetzt ziemlich sicher, dass ich Bescheid weiß, auch ohne den Lehrer zu fragen.

Phase 2 – Expertentraining
Alle Schüler, die sich wie Schülerin X mit dem Thema ‚3' beschäftigt haben, setzen sich zusammen. Jetzt geht es darum, sich mit den anderen Experten zu verständigen über

- das Verständnis des Themas: Unklarheiten beseitigen, Sicherheit gewinnen

  Haben die anderen auch Schwierigkeiten an derselben Stelle gehabt? Vielleicht können wir das gemeinsam klären.

- die Aufbereitung des Themas für die Mitschüler: Reduktion auf das Wichtigste, Auswahl des Materials, Darstellungsformen

  Was ist wichtig, was verwirrt nur? Wie war es bei mir, wie bei den anderen Experten meiner Gruppe? Vielleicht ergeben unsere verschiedenen Ideen zusammen eine gute Erklärung für die anderen.

- Planung der Vorgehensweise bei der Vermittlung

  Die anderen sind später auf meine Erklärung angewiesen. Ich bin der einzige Experte für mein Thema in der Gruppe. Ich erwarte ja auch von ihnen, dass sie mir ihre Themen erklären. Der Lehrer kann mir dabei nicht helfen, er kann ja nicht überall gleichzeitig sein.

Zur Aufbereitung des Themas gibt es schriftliche Hilfestellungen:
Fasst das Wesentliche zu Anfang zusammen: Worum geht's?
Macht eine Zeichnung. Sollen die Zuhörer mitschreiben?
Wollt ihr Rückfragen zulassen oder erst am Ende beantworten?
Denkt euch Kontrollfragen aus, um festzustellen, ob die anderen eure Erklärungen wirklich verstanden haben.

Methoden für den Mathematikunterricht

Phase 3 – Unterrichtsrunde
Die Gruppen werden neu zusammengestellt. Schülerin X kommt mit allen anderen ‚E's zusammen. In jeder Gruppe befindet sich nun zu jedem Thema ein Experte bzw. eine Expertin. Reihum erhält jeder dieselbe Zeit, um auf der Grundlage der Überlegungen seiner Expertenrunde alle anderen über sein Wissensgebiet zu informieren.

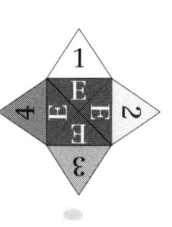

> Ich muss mich in zehn Minuten verständlich machen, ich will über die anderen Themen auch noch informiert werden.

> Schön, dass ich nur drei Leuten was erklären muss und nicht vor der ganzen Klasse an der Tafel stehe. Immerhin muss hier ja jeder ran …

Phase 4 – Plenum
Hier gibt es viele Möglichkeiten, die Arbeit zu beschließen:
- Eine Manöverkritik aller Beteiligten empfiehlt sich besonders dann, wenn die Methode für den Lehrer und/oder die Schüler noch neu ist. So geraten weitere Puzzleversuche erfreulicher und ergebnisreicher.
- Eine Ergebnisüberprüfung im Klassenverband kann stichpunktartig durch mündliche Kontrollfragen geschehen.
- Etwas verbindlicher ist eine (angekündigte) *individuelle* schriftliche Überprüfung. So wird die Arbeitsform tatsächlich zum „Ernstfall Lernen".

Eine völlig andere Zielsetzung für das Gruppenpuzzle ist das **Wiederaufarbeiten von Basiswissen**. Dies bedingt auch eine abgewandelte Organisationsform. Die wesentlichen Elemente, nämlich äußerlich die Arbeit in einer doppelten Gruppenstruktur und intentional die Stärkung der Verantwortung für den Lernprozess, bleiben gleich.

Unterrichtsidee **Ein Gruppenpuzzle zur Diagnose von Basiswissen zu Beginn der gymnasialen Oberstufe**

Phase 1: individuelle Überprüfung des Basiswissens anhand einer gegebenen Sammlung relevanter Aufgabentypen – Auswertung und Festlegung von Wissenslücken und problematischen Themen (40 Minuten. Ergebnis könnte z. B. die Themen sein: *Prozentrechnung, quadratische Gleichungen lösen, Wahrscheinlichkeiten berechnen sowie Umformen von Bruchgleichungen*.

Die Schüler teilen sich in Gruppen festgelegter Größe (evtl. nach Interesse und Vereinbarung) auf und gehen in die nächste Phase.

Phase 2: Expertentraining – jede Gruppe erarbeitet eine Erklärung ihres Gegenstandes, entwirft oder vereinbart Übungsmaterial und Kontrollfragen. (40 Min.)

Phase 3: Unterrichtsrunde – neue Gruppen werden gebildet, reihum bringt jeder als Experte seine Gruppe wieder auf den neuesten Stand und beantwortet Rückfragen. (40 Min.)

Phase 4: individuelle Übung – entsprechend der eigenen Bedürfnisse werden die Übungsaufgaben bearbeitet (möglicherweise in der Hausaufgabe) und der Lernfortschritt kontrolliert.

Das **Puzzle im Schnelldurchgang** kann auch zum **orientierenden Einstieg** verwendet werden. Hier nutzt man die charakteristische Organisationsform der Kommunikation, während der Verantwortungsaspekt in den Hintergrund tritt. In dieser Form ist das Gruppenpuzzle allein schon wegen seiner größeren körperlichen und kommunikativen Dynamik eine Alternative zum gewöhnlichen Unterrichtsgespräch.

Unterrichtsidee Gruppenpuzzle im Schnelldurchgang – zum Thema *„Flächenberechnung"*

Um die Vorerfahrungen und schulischen Vorkenntnisse zum Thema Flächenberechnung zu sammeln (beispielsweise vor einer propädeutischen Behandlung krummlinig begrenzter Flächen in der Klasse 10) führt man statt einer Sammlung an der Tafel ein Gruppenpuzzle durch zu den Fragen: *Wo lässt sich Flächenberechnung verwenden? Welche Flächen können wir berechnen, welche machen Schwierigkeiten?*

Themen: *Hausbau, Haushalt, Technik, Natur*

Phasen: individuelles Brainstorming (2 Min.), jeder arbeitet an seinem Thema, Expertenberatung (5 Min.), Ideen zusammentragen, sortieren, aufbereiten, Sammlung (5 Min.), neue Gruppen, jeder erklärt seine Ideen

Eine solche Arbeitsweise ist natürlich nur dann effektiv, wenn die Schüler Erfahrungen mit den hiermit verbundenen Organisationsprozessen haben. Umgekehrt könnte man das Gruppenpuzzle aber auch auf eine solche „unernste" Weise erstmals in eine Klasse einführen.

Lernziele
- Selbstständigkeit: eigenverantwortliche Steuerung von Lernprozessen
- Soziale Fähigkeiten: zuhören, Konflikte austragen, Konsens finden usw.
- Arbeitstechniken: Aufzeichnungen machen, Zeitplanung
- Erfahren von Kompetenz, Stärkung des Selbstbewusstseins
- Vorbereitung auf lebenslanges Lernen und Teamarbeit. (Das kooperative Arbeiten und Lernen in Gruppen wird in immer mehr Berufen der Regelfall sein.)

Bedingungen für die Wirksamkeit
- Dem Gruppenpuzzle wird oft der hohe **Zeitaufwand** vorgeworfen. Hinzu kommt die (vermeintlich) geringere **Effizienz**, mit der Schüler einander unterrichten. Hierzu drei Gegenargumente:
  - Die Qualität der kognitiven Prozesse beim kooperativen Lernen im Vergleich zur direkten Instruktion darf nicht unterschätzt werden: Die Beschäftigung mit einem Thema wird schon durch die erhöhte **Aufmerksamkeit und Motivation** fruchtbarer als bei rezeptivem Lernen. Beim Gruppenpuzzle ist die aktive Beteiligung jedes Einzelnen deutlich stärker gewährleistet als bei anderen Lernformen.
  - Die Notwendigkeit des Weitergebens bedingt ein vertieftes Verständnis und eine zusätzliche Selbstkontrolle. Der unbestreitbare Effekt des „**Lernens durch Lehren**" ist ein Aspekt, den das Gruppenpuzzle einfacher Gruppenarbeit voraus hat.
  - Die kognitiven Lernziele *allein* sind kein angemessenes Kriterium für die Unterrichtsgestaltung. Man sollte dazu überlegen, ob das **Lernen von Selbstständigkeit und Verantwortung** nicht weit über die inhaltlichen Lernziele zu stellen sind.
- Sicherlich gibt es viele **organisatorische Fragen** zu klären: Wie gestaltet man ein Gruppenpuzzle mit 30, 27 oder 29 Schülern? Müssen es immer vier Themen sein? Wie passen die einzelnen Phasen sinnvoll in das 45-Minuten-Schema? Wie werden die Gruppen zusammengesetzt? (Freie Wahl oder Losentscheid?) Ab welchem Alter ist die Methode geeignet? All diese Fragen lassen sich mit etwas Fantasie und im konkreten Einzelfall klären.
- Bei welchen **Themen** ist ein Gruppenpuzzle geeignet? Hier gibt es sicherlich hilfreiche Kriterien und Überlegungen: Das Thema muss in **Teilthemen mit ähnlichen Anforderungen** aufgeteilt werden können, ohne dass sich die Ergebnisse der Expertengruppenarbeit zu sehr überschneiden. Hierarchische Themen eignen sich wenig. Nun scheint aber gerade in der

Mathematik immer eins auf das andere aufzubauen. Bei genauer Betrachtung ist dies jedoch gar nicht so sehr der Fall. Auch wenn Schulbuchdarstellungen oft den Eindruck erwecken, die Themen lägen aufgereiht entlang einer logischen Perlenschnur, ist die Abhängigkeit der Teilthemen gar nicht so zwingend, wie es den Anschein hat. Die strenge Abfolge ist das Artefakt eines „didaktischen Konzepts", das Lehreffizienz und innermathematische Logik in den Vordergrund stellt. Hier braucht man den Mut zur Entzerrung der hierarchischen Struktur.

Die Themen müssen von Schülern selbstständig erarbeitet und weitergegeben werden können. Obwohl es grundsätzlich richtig ist, Schülern etwas zuzutrauen, muss man die Eignung von Problemen jeweils sorgsam abwägen. Es wird allgemein betont, dass das Gruppenpuzzle eher zur Erarbeitung von Faktenwissen als für entdeckendes Lernen geeignet ist. Für das Fach Mathematik muss man die Interpretation des Begriffs „Faktenwissen" jedoch weit fassen.

Zwei Anwendungsfelder für das Gruppenpuzzle lassen sich hier exemplarisch anführen: **Mathematische Methoden** (wie z. B. die Abstandsmessung in der analytischen Geometrie, Winkelberechnung im Dreieck bei unterschiedlichen Vorgaben etc.) und **Anwendungen von Mathematik** (z. B. Berechnungen unbekannter Strecken im Gelände, Anwendung statistischer Verfahren auf gegebene Datensätze etc.)

- Die **Anforderungen an das Selbstlernmaterial** dürfen nicht unterschätzt werden. Die Schüler müssen mehrheitlich unbedingt in der Lage sein, die Themen selbstständig zu erarbeiten, da sich sonst Frustration breit macht. Dazu gehört auch eine transparente Formulierung von Lernzielen und Kontrollfragen, die den Schülern die Selbstkontrolle ihrer Lernprozesse ermöglicht. Die erhöhte Vorbereitungszeit lässt sich damit rechtfertigen, dass gute Materialien immer wieder verwendbar sind.
- Der Lehrer sollte, auch wenn er sich aus dem Lernprozess in die Rolle eines Lernberaters zurückzieht, immer die **Gruppenprozesse im Blick** haben. Dabei geht es weniger um fachliche Hilfen als darum, dass die konstruktive Arbeit in den Gruppen gewährleistet werden muss, da sonst einige Schüler benachteiligt werden.
- Auch Gruppenpuzzlen will gelernt sein. Alle Beteiligten – Lehrer wie Schüler – müssen Erfahrungen sammeln, Eindrücke zurückmelden und das Verfahren kontinuierlich entwickeln können. Man muss sich immer bewusst darüber bleiben, dass das Gruppenpuzzle auch nur *eine* Methode von vielen ist und nicht überstrapaziert werden darf.

6. Lernen an Stationen

Das so genannte Stationenlernen gibt es unter unterschiedlichen Bezeichnungen (*Lernzirkel, Übungszirkel, Lernparcours* ...) und in vielen Abwandlungen (z. B. *Angebotstisch* bei GREVING/PARADIES 1996), es hat sich zu einem blühenden pädagogischen Handwerk mit einem entsprechenden eigenen Wortschatz entwickelt (*Pufferstationen, Montessori-Zirkel* ...). Aus der Reformpädagogik stammend ist es vornehmlich in den Grundschulen und Sonderschulen etabliert. Man kann nun fragen: Welche Bedeutung hat die Methode für die Sekundarstufe, gar für den Mathematikunterricht? In den musisch-künstlerischen Fächern und inzwischen auch im Anfangsunterricht der Naturwissenschaften, also überall dort, wo sinnliche Primärerfahrungen eine wichtige Rolle spielen, beginnt sich das Stationenlernen zu etablieren.

Das Stationenlernen ist eine typische Arbeitstechnik auf dem Schnittpunkt von *Freiarbeit*, *Handlungsorientierung* und *offenem Unterricht* (mit je nach Autor unterschiedlicher Betonung der drei Aspekte) [4]. Seine Bedeutung für den Mathematikunterricht kann man ersehen, wenn man sich seine typischen Merkmale vor Augen führt.

Merkmale von Freiarbeit am Beispiel Stationenlernen	
Das Merkmal ...	**berücksichtigt ...**
Der Unterricht findet an verschiedenen Stationen zu einem gemeinsamen Thema statt.	Lernen in ganzheitlichen, komplexen Situationen
Die Schüler wählen die Stationen und die Dauer ihrer Beschäftigung selbst aus.	Selbstorganisation und Selbstverantwortung
Die Stationen verwenden / sprechen an ... Unterschiedliche Schwierigkeitsgrade	Binnendifferenzierung
Unterschiedlichen Sozialformen (Gruppe, Partner, Einzeln)	Soziales Lernen
Verschiedene Sinne (visuell, auditiv, taktil)	Ganzheitliches Lernen
Verschiedene Repräsentationen (enaktiv, ikonisch, symbolisch)	Unterschiedliche Lerntypen, das *operative Prinzip*

---

[4] Eine gute Übersicht über reformpädagogische Konzepte: GUDJONS (1997)

Schaut man die rechte Spalte der Tabelle auf S. 187 einmal an, so erkennt man, dass das Stationenlernen nicht allein eine methodische Bereicherung darstellt, sondern vor allem Dimensionen des Lernens einbringt, die gerade im Mathematikunterricht vernachlässigt werden. Die Dominanz kognitiver, symbolischer Tätigkeiten kann durch die Berücksichtigung handlungsorientierter Methoden gemäßigt werden – was wohl besonders in der gymnasialen Unterstufe vonnöten wäre.

Einsatzmöglichkeiten
Nicht selten wird die Methode Stationenlernen – gerade im Mathematikunterricht – umgedeutet und ihrer ureigenen Bedeutung beraubt. Eine Verteilung von Standardaufgaben (à la *Berechne die Primzahlzerlegung von 10.001? Was ist das Sieb des Eratosthenes?*) auf verschiedene Stationen nimmt dem Stoff nicht das kognitive Übergewicht und lässt allenfalls eine Art „mentales Zirkeltraining" entstehen. Umgekehrt ist ein reiner Spiel- und Spaßparcours auch nicht in der Lage, ganzheitliches Lernen zu fördern. Dass bei einer ausgewogenen Berücksichtigung unterschiedlicher Anforderungen ein ansprechendes Mathematiklernen an Stationen entstehen kann, belegt das folgende Beispiel (z. T. angelehnt an EIGEL 2000).

Weitere Anregungen für den Mathematikunterricht sucht und findet man z. B. bei BAUER (1997), POTTHOFF (1995 und 1996), EIGEL (2000).

Bedingungen für die Wirksamkeit
- Die Stationen müssen kreativ gefunden und gewissenhaft vorbereitet sein. Eine solche genaue Vorplanung benötigt viel Zeit und artet mitunter in eine Materialschlacht aus.
- Damit die Stationen sinnvoll konstruiert werden können, muss der Lehrer die Vorkenntnisse und Interessen der Schüler genau kennen.
- Sowohl kreative wie auch handwerkliche Energie kann man einsparen, wenn man innerhalb der Schule und mit Nachbarschulen kooperiert, Material austauscht und gemeinsam entwickelt. Es ist zudem zu hoffen, dass in einigen Jahren auch das Internet mehr hergeben wird.
- Natürlich müssen gewisse Regeln für das Durchlaufen der Stationen vereinbart werden, damit der Unterricht produktiv ablaufen kann. Beispielsweise muss abgesprochen sein, wann eine Station als besetzt gilt, wie die Schüler ihre Arbeit an den Stationen verfolgen und dokumentieren, usw.
- Stationen mit Spielen oder Entspannungsübungen (z. B. kreatives Zeichnen) können die Arbeit der Schüler gliedern und auflockern.

Methoden für den Mathematikunterricht

Mathematiklernen an Stationen – Körper

Station 1: Du kannst das Volumen der Knetmasse berechnen, wenn du zuerst einen Würfel formst.

Station 2: Greife ohne hineinzuschauen in den Sack und ertaste alle Holzklötze. Wie viele Quader, Zylinder, Pyramiden und Kegel findest du?

Station 3: Welcher der abgebildeten Körper ist ein Quader, Zylinder, Kegel oder eine Pyramide? Aus den Buchstaben ergibt sich ein Lösungswort.

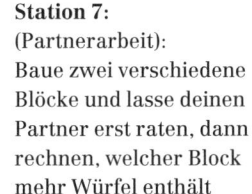

Station 7: (Partnerarbeit): Baue zwei verschiedene Blöcke und lasse deinen Partner erst raten, dann rechnen, welcher Block mehr Würfel enthält

Station 6: Welcher Block hat mehr Würfel? Schätze erst, dann zähle nach.
Du kannst die Blöcke auch nachbauen.

Station 5: Nimm dir einen der gebastelten Körper und lasse seinen Schatten auf ein Blatt fallen. Zeichne das Schrägbild.

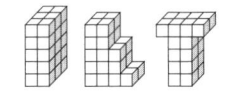

Station 4: Wähle einen Körper aus Station 3 und baue ihn mit Streichhölzern und Knetmasse nach.

7. Der Projektunterricht

Dieser Abschnitt wäre wohl besser mit **projektartiger Unterricht** überschrieben, denn unter der Bezeichnung **Projekt** werden die unterschiedlichsten Ausprägungen zusammengefasst. Bisweilen wird hierunter nur die unterrichtliche Großform, die sich insbesondere durch ihre längere Dauer auszeichnet, verstanden. Ausführliche Erläuterungen zur Theorie *und* Praxis des Projektunterrichts gibt GUDJONS (1997). An dieser Stelle soll anhand von Beispielen aufgezeigt werden, wie sich wesentliche Merkmale des Projektgedankens im Mathematikunterricht in unterschiedlichem Grade verwirklichen lassen. Darin, dass die Übergänge zwischen *projektorientiertem Unterrichten* und dem „echten" *Projekt* fließend sind, liegt gerade die Chance für eine fortschreitende Realisierung in der Praxis.

Einsatzmöglichkeiten
Die folgende Auflistung soll einen kurzen Überblick über die wichtigsten Merkmale projektorientierten Arbeitens geben:

Merkmale von projektorientiertem Unterricht
Projektunterricht ist ...

- **Kontextorientiert:** Die Lernanlässe sind komplexe, ganzheitliche, nicht isolierte Situationen aus dem „wirklichen Leben".
- **Praxisorientiert:** Die Arbeit am Projekt ist verbunden mit verändernden Eingriffen in Schule und Umwelt.
- **Interessenorientiert:** Subjektive und objektive Interessen, Bedürfnisse und Erfahrungen der Schüler steuern die Planung und Durchführung.

Projektorientiertes Lernen und Arbeiten zeichnet sich aus durch ...

- **Selbstorganisation/Eigenverantwortung:** Mit der zunehmenden Verantwortung für den Lernprozess wächst die Selbstständigkeit der Schüler.
- **Handlungsorientierung/Ganzheitlichkeit:** Vielfältige Handlungssituationen beziehen alle Sinne ein und geben Anlässe zu sozialem Lernen.
- **Produktorientierung:** Die Erstellung eines nützlichen, wertvollen und wichtigen Handlungsproduktes legitimiert und motiviert die Arbeit.
- **Interdisziplinarität:** Praxisrelevante Situationen erfordern das Überschreiten von Fächergrenzen.

Kontext- und Interessenorientierung: Diese Aspekte setzten sich zunehmend als Qualitätsmerkmal des „Normalunterrichts" durch, so z. B. in Form der Lernsituationen des neuen Lehrplanentwurfs für die Gesamtschule in NRW. Die in reichhaltiger Zahl vorhandenen mathematikhaltigen Kontexte entfalten ihr Potenzial allerdings erst dann, wenn sie in projektartige Unterrichtsformen eingebunden werden.

Praxisorientierung: Zwar gibt es unzählige anwendungsorientierte Themen im Mathematikunterricht, doch sind Anknüpfungspunkte für eine Praxisrelevanz im Sinne von echten Eingriffen in die Lebenswirklichkeit weniger leicht zu finden (und im Übrigen auch in anderen Fächern eher die „Sternstunden"). Diese Situation ist gerade im Hinblick auf das Bild, das man von Mathematik vermitteln möchte, besonders ernüchternd, führt sie doch vor Augen, dass der Alltagsbezug von Mathematik ein verhältnismäßig indirekter ist. Dem Schüler muss es erscheinen, als existiere die Mathematik einzig als Schulfach und in den Köpfen einiger Fachleute. Als Illustration eines gelungenen Praxisbezuges kann das weiter unten angeführte Beispiel *Startblöcke* dienen (s. S. 195).

Selbstorganisation: Hiermit ist keine totale Übergabe der Verantwortung gemeint, sondern vielmehr eine veränderte Rolle des Lehrers. Der Lehrer unterstützt die Schüler bei der Planung und Durchführung, organisiert die weiterhin nötigen Phasen der Wissensvermittlung („Infoblöcke") und gibt Rückmeldungen über die Produkte und Prozesse. Diese Unterstützung kann durchaus in einer konkreten Vorplanung des Projekts, z. B. in Form von vorformulierten Arbeitsaufträgen bestehen. Wichtig ist jedoch, dass die Planung offen ist und in Abhängigkeit von Interessen und Vorstellungen der Schüler abgeändert werden kann. Hierzu bedarf es offener Problemsituationen, die vielfältige Zugänge erlauben. Dass Schüler beispielsweise nach Lehrplan ein mit dem Projekt zusammenhängendes geometrisches Problem vektoriell lösen sollten, darf kein Grund dafür sein, elementargeometrische Lösungen der Schüler abzulehnen.

Handlungsorientierung: Eine zentrale Bedeutung des Projektgedankens für den Mathematikunterricht besteht wohl in der Forderung, die kognitive Dominanz zu brechen und echte Handlungen in den Unterricht zurückzubringen. Hierbei geht es nicht allein darum, den Schülern vermehrt Primärerfahrungen zu ermöglichen, sondern ebenfalls um die Berücksichtigung des *operativen Prinzips* (AEBLI 1985, S. 5): „Praktische Handlungen und konkrete Wahrnehmungen werden schrittweise zu Handlungs- und Wahrnehmungsvorstellungen verinnerlicht." GUDJONS (1997) zeigt auf, welche grundsätzlichen Möglichkeiten es hier gibt. An dieser Stelle sollen die möglichen Schülertätigkeiten auf ihre spezifische Affinität für den Mathematikunterricht hin beleuchtet werden:

Handlungssituationen für den Mathematikunterricht	
Was können Schüler tun?[5]	**Wie lässt sich das im Mathematikunterricht verwirklichen?**
Spielen und Lernen	Lernspiele (s. S 168 ff.) Bewegungsspiele (vgl. VERNAY 1996) Standbilder *(einen Quader, eine Pyramide etc. aus Schülern bauen)*
Erkunden und Erforschen	... ist nicht nur Tätigkeit für den naturwissenschaftlichen Unterricht. Auch und gerade in der Mathematik lassen sich viele zentrale Tätigkeiten in echten Handlungen vollziehen: einfache Handlungen: Messen *(Höhe des Kirch-*

[5] Kategorien nach GUDJONS (1997, S. 109–126)

	turms, Masse eines Autos, Umgießen von Flüssigkeiten zwischen verschiedenen Körpern), Zählen *(zeitabhängiger Schülerstrom durch den Haupteingang)*, Schätzen *(Zahl der Blätter am Baum)* usw. komplexere Erkundungen: *Verkehrsdichte auf der Hauptstraße, Größe und Aufteilung von Klassenräumen, Zeitanteile der Tätigkeiten im Tag der Schüler messen ...*
Herstellen und Verwenden	Einfache Produkte (*Modelle von Körpern, Lern- und Arbeitshilfen*), umfangreichere Arbeiten, siehe unten: Produktorientierung
Zusammenarbeiten und Kommunizieren	Wechsel der Kommunikationsprozesse im Unterricht: Schüler übernehmen zeitweise den Unterricht, Tutorensystem, Gruppenpuzzle (s. S. 169 ff.)
Fantasieren und Ausprobieren	Offene, kreative Arbeitsformen, auch ohne ein eng eingegrenztes Ziel vor Augen. Fantasiegeschichten schreiben: ■ *Geometrie: „Wie lebt es sich im Flachland (= im Zweidimensionalen)? Was denken die Quadrate von den Kreisen? Was passiert, wenn die Kugel kommt?"* – (angeregt durch ABBOTT 1884!) ■ *Zahlen: „Wie sehen die Verwandtschaftsbeziehungen im Zahlenland aus? Sind die Teiler einer Zahl ihre Kinder? und die Geschwister? und die Brüche?..."* Figuren mit bestimmten Symmetrien malen. Muster mit Geldstücken legen: *„Welche Formen gibt es?"*
Eingreifen und Verändern	Wo kann die Mathematik helfen, Probleme aufzudecken? *„Verspätungen im Unterricht. Anonyme Statistik: Lehrer und Schüler. Sind Montage besonders gefährdet?...", „Fernsehkonsum von Schülern: Legende oder Wirklichkeit?"*

Produktorientierung: Anhand der folgenden Beispiele soll aufgezeigt werden, dass Handlungsprodukte keineswegs nur als „Motivationskniffe" zu sehen sind. Ihr Wert besteht zum einen darin, dass sie den Handlungsabläufen einen Sinn verleihen, zum anderen sind sie Vergegenständlichungen und Interpretationen von mathematischen Konzepten und als solche in ihrer veranschaulichenden Funktion nicht hoch genug zu schätzen.

Methoden für den Mathematikunterricht 193

Mögliche Handlungsprodukte im Mathematikunterricht	
Dokumentationen	Ausstellungen Plakatwände („*So viel wird an dieser Schule ferngesehen – eine Statistik*") Broschüren („*Wie kann ich meinen Fernsehkonsum messen und einschätzen?*") Internetpräsentation („*Symmetrie in der Natur. Bilder und Begriffe*") Reisetagebuch, Lerntagebuch (GALLIN, RUF 1994) Gutachten („*Gibt es zu wenig Schülerfahrkarten von der Gemeinde?*")
Arbeitsmittel	Lernbuch für eine andere Stufe: *Eine Klasse 10 fertigt Aufgaben zur Konstruktion von Dreiecken für Klasse 7 an, dazu erarbeitet sie ein Lösungsblatt und berechnet die Lösungen trigonometrisch.*
Computerprogramme	Übungsprogramme/Rechentraining, Visualisierung (*Darstellung dreidimensionaler Objekte*), mathematische Spiele am Computer
Demonstrationsobjekte	Geometrische Modelle (*Kantenmodelle, platonische Körper*) Papiermodelle (*verschiedener Häuser zur Flächenberechnung*)
Inszenierungen	Öffentliche Vorführungen („*Dreidimensionales Sehen*") Podiumsdiskussionen mit Fachleuten („*Mathematik im Ingenieurberuf*")

Interdisziplinarität: Gründe für die Bedeutung – insbesondere die gesellschaftliche – fächerverbindenden Lernens sind bereits an anderer Stelle angeführt worden (s. S. 53 f.). Bei der Projektmethode ergibt sich die Notwendigkeit der Zusammenarbeit zwischen Fächern meist bereits aufgrund der ganzheitlichen Struktur alltagsnaher Probleme. Hier ist kein Raum eine lange Liste möglicher fächerübergreifender Projekte zu präsentieren. Dagegen mag es für die Konstruktion neuer Konzepte hilfreich sein, beispielhaft aufzuzeigen, entlang welcher Stränge die Kombinationen des Faches Mathematik mit anderen Schulfächern laufen können. Leider muss sich die Aufzählung bei den Beispielen in der folgenden Tabelle auf wenige Andeutungen beschränken.

> **Fächerübergreifende Verbindungslinien für den Mathematikunterricht**
>
> **Mathematik**
>
> **statistische Methoden:**
> **Sozialwissenschaften, Psychologie, Erdkunde**
> Korrelationsanalysen: *Selbstkonzept und Schulleistung*
> Hypothesentests: *Steigert Übung die Leistung beim Medizinertest?*
> Lineare Regression: *Auswertung eines Experiments in der Physik*
>
> **ästhetischer Charakter: Kunst**
> Polyeder: *entwerfen, bauen, gestalten*
> Kachelungen: *Escherbilder entwerfen und Schulraum gestalten*
> Perspektive: *Perspektive und Projektion*
>
> **universeller Charakter: Musik + Physik + Psychologie**
> mathematische Brüche und musikalische Intervalle
> (SCHAARSCHULZ 1996):
> *„Alles ist Zahl":* Konsonanzen, Harmonien, Wohltemperieren
>
> **Modellierungs- oder Werkzeugcharakter:**
> **Naturwissenschaften, Sozialwissenschaften**
> Extremwertprobleme: *betriebswirtschaftliches Optimieren*
> Lineare Gleichungen: *Stöchiometrie*
> Funktionsdiskussion: *Trassierungen von Autobahnkreuzen*
> Dynamische Systeme: *Systeme in Biologie, Chemie und Physik*
>
> **kulturelle Hervorbringung: Geschichte, Philosophie**
> Mathematikgeschichte: *Entdeckungen und Erfindungen*

Nicht immer ist der *Werkzeug- oder Modellcharakter* von Mathematik für die Suche nach fächerverbindenden Themen für den Mathematikunterricht gleichermaßen fruchtbar – vor allem dann, wenn das Gewicht der Fächer asymmetrisch verteilt ist (z. B. bei den Trassierungen von Autobahnkreuzen). Von der Warte eines angemessenen Mathematikbildes aus betrachtet, ist jeder fächerverbindende Aspekt jedoch ein Zugewinn.

Bisher ungenannt ist in obiger Aufstellung das Fach **Sport** geblieben. Zu diesem besteht meist eine Verbindung über das zentrale Prinzip des Messens (*Leistungsmessung*) oder die über die Statistik (*Steigert Training die Leistung?*). Wie sich aus den unterschiedlichen Messvorgängen beim Sport ein umfangreiches Projekt ergeben kann, demonstriert abschließend das folgende Beispiel, das zeigt, wie aus einer einfachen Frage ein Forschungsprojekt wird.

Methoden für den Mathematikunterricht

Unterrichtsbeispiel Projekt: *Startblöcke*
Bei den letzten Bundesjugendspielen hat eine Schülerin bemerkt, dass die Startblöcke für den Zweihundertmeterlauf an anderen Positionen als im Vorjahr aufgebaut wurden.
Woher weiß der Platzwart überhaupt, wo die Blöcke richtig stehen?

Vereinbarung eines Handlungsproduktes:
Eine genaue Beschreibung eines Verfahrens zur Positionierung der Startblöcke.

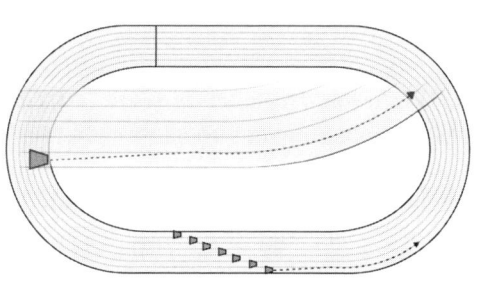

Planung der möglichen Vorgehensweise:
Vier Ansätze kristallisieren sich heraus:
1. *Gewinnen die Läufer auf der Innenbahn häufiger?*
   Was zu tun ist: Probeläufe machen. Niemand läuft immer gleich schnell. Wie kann man trotzdem Innenbahn und Außenrunde vergleichen? Viele Läufe durchführen? Laufplan mit festgelegten Pausen, um möglichst gleiche Bedingungen zu schaffen? Schnelle/langsame Läufer nehmen? Wie müssen die Ergebnisse aussehen, damit man sagen kann: Hier besteht wirklich ein Unterschied.
2. *Wo müssten die Startblöcke mathematisch exakt aufgestellt werden?*
   Was zu tun ist: Abmessungen des Stadions bestimmen. Wie genau müssen die Messwerte sein (cm, mm)? Welches wäre der günstigste Weg auf einer Bahn? Wie viel Abstand von der Linie muss ein Läufer halten? Wo müssten die Blöcke dann stehen?
3. *Wie läuft ein Läufer tatsächlich?*
   Was zu tun ist: Probeläufe durchführen und aufzeichnen. Wie läuft ein Läufer auf der Bahn? Gibt es unterschiedliche Laufstile? Was machen Profis? Welchen Unterschied macht der genaue Weg für die Gesamtstrecke?
4. *Wie genau müssen die Blöcke überhaupt gestellt werden?*
   Was zu tun ist: Zeitunterschiede bei verschieden langen Wegen berechnen. Wie genau gehen die Stoppuhren? Wie genau sind die Zeitnehmer? Wie groß sind die Unterschiede zwischen verschiedenen Läufern? Wie stark schwankt die Leistung eines einzelnen Läufers?

Klärung der Zusammenarbeit
Welche Informationen brauchen wir von einer anderen Gruppe? Was können wir vorher schon tun? Was müssen wir besprechen? Wie halten wir die (Zwischen-) Ergebnisse fest? Welche mathematischen Kenntnisse brauchen wir vielleicht? Wo kann der Lehrer helfen?

Materialien und Ideen für Projekte im Mathematikunterricht
- Eine große Zahl praktisch erprobter Materialien kann man bei MUED e.V. (= *Mathematik-Unterrichtseinheiten-Datei*) beziehen (s. Fußnote S. 111).
- Eine weitere Quelle ist das Internet. Dort wird in den kommenden Jahren immer mehr Material immer leichter zugänglich werden, siehe z. B.: www.blickpunktmatnat.de
- In mathematikdidaktischen Fachzeitschriften werden regelmäßig erprobte Projekte oder Ideen, die sich zu Projekten ausbauen lassen, vorgestellt. Beispielsweise hat LUDWIG (1999a) anhand der praktischen Erprobung und Auswertung vieler Projekte einen Leitfaden zur Planung, Themenwahl, Struktur, Durchführung, Bewertung und Abschluss von Mathematikprojekten erstellt. Hingewiesen sei auch auf das Heft *Sport – Beispiele projektartigen Unterrichts* aus der Reihe MATHEMATIK LEHREN (8/99).

Bedingungen für die Wirksamkeit
- Die Projektmethode erfährt zunehmend eine Verankerung in den Richtlinien und Lehrplänen. Da die Obligatorik der Lehrpläne jedoch nicht gleichzeitig ausgedünnt wurde, sehen vor allem viele Schulen Probleme in einer konsequenten Einführung projektartigen Arbeitens. Eine oft gehegte Vorstellung ist, offenere Arbeitsformen gingen auf Kosten der Fachlichkeit und der Vollständigkeit. Tatsächlich ist dieser Widerspruch nur aufzulösen, wenn man die Vorgaben der Curricula nicht vor dem Hintergrund „vollständiger Abdeckung der Inhalte" sieht. Wie ein solches Umdenken eingeleitet werden kann, wie man sich im Konsens der Fachkollegen **curriculare Freiräume** verschaffen kann, wird Thema eines eigenen Abschnitts (s. S. 216) sein.

- Projektarbeit braucht auch **institutionelle Freiräume**. Hier gilt es, Konzepte zu entwickeln, wie der starre 45-Minuten-Takt aufgebrochen werden kann. Auch die Raum- und Materialfrage ist mitunter ein Hemmnis für die konsequente Umsetzung von Ideen. Eine zeitweilige Intensivierung der Projektarbeit lässt sich beispielsweise durch zeitliches und inhaltliches Zusammenlegen von Fächern erreichen.
- Ein wichtiger Aspekt, den man vor einer Projektarbeit klären muss, ist der Modus der **Bewertung individueller Leistungen**. Auch hier ist ein Umdenken der Lehrerinnen und Lehrer nötig: Produktorientierung ist nicht mit der Bewertung der Endprodukte gleichzusetzen. Zum einen sind diese häufig das Ergebnis einer Gruppenarbeit, zum anderen sind auch Misserfolge nicht auszuschließen, so dass die Produkte entweder gar nicht zustandekommen oder unzulänglich sind. Hier gilt es, Bewertungskriterien für die individuellen Arbeits*prozesse* zu finden.
- Lehrer wie Schüler müssen den **Umgang mit Projektformen** erst lernen. „Es bedarf gezielter Unterrichtsvorbereitung, um Schülerinnen und Schüler ‚aus der Reserve zu locken' und ihnen Möglichkeiten zu geben, ihre (Vor-)Erfahrungen in den Unterricht einzubringen, sie sich (wieder) anzueignen, sie mit anderen gemeinsam zu verarbeiten und die Ergebnisse schließlich über die noch begrenzte ‚Öffentlichkeit' der Schulklasse hinaus öffentlich für andere zu machen." (Jank/Meyer 1991, S. 320)
- Auch wenn man mit einem Thema nicht alle Kriterien für projektorientierten Unterricht erfüllen kann, sollte man sich nicht davon abhalten lassen, zum Vorteil der Schülerinnen und Schüler mit Klein- und Vorformen zu experimentieren.

5 Instrumente für die Arbeit in Fachgremien

Darüber, dass das Fach Mathematik eine Sonderrolle im Fächerkanon der Schule spielt, herrscht unter Schülern wie Erwachsenen (in ihrer Rolle als ehemalige Schüler) Einigkeit. Obwohl alle der einhelligen Auffassung sind, Mathematik sei ein schwieriges Fach, mit Inhalten, die für das Leben weitgehend unbrauchbar sind, wird wenig Zweifel daran angemeldet, ob die mathematische Ausbildung ihren Selektionscharakter zu Recht trägt. Davon, nach der allgemeinen Bildungswirksamkeit des Faches zu fragen, waren Gesellschaft und Politik lange weit entfernt.

Nachdem die Entwicklung der letzten Jahre den Mathematikunterricht aus diesem „Schonraum" vertrieben hat – die TIMS-Studie ist hieran nicht unmaßgeblich beteiligt – muss er sich sowohl der Frage nach seiner *Legitimation* als auch nach seiner *Qualität* stellen. Die *Legitimationsfrage* wird wohl langfristig nachhaltige Auswirkungen auf das Bild des Mathematikunterichts in den Köpfen der Lehrer und Schüler haben (s. S. 37 ff.).

Was die *Qualitätsfrage* angeht, so musste man feststellen, dass eine echte Evaluation der Stärken und Schwächen in den letzten Jahrzehnten kaum stattgefunden hat oder keine Breitenwirkung hatte. In dieses Vakuum brachen die Ergebnisse von TIMSS ein (vgl. S. 61).

Wie aber sollen die Mathematiklehrerinnen und -lehrer hierauf reagieren? Ungeachtet der Debatte um die Aussagekraft der TIMS-Studie bleiben die einmal aufgeworfenen Fragen an den Mathematikunterricht in Deutschland weiterhin gültig. Wer sich die veröffentlichten Test-Items näher anschaut (z. B. MSWWF-NRW 1998b, BAUMERT/BOS/WATERMANN 1998 u.v.a.), der wird feststellen, dass die Test-Items der TIMS-Studie durchaus Kenntnisse und Fertigkeiten verlangen, die auch der heutige Unterricht auf seine Fahne geschrieben hat. Immerhin sind die TIMSS-Aufgaben in einem internationalen Konsensprozess entstanden, an dem auch deutsche Didaktiker beteiligt waren. Viele Bundesländer haben in der Folge von TIMSS eigene Leistungstests anberaumt, und überall wurde festgestellt, dass die Schüler erhebliche Schwierigkeiten mit Aufgaben hatten, von denen man bei der Konstruktion annahm, dass sie das erwartete Leistungsniveau widerspiegelten.

Qualitätsentwicklung vor Ort

- Wer sichert wie die Qualität des Mathematikunterrichts?
- Wie sieht Qualitätsentwicklung im Mathematikunterricht aus?

Wie gehen die Lehrerinnen und Lehrer an den Schulen mit der Kritik um? Schließlich sind es ja die Ergebnisse *ihres* Unterricht, die bemängelt werden. Bei denjenigen, die sich der Kritik offen stellen, keimt der Verdacht, dass die Sicherheit bezüglich der Ergebnisse ihres Unterrichts trügerisch ist.

Viele der „Problemstellen" finden in den individuellen Erfahrungen von Lehrerinnen und Lehrern im Schulalltag durchaus eine Entsprechung:

- Schüler und Schülerinnen haben nach einem scheinbar „kurzen" Zeitraum von einem oder zwei Jahren bereits ernsthafte Probleme mit grundlegenden, vermeintlich gründlich geübten Sachverhalten: Sie können mit einem einfachen Gleichungssystem nichts mehr anfangen, die oft geübten binomischen Formeln scheinen völlig vergessen usw.
- Mit viel Mühe gelingt es immer wieder, die große Mehrheit dazu zu bringen, trotz dieser erkennbaren Schwächen leidlich erfolgreiche Arbeiten und Klausuren zu schreiben.
- Viele Schüler scheinen für die erfolgreiche Teilnahme am Mathematikunterricht klare, eindeutig formulierte Handlungsabläufe zu benötigen. Wenn Aufgabenstellungen einmal abweichen oder mehrere unterschiedliche Verfahren zugleich verlangt werden, geben sie frühzeitig auf.
- Gegen die verbreitete Untugend der Saisonarbeit lässt sich nur schwer etwas unternehmen – schließlich ist der Unterricht oft notgedrungen auf die nächste Klassenarbeit ausgerichtet.

Diesen Beobachtungen kann man typische Forderungen der TIMSS-Exegeten (z. B. BLUM/NEUBRAND 1998) gegenüberstellen: Sicherung von Basiswissen, Stärkung von kumulativem und problemlösendem Lernen auch in realitätsnahen, komplexen Ausgangssituationen.

Was also kann man tun, wenn man sich darüber klar geworden ist, dass die Ergebnisse der mathematischen Leistungstests ein Indikator für ein tatsächliches Problem sind? Lehrerinnen und Lehrer benötigen hier nicht nur konkrete Handlungsalternativen und Planungskriterien für den täglichen Unterricht, sondern auch Rückmeldungen über den Erfolg der von ihnen gestalteten Unterrichtsprozesse. Ihre eigenen Zensuren und großflächigen Leistungstests setzen den Hebel allerdings an einer problematischen Stelle an: Sie beurteilen die Schüler an ihren Ergebnissen, nicht an den ab-

laufenden Lernprozessen. Zudem ist keine Instanz in Sicht, die Lehrerinnen und Lehrern Fragen wie die folgenden beantworten könnte:
- Ist mein Unterricht wirklich zu lehrerzentriert? Ist die fragend-entwickelnde Unterrichtsführung wirklich die Ursache für Schwierigkeiten meiner Schülerinnen und Schüler? Wie kann ich Ansatzpunkte zu einer Veränderung finden?
- Wie können meine Schüler flexibel Probleme lösen, wenn sie schon mit den Grundlagen Schwierigkeiten haben? Besteht hier Bedarf nach anderen Mathematikaufgaben, vielleicht nach anderen Schulbüchern?
- Wie kann ich heuristische Methoden und intelligentes Arbeiten wirksam lehren?
- Wie kann ich die Schüler zu einer stärkeren Selbstständigkeit hinführen? Ist das bekannte Phlegma in der Oberstufe hausgemacht?
- Wie kann ich die viel beschworene vertikale Vernetzung bewerkstelligen? Wie kann man im Unterricht besser als bisher sichern, dass die Schüler auch langfristiges Wissen aufbauen, also „kumulativ" lernen?
- Wie kann ich überprüfen, welche Qualitäten mein Unterricht hat, welche er unbedingt noch braucht?

Um hierauf Antworten zu finden, nützt es weder, auf die genaueren Ergebnisse weiterer Untersuchungen (wie z. B. PISA), noch auf hilfreichere Richtlinien zu warten.

Qualitätsentwicklung besteht nicht aus ministeriellen Vorgaben, wie Unterricht auszusehen habe, und Qualitätssicherung wird nicht von Kontrollbehörden, die die schulische Umsetzung überwachen, gewährleistet. Die Auffassung, dass die Entwicklung von funktionierenden Handlungseinheiten – sprich den einzelnen Schulen – getragen werden muss, wird inzwischen von allen beteiligten Parteien getragen.

Wie kann Qualitätsentwicklung im Mathematikunterricht aussehen?

Wenn Lehrerinnen und Lehrer die Qualität vor Ort sichern und weiterentwickeln sollen, benötigen sie dazu Methoden. Hier zeichnen sich neue Anforderungen an die Lehrer ab: Eine Vergewisserung über die Qualität des Unterrichts und eine Weiterentwicklung desselben erfordern Arbeitsprozesse und Kompetenzen, die über die Planung und Durchführung von Unterricht hinausgehen. Die beiden wichtigsten Merkmale dieser Prozesse sind **Verständigung** und **Evaluation**. (Wem das letzte Wort zu modisch erscheint, kann es in diesem Zusammenhang durchaus durch die Begriffe *Rückmeldung* oder *Feedback* ersetzen.) Erst im Zusammenwirken beider Elemente ergibt sich ein Kreislauf der Qualitätsentwicklung, wie in folgender Abbildung dargestellt:

> **Der Kreislauf der Qualitätsentwicklung:**
>
> *Verständigung aller Beteiligten über Ziele des Unterrichts:*
> - Welche Qualitätsmerkmale wollen wir ins Zentrum unserer Aufmerksamkeit stellen? Wo besteht Entwicklungsbedarf?
> - Welche inhaltlichen Ziele verfolgen wir: Was sollen die Schülerinnen und Schüler auf jeden Fall können? Wie definieren wir „können" zufrieden stellend?
> - Welche methodische Ausgestaltung des Unterrichts wollen wir mit welchem Ziel fördern? Welche Arbeitsmethoden und Anregungen stehen hierfür zur Verfügung?
>
> *Evaluation des Unterrichts:*
> - Wie ermitteln wir die Ergebnisse des Unterrichts (nicht nur über Noten!)?
> - Wie erhalten wir Information über die Qualität der Unterichtsprozesse?
> - Wie bekommen wir Rückmeldung über die Einschätzung aller Beteiligten?
> - Wie gehen wir mit den Ergebnissen um?

Die Fragen des ersten Kastens sind wohl vertraut, schließlich handelt es sich um Grundfragen des Unterrichtens. Sie werden aber wohl zumeist von jedem Einzelnen in Angriff genommen bzw. von Manchem im Laufe einer Berufslaufbahn „endgültig" geklärt. Eine Verständigung mit Kollegen beschränkt sich meist auf einen organisatorisch zumutbaren Umfang – kurze Absprachen in den Pausen oder die Einigung auf ein schulinternes Curriculum in den Fachkonferenzen.

Die Fragen des zweiten Kastens werden im Schulalltag eher stiefmütterlich behandelt. Auch der Prozess der Rückmeldung bleibt auf die Wahrnehmung der Einzelnen beschränkt. Eine Einbettung in eine umfassendere Weiterentwicklung ist eher die Ausnahme.

Insofern ist man mancherorts noch weit entfernt von der Realisierung des keineswegs utopischen Leitbildes: „Lehrkräfte und Lerngruppen können gemeinsam ihren Unterricht erforschen. Systematische Rückmeldungen der Schülerinnen und Schüler an die Lehrkräfte über den von ihnen erlebten Unterricht sollten ebenso die Regel werden wie gemeinsame Beratungen über die Gestaltung des Unterrichts." (MSWWF-NRW 1998a, S. 19)

Bei einer solchen angestrebten Qualitätsentwicklung ist jede Schule u. a. den folgenden Bedingungen unterworfen:

Bedingungen für erfolgreiche Qualitätsentwicklung

- Ein Prozess kann nur erfolgreich werden, wenn man sich gemeinsam auf den Weg macht.
- Die Arbeit beginnt auf der Grundlage des bisher Erreichten: Positives festhalten und stärken, Veränderungen wagen.
- Sie muss auf konkrete Ziele ausgerichtet sein.
- Den Zielen kommt die Fachkonferenz leichter näher, indem sie sich Teilschritte vornimmt, die in einer überschaubaren Zeit erreicht und überprüft werden können.
- Sind diese Ziele erreicht, gilt es sie auszuwerten und erneut in einen Diskussionsprozess einzutreten, um neue Ziele zu formulieren.

(nach MSWWF-NRW 1998, S. 12)

In den folgenden Abschnitten sollen einige exemplarische Anregungen zu einer Unterrichtsentwicklung vor Ort gegeben werden, wie sie Lehrerinnen und Lehrer gemeinsam in Angriff nehmen können. Dabei wird (dem Anspruch dieses Buches als Praxishandbuch nachkommend) jeder behandelte Bereich einen speziellen praktischen Schwerpunkt setzen.

Zunächst wird der Prozess der **Unterrichtsentwicklung** auf der Ebene der Fachkonferenz am Beispielthema **„Problemlösen im Mathematikunterricht"** beschrieben (s. S. 203). Hier wird u. a. angedeutet, welchen Aufgaben sich schulische Curriculumarbeit erfolgreich widmen kann.

Als Zweites soll die Methode der gegenseitigen **Unterrichtsbeobachtung** (kollegiale Supervision) thematisiert (s. S. 218) werden. Dabei wird exkursartig der **japanische Unterricht**, der nicht zuletzt wegen TIMSS allgemeines Interesse weckt, in Augenschein genommen.

Qualitätsentwicklung vor Ort 203

Unterrichtsentwicklung – „Problemlösen"

- Was kann Unterrichtsentwicklung vor Ort bedeuten?
- Wie kann man sie gestalten?
- Welche Ziele und Bedingungen hat Curriculumarbeit?
- Wie kann man in die Curriculumarbeit einsteigen?

In diesem Abschnitt geht es um die Initiierung von schulinterner Unterrichtsentwicklung. Es soll aufgezeigt werden, wie eine Fachkonferenz oder ein anderes Fachgremium effektive schulische Entwicklungsarbeit auch jenseits des Stoffverteilungsplans leisten kann. Damit die Betrachtungen nicht im Abstrakten bleiben, wird ein konkretes und – mit Blick auf TIMSS – hochaktuelles Anwendungsfeld in den Mittelpunkt der Betrachtungen gestellt: „Wie kann man die Problemlösefähigkeiten von Schülern fördern?"

Die im Schulmitwirkungsgesetz festgeschriebene Aufgabe der Fachkonferenzen umfasst unter anderem eine Abstimmung der „Grundsätze der fachmethodischen und fachdidaktischen Arbeit" (SchMG-NRW § 7). Die traditionelle Wahrnehmung dieser Aufgabe beschränkt sich im Fach Mathematik vielerorts auf die organisatorische Absprache von Jahrgangsthemen. In den Richtlinien und Erlassen der letzten Jahre zeichnet sich allerdings eine Entwicklung ab, die den Schulen einen größeren Gestaltungsfreiraum lässt. Dieser bringt unweigerlich eine Uminterpretation des Begriffs der „pädagogischen Freiheit" mit sich:

- Der normierende Einfluss der Richtlinien geht zu Gunsten einer größeren schulischen Selbstständigkeit zurück. Eine Rücknahme der Regelungsdichte fordert eine stärkere Bereitschaft der Lehrerinnen und Lehrer zur Selbstgestaltung in Abhängigkeit von den speziellen schulischen Gegebenheiten.
- Gleichzeitig werden die Lehrerinnen und Lehrer aber auch aufgefordert, ihre pädagogische Freiheit nicht mehr wie bislang als Schutz vor Eingriffen durch Schulleitung und Konferenzen zu begreifen. Die fachdidaktische und unterrichtsmethodische Ausgestaltung der curricularen Vorgaben wird zu einer gemeinschaftlichen Aufgabe aller Fachkollegen, gleichsam ein Anlass für kooperative Qualitätsentwicklung.

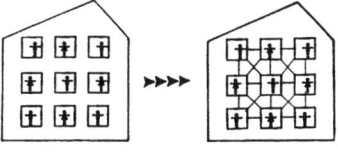

Vom „Ich und meine Klasse" zum „Wir und unsere Schule" aus MSWWF-NRW (1998c)

Diese neue Perspektive hat auch umfassende Auswirkungen auf die Aufgaben von Schulaufsicht, Schulleitung und Fachgremien an der Schule. Insbesondere bedingt sie eine veränderte Funktion der Curricula:
Der Einzelschule soll aufgegeben werden, Lehrpläne durch eine eigenständige Kombination von verpflichtenden Elementen und einer Schwerpunktsetzung im Rahmen eines mittelfristig gültigen Schulprogramms auszuformulieren. Die eigene Lehrplanarbeit der Schulen soll ein wesentliches Element bei der Erarbeitung eigener Entwicklungsperspektiven sein. (Leitvorstellungen der BILDUNGSKOMMISSION NRW 1995, S. 145)

Die Entwicklung eines Schulprofils soll also die Entwicklung von Inhalten und Formen des Lernens mit einschließen. Die Curriculumarbeit ist somit ausdrücklich auch die Aufgabe der einzelnen Schule.

Woran liegt es nun, wenn solche neuen Freiräume nur zögerlich genutzt werden? Hier gibt es verschiedene Gründe, von denen meistens mehrere zugleich wirksam sind:

- Eine traditionelle Auslegung der Richtlinien verstellt die Sicht auf die Freiräume bei der Interpretation der Richtlinien. Unter Erfüllung der Richtlinien, speziell der Obligatorik, wird die bisher durchgeführte Behandlung des Stoffkanons verstanden. Zu dieser traditionellen Auffassung gehören ebenfalls Bedenken gegen die rechtliche Absicherung von innovativen („experimentellen") Unterrichtsentwicklungen, insbesondere wenn sie einen Eingriff in den Stoffkanon mit sich bringen.

- Ebenso hinderlich ist eine „extensive" Auslegung der Richtlinien: Zwar wurde in den letzten Jahren die Obligatorik der Lehrpläne in Teilbereichen zurückgenommen. Dennoch führt eine komplette Abhandlung des Stoffs zu einem enormen Zeitdruck für Lehrer und Schüler, der keine Bewegungsfreiheit für Veränderungen zuzulassen scheint. Eine nicht unwesentliche Rolle spielt dabei auch die normierende Kraft der Schulbücher. Diese suggerieren gewisse Mindestanforderungen, deren vermeintliche Notwendigkeit ein Hindernis für etwaige Neugewichtungen darstellt.

- Das entwicklungstragende Gremium, gewöhnlich die Fachkonferenz, kann für innovative Entwicklungen zu unbeweglich sein. Eine Fachkonferenz Mathematik an einem neun Jahrgänge umfassenden Gymnasium ist oft zu groß und inhomogen und kann nicht flexibel genug zusammentreten, um als Ganzes z. B. eine neue Lernorganisation in einer bestimmten Stufe zu tragen und weiterzuentwickeln.

- Die traditionelle Auslegung des Begriffs der pädagogischen Freiheit kann auf unterschiedliche Weise die Qualitätsentwicklung hemmen. Die ge-

meinsame Entwicklung von Unterricht wird nicht selten als Eingriff in die pädagogische Freiheit empfunden, vielleicht aber auch nur im Rahmen einer impliziten Auffassung vom Charakter didaktischer und methodischer Arbeit überhaupt nicht als Möglichkeit wahrgenommen.
- An vielen Schulen findet innerhalb der Fachkonferenzen durchaus eine Auseinandersetzung mit methodischen oder didaktischen Themen statt, z. B. im Rahmen von schulinternen Fortbildungen. Dennoch werden diese oft nicht in ihrer Umsetzung weiter verfolgt, und haben so nur wenig Auswirkungen auf die Unterrichtspraxis. Das liegt auch daran, dass Evaluationsmöglichkeiten nicht gesehen oder nicht wahrgenommen werden.
- Schließlich kann es sein, dass eine Fachschaft keinen Entwicklungsbedarf verspürt, da sie keine Vorstellungen über Möglichkeiten und neue Anforderungen im Mathematikunterricht besitzt. Die Aufforderung zu einer inneren Schulreform, also auch einer Reform der Ziele und Inhalte des Mathematikunterrichts, wird in einer solchen Situation als zusätzliche, von außen herangetragene Bürde empfunden.

Ein Einstieg in die Curriculumarbeit

Wie kann also ein Einstieg in die Schulentwicklung im Fach Mathematik jenseits einer schon immer stattfindenden Disponierung des Stoffes über die Schuljahre aussehen? Die Anregung zur Durchführung von Parallelarbeiten ist ein Ansatz, den einige Landesschulbehörden zur Initiierung von Qualitätsentwicklungsprozessen vor Ort ausgewählt haben (MSWWF-NRW 1999 und BSJB 1999). Diese Maßnahme ist geeignet, gleich mehrere Ziele zu verfolgen: Sie hilft bei der Sicherung von Basiswissen und fördert vertikale Vernetzung. Sie regt (dort, wo diese noch nicht entwickelt ist) die didaktische und fachmethodische Auseinandersetzung zwischen Fachkollegen an. Schließlich gibt sie einen ersten Anlass für Evaluationsprozesse.

Nicht verschweigen darf man die zahlreichen problematischen Aspekte einer per Erlass eingeführten Parallelarbeit. Es ergeben sich aber auch viele attraktive Einsatzmöglichkeiten, wie z. B. die Diagnose langfristiger Lernprozesse zur Förderung kumulativen Lernens, das Erarbeiten eines Aufgabenpools z. B. mit themen- oder fachübergreifenden Aufgaben oder die Definition von schuleigenen Leistungsstandards. An dieser Stelle muss darauf hingewiesen werden, dass für die Arbeit der Fachkonferenz mit Parallelarbeiten bereits ausgearbeitetes Material mit hohem Konkretheitsgrad vorliegt (LSW 2000).

Ein ganz anderer Ansatz für die Entwicklungsarbeit im Fach Mathematik auf curricularer Ebene soll auf den folgenden Seiten dargestellt werden. Dabei werden drei wichtige Bedingungen für einen erfolgreichen Einstieg in die Unterrichtsentwicklung in den Vordergrund gestellt:
1. Bei den Bedürfnissen ansetzen
2. Schwerpunkte, Ziele, Grenzen und Fristen setzen
3. Freiräume verdeutlichen und schaffen.

Von den Bedürfnissen der Beteiligten auszugehen, heißt im Kreislauf der Qualitätsentwicklung (S. 201) mit der Evaluation zu beginnen. Beginnt man in einem völlig offenen Ansatz mit allgemeinen Fragestellungen („Was gefällt Ihnen/dir am Mathematikunterricht in unserer Schule nicht?"), so hat das den Vorteil, dass man im besten Fall ein Bild von der Befindlichkeit der Beteiligten erhält. Jedoch wird man schwerlich vorhersagen können, in welche Richtung sich die Ergebnisse bewegen werden. Vielleicht besteht allseits ein großes Bedürfnis nach Konfliktbewältigung oder Sauberkeit im Klassenraum. Auch hier sind ernst zu nehmende Ansatzpunkte für Schulentwicklung zu finden[6]. Will man aber eine konkrete Arbeit am Curriculum ins Auge fassen, sollte eine Orientierung aller Beteiligten über die Möglichkeiten und Bedingungen der Arbeit vorangestellt werden.

Angesichts der oben formulierten negativen Einflussfaktoren auf eine produktive Arbeit sollten die folgenden Punkte berücksichtigt werden:
- **Beschränkung auf einen kleineren Kreis von Personen,** die an Veränderungen besonders interessiert sind. Andere können immer noch später dazustoßen bzw. eingeworben werden. Ein solches Vorgehen kann allein schon aus Gründen der Effektivität und Flexibilität durch Arbeitsteilung sinnvoll sein.
- **Aufklärung über die existierenden Freiräume:** Hierbei kann es sehr hilfreich sein, auf ausdrückliche Anregungen in Richtlinien und anderen amtlichen Texten hinzuweisen.
- **Informationen über gesellschaftliche und fachdidaktische Forderungen:** Wer über die Ergebnisse von TIMSS nur vage informiert ist, hat die Frage nach der Relevanz für seinen persönlichen Unterricht vielleicht schon ad acta gelegt. Hierbei besteht vor allem die Chance einer **Erweiterung des Blickfeldes,** weg von der Disposition der Inhalte und hin zu unterrichtsmethodischen Fragestellungen. Dies gelingt besonders dann, wenn die Auseinandersetzung mit angemahnten, besser noch mit selbst

---

[6] Eine sehr hilfreiche, praxisorientierte Handreichung hierzu gibt EIKENBUSCH (1998).

wahrgenommenen Mängeln des Mathematikunterrichts als gemeinsam zu bewältigende Aufgabe dargestellt wird.
Zwei Ansätze, die einzeln oder gemeinsam eine solche Vororientierung für die Curriculumarbeit und Ausweitung des Horizontes ermöglichen, sollen hier angedeutet werden:

Beschäftigung mit den TIMSS-Ergebnissen
- *Was können deutsche Schüler gut? Wo liegen ihre besonderen Schwierigkeiten?*
- *An welchen Defiziten des deutschen Mathematikunterrichts wird dies festgemacht?*
- *Wieso muss man diese Ergebnisse ernst nehmen?*

Anschließende Rückfragen, Meinungsäußerungen und Diskussion:
- *Inwieweit spiegeln sich die Probleme in den eigenen, konkreten Unterrichtserfahrungen wider?*

Material: z. B. BLUM/NEUBRANDT (1998), BAUMERT/BOS/WATERMANN (1998), MATHEMATIK LEHREN 10/98, www.mpib-berlin.mpg.de.

Diskussion des allgemeinbildenden Mathematikunterrichts
- *Wie legitimiert sich der heutige Mathematikunterricht?*
- *Welche gesellschaftlich konsensfähigen Ziele verfolgt Mathematikunterricht?*
- *Welche Kriterien für einen allgemeinbildenden Unterricht gibt es?*

Anschließende Rückfragen, Meinungsäußerungen und Diskussion:
- *Berücksichtigt der Mathematikunterricht vor Ort diese Ziele ausreichend?*

Material: z. B. HEYMANN (1989 und 1997), KÖHLER (1995), WEIGAND (1995 und 1997).

Bei der entstehenden Diskussion wird man sicherlich feststellen, dass die Forderungen und Perspektiven dieser vermeintlich „neuen" Anforderungen an den Mathematikunterricht bereits in den Formulierungen der aktuellen Richtlinien ausgearbeitet vorliegen – und demnach eigentlich Eigenschaften des implementierten Unterrichts sein sollten. Tatsächlich verstellt die Umsetzung der inhaltlichen Vorgaben der Lehrpläne aber oft beträchtlich die Sicht auf die übergreifenden Ziele von Mathematikunterricht. Das hier vorliegende Phänomen der „verkürzten Wahrnehmung der Richtlinien" ist wohl ein grundlegender Faktor für die Schwierigkeiten bei einem Einstieg in die Unterrichtsentwicklung. Zwischen den allgemeinen Lernzielen der Präambeln, den Anleitungen zur methodischen Gestaltung von Unterricht auf der einen Seite und den Stoffverteilungsplänen auf der anderen Seite klafft immer schon eine riesige Lücke. Dieser Mangel ist gewiss nicht den Lehrplanautoren vorzuwerfen, sondern liegt in der Natur der Sache: Ein Stoffkanon, also eine inhaltliche Definition von Unterrichtsqualität, lässt sich verhältnismäßig leicht aufstellen. Die methodische Seite von Unterrichtsqualität ist weit weniger klar zu fassen, da sich die hier zu beschreibenden Unterrichtsprozesse schwerer zeitlich lokalisieren und schlechter evaluieren lassen. Einige willkürlich herausgegriffene Beispiele für **angestrebte Schülerkompetenzen**, wie man sie in allen Richtlinien finden kann, sind:

- Daten und Ergebnisse zusammenfassen
- Plausibilitätsbetrachtungen, Überschläge und Vergleiche durchführen
- mit Fehlern umgehen
- Mathematik als etwas historisch Gewachsenes verstehen
- kooperative Arbeitsformen beherrschen
- ein Verständnis für die Vielfalt möglicher Methoden haben
- Werturteile in Auseinandersetzung mit anderen Überzeugungen begründen und vertreten lernen.

Für den **Umgang mit derartigen Schülerkompetenzen** bei der Unterrichtsgestaltung gelten jeweils eine oder mehrere der folgenden Feststellungen:

- Die Art und Weise, wie sie zu verwirklichen sind, ist in den Richtlinien wenig spezifiziert. Diese festzulegen, liegt in der methodischen Entscheidung der einzelnen Lehrkraft.
- Sie lassen sich nicht an konkreten Unterrichtsinhalten und nur bedingt an bestimmten Unterrichtsformen festmachen.
- Sie können nur langfristig gefördert werden.
- Es wird häufig angenommen, dass sie gleichsam „automatisch" mit der Umsetzung des inhaltlichen Lehrplans eingeübt werden.

Das Gegenteil des letzten Punktes ist jedoch der Fall: Die Inhalte determinieren weder die Methoden noch die Lernziele. Man kann es kaum einfacher und prägnanter ausdrücken als GRELL/GRELL (1993, S. 178) dies tun:

Die fachlichen Inhalte, die Ihnen der Lehrplan aufzählt, sind in den allermeisten Fällen noch nicht die Lernziele, die Sie wirklich anstreben sollten. Diese Themen sind nur die Anlässe, zu denen Sie sich mit den Schülern in der Schulklasse versammeln, und Sie haben als Lehrer die Aufgabe, zu diesen Anlässen Lernziele hinzuzufügen.

Ein Ansatzpunkt für Unterrichtsentwicklung (und damit auch für die Unterrichtsvorbereitung im Kleinen!) kann also ebenso gut sein, sich eine Übersicht zu übergreifenden Lernzielen des Faches Mathematik zu machen (z. B. nach den Richtlinien, anhand der im zweiten Kapitel beschriebenen Kriterien o.Ä.) und sich zu fragen: „Wie werden diese im Unterricht verwirklicht, wo bestehen Wahrnehmungs- oder Umsetzungsdefizite?"

Ebendiese Aufgabe, nämlich die Umsetzung übergreifender Lernziele innerhalb des Stoffkanons des eigenen Faches und die Auswahl angemessener Unterrichtmethoden, ist nach bisherigem Verständnis von pädagogischer Freiheit ein autonomes Privileg der einzelnen Lehrkraft. Die professionelle *kooperative* Bewältigung dieser Anforderungen muss erst in das Zentrum der Beachtung gelangen. Dies sollte der eigentliche, wesentliche Teil von Curriculumarbeit sein.

Wie lässt sich die curriculare Arbeit organisieren?

Zu einer ersten Übersicht über die „curricularen Bedürfnisse" der Beteiligten kann das Evaluationsinstrument einer **schriftlichen Umfrage** führen. Diese sollte genügend Vorlauf haben, damit die Befragten ausreichend Zeit zur Reflexion bekommen und eine gewisse Anonymität gesichert ist. Man könnte beispielsweise um die Beantwortung der folgenden, schriftlich vorgelegten Fragen bitten:

Es geht um die Umsetzung übergreifender Lernziele!
Welche Defizite verspürst du/verspüren Sie?
Welche Ideen könnten hier abhelfen?
Welche Probleme siehst du/sehen Sie bei der Umsetzung?

Die Ergebnisse können dann zusammengefasst und in einer **Orientierungssitzung** allen Beteiligten beispielsweise als tabellarische Übersicht vorgestellt werden, wie auf S. 210 gezeigt.

Um eine Übersicht über Möglichkeiten, gemeinsame Wege, das Zusammenwirken verschiedener Maßnahmen etc. zu erhalten, lässt sich gemeinsam eine Mind-Map anfertigen (vgl. S. 176), in die dabei aufkommende weitere Gedanken zu Zielvorstellungen und Problemeinflüssen aufgenommen werden können.

Defizite	Ideen zur Abhilfe	Probleme
Schüler haben Schwierigkeiten beim Problemlösen	Aufgabenmaterial, neues Buch, mehr Zeit, offene Aufgaben	kein Material, Zeitdruck, schwache Schüler
Selbstständiges Arbeiten der Schüler	mehr Freiarbeit? Projekte, andere Lernformen? Lernen lernen	Gewöhnung, hängt vom Klassenklima ab
Fehlendes Grundwissen, hohe Vergessensrate auch bei einfachsten Sachen	regelmäßige Wiederholungsphasen, Schüler Selbsteinschätzung, übergreifende Aufgaben	Kooperation, zusätzliche Arbeitsbelastung durch Korrekturen
Wie ist entdeckendes Lernen im Mathematikunterricht möglich?	Bastelmaterial! Computer? mit Geometrieprogrammen und CAS	kaum Material, schlecht ausgestatteter Computerraum
Einseitige Arbeitsformen	Freiarbeit, Stationenlernen, Info durch Fortbildung und Fachberater	kaum Zeit im Stundenplan für „Experimente"
Unterricht zu sehr fragend-entwickelnd, nicht effektiv	Fortbildung? Hospitationen?	für Hospitation kein Platz im Stundenplan
Fächerübergreifendes Arbeiten in Mathematik	Projekte, Exkursionen	fehlende Anregungen durch andere Fächer

Eine so breite Palette von Klärungswünschen und Arbeitsansätzen kann auch in Arbeitsteilung nicht gleichzeitig in Angriff genommen werden. Ein solcher Totalschlag ist weder kooperationsfähig noch effektiv umsetzbar, denn während der Veränderungen muss die tägliche Arbeit unbeschadet weiterlaufen können. Es gilt also, sich auf eine oder mehrere vereinbarte Entwicklungsaufgaben zu konzentrieren. Wichtige Kriterien für die Auswahl sind (EIKENBUSCH 1998, S. 136): Relevanz der Veränderungen, Bereitschaft für die Veränderungen und Vorhandensein von Ressourcen für die Veränderungen.

Im Folgenden soll davon ausgegangen werden, dass sich das Gremium für das zeitlich und inhaltlich beschränkte Arbeitsthema entschieden hat: **Wie kann man in der Mittelstufe das Problemlösen lehren/fördern/üben?** Nun kann noch keine Entwicklungsarbeit „aus dem Stand" anlaufen. Vielmehr ist zunächst angeraten, sich über die vorhandenen Ressourcen zu verständigen. Hierzu sollte eine angemessene Frist eingeräumt werden – es gibt auch bei kollektiver Kreativität so etwas wie eine Inkubationszeit. Man kann sich allerdings gemeinsam einen Überblick über mögliche Quellen von Material und/oder Erfahrungen verschaffen. Die Kenntnis eines breiten Spektrums von Möglichkeiten, oder auch eine vernünftige Arbeitsteilung, kann den folgenden Prozess effektiver gestalten.

Mögliche Ressourcen für eine kooperative Unterrichtsentwicklung

- Kontakte zu Fachreferenten aufnehmen
- Kollegen an befreundeten Schulen kontaktieren, Erfahrungsberichte einholen
- Im Internet nach Materialien und Erfahrungsberichten recherchieren
- Fachzeitschriften und Fachbücher durchforsten
- Weitere Gespräche zwischen Fachkollegen suchen
- (Über Referendare) das örtliche Fachseminar kontaktieren
- Anregung durch geschärfte Wahrnehmung des „Normal"-Unterrichts
- Erfahrungen mit individuellen „Unterrichtsexperimenten" sammeln
- Das Schulbuch oder konkurrierende Bücher nach Material sichten
- Sammlung eigener Materialien auf Anregungen prüfen
- Zeit- und Raumressourcen erkunden
- Nach weiteren Mitwirkenden Ausschau halten

Beiträge zum Problemlösen

Die folgenden vier Beiträge sollen exemplarische Ergebnisse einer Ressourcensammlung zum Thema Problemlösen lernen in der Mittelstufe vorstellen, sind aber in ihrer Verwendbarkeit nicht auf diese Stufe beschränkt.

a) Heuristische Strategien schulen

Empirische Studien belegen, dass durch heuristisches Training die Problemlösefähigkeiten von Schülern signifikant verbessert werden können (vgl. TIETZE/KLIKA/WOLPERS 1997, S. 112 ff.). In der Unterrichtspraxis jedoch werden allgemeine Problemlösehilfen jenseits von bereichsspezifischen Methoden selten effektiv vermittelt. Es sind also zwei Fragen zu klären: *Welche allgemeinen heuristischen Strategien kann man vermitteln? An welchen Problemen soll man sie einüben?* Bei der Beschäftigung mit der ersten Frage kommt man nicht an einem zeitlosen Klassiker in Sachen mathematischer Heuristik vorbei: GEORGE PÓLYAS „How to solve it" aus dem Jahre 1945 ist so aktuell wie je. Die Zusammenfassung seiner Ideen (s. S. 212) ist bereits eine Übersetzung und Erweiterung, die mit dem Blick auf die Zielgruppe (Schüler der Mittelstufe) Formulierungen vereinfacht oder spezifiziert.

Wie löse ich ein Problem? (nach PÓLYAS, vereinfachte Formulierung)
Das Problem verstehen

Was wird gesucht?
Welche Angaben sind vorgegeben? (Hat man wirklich alle verwendet?
Sind bestimmte Angaben wesentlicher als andere?)
Welche Bedingungen müssen erfüllt werden?
Fertige eine Zeichnung an. Wähle passende Bezeichnungen.

Einen Lösungsplan aufstellen

Ist ein ähnliches Problem bereits bekannt?
Vielleicht in einer etwas anderen Form?
Gibt es ein bekanntes Problem, das dieselben Unbekannten enthält?
Kann man dessen Ergebnis verwenden? Kann man dessen Methode verwenden?
Kann man das zu lösende Problem zunächst vereinfachen/verändern, d.h. ...
- für einen Spezialfall lösen?
    ... zunächst bestimmte zusätzliche Annahmen machen?
- einen Teil der Bedingungen erst einmal weglassen?
- zusätzliche Größen (z. B. Hilfslinien) einführen?
- für die gegebenen Größen bestimmte Werte wählen?
- aufteilen in Teilprobleme, die man unabhängig lösen kann?

Durchführung des Lösungsplans

So weit wie möglich die geplanten Schritte durchführen.
Kontrollieren, ob die Schritte jeweils richtig sind.
Hat man bereits das gewünschte Ergebnis erreicht?
Hat man dazu das Problem verändert?
Kann man die Schritte auch ohne die zusätzliche(n) Annahme(n) machen?
Wenn nicht, woran liegt das? Lässt sich dieses Problem beheben?
Ergeben die Lösungen der Teilprobleme die Gesamtlösung?

Rückschau – Kontrolle

Sind die einzelnen Schritte alle korrekt?
Ist die Lösung sinnvoll?
Kontrolliere die Größenordnung durch Überschlagsrechnung.
Kontrolliere die Einheiten.
Untersuche die Symmetrie (Was passiert bei Austausch von Größen?)
Gehen alle benötigten Größen ein?
Wie sieht die Lösung für Spezialfälle aus?
Sind die Grenzfälle vernünftig?

Diese lange Liste kann für „Einsteiger" in das bewusste Problemlösen allerdings einschüchternd und verwirrend wirken. Die Liste könnte wie folgt verwendet werden:
- Es kann den Schülern zunächst eine vereinfachte Liste an die Hand gegeben werden.
- Die Schüler können angehalten werden, die Liste immer wieder zu konsultieren.
- Die einzelnen Tätigkeiten sollten an konkreten Problemen nach und nach eingeübt werden.
- Der Lehrer kann die Benutzung der Liste am Beispiel demonstrieren.
- Die Schüler sollen die Anweisungen selbst interpretieren, indem sie sich an konkreten Aufgaben jeweils immer wieder überlegen, wie bestimmte Anweisungen umgesetzt werden könnten.

Hinsichtlich der Frage nach geeignetem Aufgabenmaterial muss man feststellen, dass die meisten Schulbuchaufgaben sich in ihrer Struktur nicht für den Einstieg in das Problemlösen eignen. Sie sind meist zu geschlossen formuliert, da sie in starkem Maße auf solchen Wissenselementen beruhen, die zuvor erarbeitet worden sind. Die folgenden drei Beiträge geben Anregungen, wie man geeignete Problemaufgaben finden kann.

b) Angemessene Einstiegsprobleme für das Problemlösen

Solche Aufgaben sollten
- vom jeweils aktuellen Schulstoff relativ unabhängig sein
- die Schüler dazu motivieren, eigene Methoden zu erfinden
- verschiedene Lösungswege besitzen
- die Verwendung heuristischer Methoden nahe legen
- leicht verständlich und mit Alltagswissen interpretierbar sein.

Unterrichtsideen Einige Beispiele für Einstiegsprobleme:
Das Zugproblem: Zwischen Dortmund und Duisburg fahren die S-Bahnen im 20-Minuten-Takt. Die Fahrtzeit beträgt 60 Minuten. Wie vielen Bahnen in Gegenrichtung begegnet man während der Fahrt?
Das Umgießproblem[7]: *Man hat drei Gefäße mit dem Inhalt 8, 5 und 3 Liter. Das 8-Liter-Gefäß ist voll, die anderen beiden leer. Allein durch Umgießen (Auffüllen oder Leergießen) soll man 4 Liter abmessen. a) Wie geht's? b) Welches ist der schnellste Weg?*

[7] Nicht wenige Schüler kennen dieses Problem bereits aus dem Bruce-Willis-Film „Stirb langsam".

Schokoladenprobleme: Mit wie vielen Griffen kann man eine Tafel Schokolade in Einzelstücke brechen? Wie hängt das Ergebnis von der Größe (n ·m) der Tafel ab? Mit wie vielen Schnitten kann man ein Stück Käse in (n ·m ·k) Würfel zerteilen? Wie hängt das Ergebnis davon ab, ob man Scheiben zum Schneiden übereinander legen darf? (SZTRÓKAY 1998)
Kalenderaufgaben: *Wie viele Freitage können im Jahr maximal auf den Dreizehnten eines Monats fallen?*

Weitere Anregungen sind nicht schwer zu finden (z. B. HEMME 1990, QUAK 1998). Man muss allerdings sorgfältig selektieren, welche für das Problemlösen im Unterricht (für alle Schüler) geeignet sind.

c) Problemlösen mit offenen Aufgaben

Ein wichtiger Aspekt des Problemlösens ist die Kreativität. Um diese zu fördern, müssen die Probleme so offen strukturiert sein, dass sie vielfältige individuelle Zugänge zulassen. Gesucht sind also vor allem offene Probleme:

- **Fermi-Fragen:** *Wie viele Golfbälle passen in einen Koffer?* (s.a. S. 103)
- **Probleme mit mehrdeutigen Antworten:** *Wie geht die Folge 4, 5, 7, 12 ... weiter? Warum?*
- **Lernen von den Japanern:** Nachfolgend wird ein kurzes Schlaglicht auf japanischen Unterricht geworfen werden (in Ergänzung zu S. 218).

Der „open-ended approach" – offene Probleme

Die folgenden Auszüge stammen aus einer englischen Übersetzung des japanischen Buches „*The open-ended approach: A new proposal for teaching mathematics*" (BECKER/SHIMADA 1997), das auf ein japanisches Forschungsprojekt aus dem Jahre 1976 zurückgeht. In ihm kondensieren wesentliche Merkmale von problemlösendem Arbeiten in japanischem Unterricht.

Stunden, die auf der Lösung offener Probleme als zentralem Thema fußen, haben einen großen Einfluss auf die Verbesserung von Lehren und Lernen. Bei der Lehrmethode, die wir „open-ended approach" nennen, wird zunächst ein unvollständiges Problem vorgestellt. Die Stunde geht dann weiter, indem viele richtige Antworten zu dem Problem benutzt werden, um Erfahrungen zu vermitteln, wie dabei etwas Neues gefunden werden kann. Dies geschieht dadurch, dass das Wissen der Schüler oder vorher gelernte Denkweisen kombiniert werden.

Eine Beispielaufgabe: „Gegeben sind zwei parallele Geraden. Durch das Zeichnen von Geraden, die diese schneiden ergeben sich viele verschiedene Figuren. Finde möglich viele Eigenschaften, die diese Figuren haben."

Mögliche Schülerlösungen können sich beziehen auf:

- Winkelbeziehungen (Neben-, Stufenwinkel etc.)
- Zahl der entstehenden Schnittgebiete
- Lage der Mittelpunkte bei schneidenden Geraden
- Streckenverhältnisse (Strahlensätze)

Die Schüler sollen ihre Beobachtungen in freier Weise beschreiben können. Das Hauptgewicht der Stunde liegt auf individuellen Reaktionen. Gruppentätigkeit kann ihnen helfen, ihre Ideen über die Betrachtung und Beschreibung geometrischer Figuren zu bestätigen und kann auch neue Sichtweisen eröffnen.

d) Problemlöseaufgaben im „Normalunterricht"

Auf Dauer kann dem Problemlösen nicht eine eigene Enklave im Unterricht reserviert bleiben. Wenn der Mathematikunterricht generell eine stärkere Ausrichtung auf problemlösendes Denken erhalten soll, so müssen auch die alltäglichen Themen in anspruchsvolleren Kontexten behandelt werden.

Wie solches Aufgabenmaterial aussehen kann, zeigen die folgenden Skizzen, die sich alle auf ein und dieselbe Aufgabenstellung beziehen. Diese Konfigurationen kann man beinahe beliebig erweitern und so differenzierendes Material für problemlösende Übungsphasen erhalten (s. REUTER 1992).

Unterrichtsbeispiel *Bestimme indirekt die Breite eines Flusses!*

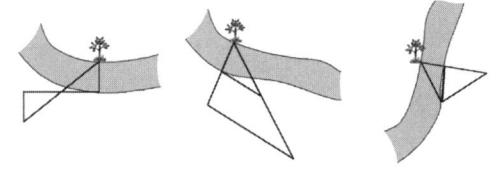

Diese Aufgabe soll die Liste von Material für das Problemlösen in der Mittelstufe beenden.

Bei der Ressourcensammlung zum Thema **Problemlösen** kristallisieren sich verschiedene Aspekte heraus:
- Schüler wie Lehrer müssen Erfahrungen mit dem Training von Heuristiken sammeln. Hierzu müssen Aufgaben zusammengetragen werden, anhand derer das **explizite heuristische Arbeiten sukzessive erlernt** und ausgebaut werden kann. Erste Erfahrungen sollten nach spätestens einem halben Jahr evaluiert werden, damit diese Arbeit – wenn sie sich als erfolgreich herausstellen sollte – auch anderen Kollegen nahe gelegt werden kann.

- Neben eigens für den Einstieg in das Problemlösen ausgesuchten Aufgaben werden auch **Problemaufgaben für den „Normalunterricht"** benötigt. Hier muss langfristig eine Sammlung angelegt werden, die das Schulbuch ergänzt und von der sich alle Kollegen bedienen können.
- Die Kollegen, die sich mit der Entwicklung von Unterrichtsmaterialien beschäftigen, benötigen **Kooperations- und Abstimmungsgelegenheiten**. Vor allem muss allen eine gewisse unterrichtliche Mindestzeit für die explizite „Problemlösearbeit" in den Klassen zur Verfügung stehen. Die Arbeit darf nicht etwa durch äußeren Druck (Klassenarbeiten oder unterschiedliche Arbeitstempi) behindert werden. Hier ist zu überlegen, ob nicht (in der Regel) eine Stunde pro Woche mit gemeinsam vereinbarten Problemlöseaufgaben verbracht werden soll.
- Problemlösen lernt man nicht nebenbei. Man benötigt vielmehr zusätzliche Freiräume im Curriculum. Hier gilt es, den Stoff der betroffenen Stufen zu sichten, um festzustellen, an welchen Stellen eine extensive Behandlung zugunsten problemlösender Phasen möglich ist.

Da der letzte Punkt eine wichtige Bedingung für jedwede Art von unterrichtlichen Innovationen ist, soll zum Schluss dieses Teilkapitels noch näher darauf eingegangen werden.

Curriculare Freiräume schaffen

Eine unterrichtsmethodische Curriculumarbeit, wie sie auf den vorangegangene Seiten exemplarisch vorgeführt wurde, hat eigentlich immer auch Einfluss auf die inhaltliche Orientierung des Unterrichts. Ein wichtiger Faktor ist dabei auch die Tatsache, dass neue unterrichtsmethodische Erfahrungen mit einem mehr oder weniger großen (Unterrichts-)Zeitbedarf verbunden sind. Ein nicht zu unterschätzendes Innovationshemmnis ist in dieser Beziehung eine extensive Auslegung der Lehrpläne. Wie dem abgeholfen werden kann, sollen die folgenden Beispiele zeigen.

Welche Fragen muss man bei der Selektion von Unterrichtsinhalten stellen und beantworten?
1. Wann wird der Stoff wieder benötigt?
2. Welche Gelegenheiten zur Übung/Wiederholung gibt es?
3. Welche Behaltensleistung ist zu erwarten?
4. Kann der Stoff, falls benötigt, schnell aufgearbeitet werden?

Qualitätsentwicklung vor Ort

Beispiel 1: Kosinussatz

zu 1.: Das Behalten der Formel ist eher unwahrscheinlich.

zu 2.: In Klasse 10 und 11 wird sie wahrscheinlich nicht wieder aufgegriffen, in Stufe 12 zur Definition des Skalarprodukts benötigt. Dort muss sie eigens wieder behandelt werden.

zu 3.: Wichtige Funktion des Kosinussatzes in Klasse 10 ist die Erweiterung von Berechnungen durch trigonometrische Funktionen. Diese ist allerdings durch ein zweischrittiges Verfahren ersetzbar (Höhenlinie einzeichnen).

zu 4.: Der Kosinussatz vervollständigt den großen Bogen: von der Konstruktion nach Kongruenzsätzen zur eleganten Berechnung durch trigonometrische Sätze. Wird er in dieser Funktion auch wirklich thematisiert? Wird der Gesamtzusammenhang den Schülern deutlich?

Beispiel 2: Potenzgesetze und Potenzfunktionen

zu 1.: Sie stellen eine Erweiterung der algebraischen Möglichkeiten (z. B. bei der Umformung von Wurzelgleichungen auf Potenzgleichungen) dar und eine Bereicherung der bereits bekannten Funktionenklassen um Potenzfunktionen. Beides wird benötigt als Ausgangsmaterial für Funktionsuntersuchungen in der gymnasialen Oberstufe. Dazu benötigen die Schüler eine gewisse Rechensicherheit. Offenbar ist die Funktion dieses Themas rein instrumentell. Weitere nahe liegende Anwendungsgebiete lassen sich nicht ausmachen. Für Schüler, die nach der 10 abgehen, ist es schwer zu rechtfertigen.

zu 2.: Die Erweiterung der Potenzgesetze auf die reellen Zahlen wird von den Schülern wohl nicht als wesentlicher Schritt erlebt, sondern durch die Evidenz des Taschenrechners verdeckt.

zu 3.: Neue Probleme, wie $(-1)^{2/2}$ oder 0^0 könnten den reflektierten Umgang mit Rechengesetzen fördern.

zu 4.: Viele komplexe Umformungsaufgaben trainieren nie wieder benötigte und schnell wieder vergessene Fähigkeiten.

Die hier aufgezählten Argumente kann man verwenden, um gewisse Themen aus dem Stoffkanon ganz oder teilweise zu streichen. Auf diese Weise kann man sich substanzielle Freiräume im Curriculum verschaffen. Weitere Ansatzpunkte wären z. B. die Strahlensätze oder die Logarithmengesetze. Eine wichtige **Bedingung für die Wirksamkeit** solcher stoffreduzierender Maßnahmen ist sicherlich der Konsens in der Kollegenschaft. Doch sollte man nicht unbedingt die Zustimmung der *gesamten* Fachkonferenz als Erstes und oberstes Ziel ansteuern. Gerade im Anfangsfeld einer innovativen Maßnahme könnte dies am Widerstand derer, die die Maßnahme nicht mittragen, scheitern. Erfolgversprechender ist es sicherlich, zunächst vorläufige Vereinbarungen innerhalb der Gruppe aller beteiligten Fachlehrer (etwa einer Jahrgangsstufe) zu treffen. Im Erfolgsfalle lassen sich die guten Erfahrungen verwenden, um auch weitere Kollegen von den Veränderungen in Lehrplan und Unterricht zu überzeugen.

Unterrichtsbeobachtung – TIMSS-Video

- Was kann wer aus den TIMSS-Video-Studien lernen?
- Wie sieht japanischer Unterricht aus?
- Welche Elemente können deutschen Unterricht bereichern?
- Wozu dient Unterrichtsbeobachtung?
- Wie kann kollegiale Unterrichtshospitation funktionieren?

Jeder Lehrer und jede Lehrerin sammelt täglich neue Erfahrungen über Unterrichtsprozesse im *eigenen* Unterricht. Die Reflexion und Kommunikation über Unterrichtsprozesse und das professionelle Lehrerhandeln ist dabei immer durch den subjektiven Wahrnehmungsrahmen beschränkt. Wie profitabel ein Blick über den Tellerrand des eigenen Unterrichts sein kann, will das vorliegende Kapitel anhand zweier vorderhand unabhängig scheinender Themen darlegen:
- die Beobachtung von japanischem Unterricht in Videomitschnitten
- die gegenseitige Unterrichtsbeobachtung unter Kollegen.

Die TIMSS-Video-Studie

Als Einführung in die Thematik mag vielleicht ein ganz subjektiv gefärbter Erfahrungsbericht dienlich sein.

Der Mythos, der sich seit der TIMS-Studie um den japanischen Mathematikunterricht rankt, lies mich neugierig werden, als ich erfuhr, dass im Rahmen der Erhebungen 1994/95 auch Videoaufnahmen von Unterrichtsstunden in über 200 zufällig ausgewählten 7. und 8. Klassen in Japan, Deutschland und den USA angefertigt wurden. Einige repräsentative Stunden wurden auch der Öffentlichkeit zugänglich gemacht. Ich besorgte mir also die CD-ROMs und spielte sie auf dem Computer ab. Zunächst einmal störte mich sehr, dass es keine Transkription des Unterrichtsgeschehens oder der Lehrer- und Schüleräußerungen gab – dennoch ließ sich das Wesentliche ganz gut aus dem Zusammenhang erschließen.

Zunächst einmal erkannte ich schnell, dass von den Vorurteilen und Klischees vom japanischen Unterricht nur einige stimmen: Die Klasse ist sehr groß, es wird Uniform getragen, die Disziplin und Aufmerksamkeit der Schüler ist sehr groß. Allerdings ist der Unterricht alles andere als eine sture Paukerei. Was auffällt, sind die für den deutschen Beobachter unerwarteten methodischen Wendungen des Stundenablaufs. Der Lehrer demonstriert zu Beginn kurz und knapp eine geometrische Situation und stellt das zu lösende Problem vor, das er in Form eines vorbereiteten Pappschildes säuberlich an die Tafel heftet. Dann organisieren sich die Schüler blitzschnell in kleine Gruppen und bearbeiten das Problem – durchaus lautstark – gemeinsam. Der Übergang zur folgenden Phase funktioniert wieder reibungslos. Die Schüler stellen an der Tafel ihre Lösungsansätze vor, der Lehrer ergänzt gelegentlich.

Meine ersten von diesen Beobachtungen angeregten Gedanken waren: „Man sollte viel mehr ‚Stoff' durch geeignete offene Aufgaben ersetzen. Dadurch erspart man sich das fragend-entwickelnde Gespräch und die Schüler können anschließend selbstständig echtes Problemlösen betreiben und nicht nur fertige Ergebnisse in Übungsaufgaben anwenden. Außerdem erhält man bei der Sammlung eine viel größere Zahl individueller Lösungsansätze von den Schülern."

Auch die deutsche Stunde und die amerikanische brachten ihre Aha-Erlebnisse mit sich: Die amerikanische Lehrerin war die meiste Zeit damit beschäftigt, die Schüler zu disziplinieren oder ihre Aufmerksamkeit zu gewinnen, trug das zu erlernende Verfahren mit fester Stimme dozierend vor und verlangte gelegentliche, kleinschrittige Antworten von den Schülern. Die deutschen Schüler ließen zunächst eine anspruchsvolle Kopfrechenübung über sich ergehen, dann folgte eine längere Phase, in der unterschiedliche Verfahren, wie man lineare Gleichungssysteme löst, im Klassenunterricht „erarbeitet" wurden. Wichtigster Eindruck war, dass dieses Erarbeitungsmuster dem Außenstehenden anstrengend und uneffektiv schien, und vom Lehrer meist eng gesteuert wurde. Mein Unwohlsein, das dem Anschein nach auch stark die Wahrnehmung der Schüler widerspiegelte, schlug schnell in eine Erkenntnis um: „Ist mein Unterricht so verschieden von dem, was ich hier sehe? Habe ich nicht ein ähnliches fragend-entwickelndes Muster ver-

innerlicht und lasse es Unterrichtsprozesse auch da steuern, wo Gelegenheiten zu aktivem Lernen wären? Nehme ich gar nicht mehr wahr, dass meine eigenen Schüler ganz ähnlich reagieren? Sind meine Aufgaben und Arbeitsmethoden vielleicht gar nicht geeignet, ein selbstständiges Lernen, das das Individuum mehr fordert, zu ermöglichen?"

Aus diesen subjektiven Unterrichtswahrnehmungen und den inzwischen vielfältig vorliegenden Studien und Analysen anderer Beobachter[8] ergeben sich aus der Video Studie einige Konsequenzen mit unterschiedlicher Zielrichtung:

- Im direkten Vergleich der Videomitschnitte wird mit einer frappierenden Deutlichkeit klar, wie sehr man bei der Beobachtung von Unterrichtsprozessen von den immer wieder wahrgenommenen Mustern deutschen Unterrichts geprägt ist. Mit gehöriger Vorsicht kommt man zu dem Schluss, dass Unterricht eine kulturelle Aktivität ist, die nach einem *landestypischen Skript* verläuft, dessen Wahrnehmung aus der eigenen Kultur heraus schwer fällt. Erst der Blick auf andere macht die eigene Kultur sichtbar, erst der Vergleich lässt eigene Schwächen und Stärken erkennen.

- Für den einzelnen Lehrer kann die Unterrichtsbeobachtung (nicht nur über Video) äußerst erhellend sein. Zum einen, wie im obigen Erfahrungsbericht wiedergegeben, durch die Wahrnehmung auch der eigenen Handlungskompetenz. Zusätzlich kann die Beobachtung von Unterrichtsprozessen anderer Länder ungeahnte Dimensionen und Möglichkeiten ins Blickfeld rücken. ANDREWS (1999) berichtet beispielsweise über eine Einzelerfahrung mit ungarischem Unterricht, der demonstriert, wie systematischer Frontalunterricht (*whole-class interactive teaching*) vor dem Hintergrund eines spezifischen Mathematikverständnisses äußerst wirksam gestaltet werden kann.

- Schließlich hat die Videobeobachtung eine besondere Bedeutung für die Unterrichtsforschung: In der Schweiz wird seit kurzem eine großflächige, 130 Mathematiklektionen umfassende Video-Studie betrieben. Einige Lektionen werden mit dem Einverständnis aller Beteiligten als Demonstrationsmaterial für eine interessierte Öffentlichkeit (also zum Beispiel für die Lehrerbildung) aufbereitet. KURT REUSSER, Professor für Pädagogik an der Universität Zürich, begründet dies so (WELTWOCHE Nr. 51/98):

---

[8] Die offizielle Auswertung der Video-Studie ist zum Zeitpunkt der Drucklegung noch nicht abgeschlossen. Erste Analysen kann man z. B. beim federführenden Max-Planck-Institut für Bildungsforschung im Internet erhalten (www.mpib-berlin.mpg.de). Weitere Berichte und Analysen bei NEUBRAND (1998), KNOLL (1998) oder KEITEL (1998).

Schule ist die kostenintensivste Subkultur, die wir uns leisten, und wir diskutieren permanent darüber, aber sie ist außerordentlich schlecht dokumentiert. Was im Unterricht wirklich vorgeht, ist bisher nur über geradezu extreme Filter zugänglich: Über die Leistungsmessung einerseits, die keinerlei Hinweis darauf enthält, welche Faktoren für diese Leistung ausschlaggebend waren. Und über Befragung – von Schülern oder Lehrern – und Beobachtung andererseits, beides sehr subjektive Filter. Was wirklich abläuft, bekommt man dabei nicht zu fassen.

In den beiden folgenden Abschnitten wird die Frage nach der Qualität deutschen Mathematikunterrichts in zwei Richtungen verfolgt. Zunächst wird die konkrete Frage nach der Transferierbarkeit japanischen Unterrichts auf deutsche Verhältnisse gestellt. Sodann wird die Unterrichtsbeobachtung als Methode der Qualitätsentwicklung auf der Ebene des einzelnen Lehrers diskutiert.

Japanischer Unterricht als Modell?

Eine Übertragung von Elementen des Unterrichts eines so fremden Schulsystems wie dem japanischen auf deutsche Strukturen kann nicht erfolgreich sein, wenn man nicht die jeweils besonderen, landestypischen Gegebenheiten beachtet. Insbesondere lässt sich der Erfolg der japanischen Schüler in der TIMS-Studie sicherlich nicht kausal auf die Unterrichtsgestaltung zurückführen. Hier sind des Weiteren die Nebenbedingungen des Lernens japanischer Schüler genauer zu erkunden:

- Die Klassen sind mit etwa 40 Kindern verhältnismäßig groß, was jedoch während der Frontalphasen aufgrund der hohen Disziplin und Aufmerksamkeit kein Problem darstellt.
- Der Unterricht findet ganztägig an (noch) sechs Wochentagen statt. Das Schulsystem ist eingliedrig, ohne äußere Differenzierung und z. T. integrativ, öffentlich und kostenlos. Nichtversetzungen gibt es so gut wie gar nicht, bei Misserfolg wechseln die Kinder auf eine weniger angesehene weiterführende Schule.
- Bildung wird als Schlüssel für Lebenserfolg gesehen und genießt eine hohe Wertschätzung. Das Japanologenehepaar THOMAS (1999) berichtet: „Für die Eltern steht fest: Je mehr Kenntnisse das Kind bei Eintritt in das öffentliche Bildungssystem besitzt, desto höher stehen die Chancen für Aufstieg und Erfolg. Mit der Einschulung ist es dann mit der glücklichen Kindheit endgültig vorbei. [...] Schon der Kindergarten stellt ein Lernpen-

sum auf, das nur mit äußerster Anstrengung und Disziplin zu bewältigen ist. Ab dem Schuleintritt nimmt der Leistungsdruck zu. Die Mütter überwachen sorgfältig die Hausaufgaben und halten zum Lernen an. Da dies oft nicht reicht, um die hohen Anforderungen zu erfüllen, besuchen viele Kinder zusätzlich eine der – sündteuren – Paukschulen." (S. 186 ff.)

Die für die TIMSS-Video-Studie ausgewählten Schulen wurden nach dem Zufallsprinzip bestimmt. Man kann zwar davon ausgehen, dass die vorgeführten Stunden nicht in jeder Hinsicht alltäglich sind, jedoch ist zu erwarten, dass die Lehrer versucht haben Stunden vorzuführen, die ihrem Idealbild entsprechen, so dass typische Merkmale japanischen Unterrichts vielleicht noch ausgeprägter hervortreten. Auch wenn noch keine abschließenden systematischen Analysen vorliegen, so ergänzen sich die verschiedenen Veröffentlichungen zu einem stimmigen Gesamtbild.

Der japanische Unterricht ist hinsichtlich des Ablaufs und der Sozialformen stark standardisiert. Rituale und gut eingeübte Abläufe strukturieren den Unterricht effizient. Ein typischer Standardablauf (*Skript*) umfasst die folgenden Phasen:

1) Der Lehrer stellt ein Problem vor, und versichert sich in einem kurzen Gespräch, dass alle Schüler die Aufgabenstellung verstanden haben. Er gibt keine Lösungshinweise und führt auch kein entwickelndes Gespräch mit den Schülern.
2) Die Schüler arbeiten in Einzel- oder Gruppenarbeit an dem Problem. Die Gruppen finden sich routinemäßig zusammen. Die Lautstärke in den Gruppenarbeitsphasen ist oft beträchtlich.
3) Die Lösungswege der einzelnen Gruppen werden von Schülern vor der Klasse vorgestellt. Die Reihenfolge hat der Lehrer nach seinen Beobachtungen der vorangehenden Phase zusammengestellt. Schüler erläutern ihre Ergebnisse oder Ansätze ausführlich. Der Lehrer gibt Ergänzungen, aber bewertet meist nicht. Abschließend können die verschiedenen Ansätze von der Klasse diskutiert werden. Meist wird ein Ansatz schriftlich fixiert. Dieser Dreischritt kann in einer Stunde mehrfach durchlaufen werden.

Auf den ersten Blick lassen sich – zumindest im Ablauf der Sozialformen – keine deutlichen Unterschiede zum deutschen Skript feststellen. Wo stecken hier also Anregungen für eine Veränderung des deutschen Mathematikunterrichts? Die folgenden Erläuterungen sollen einige Ansatzpunkte aufzeigen.

Welche Stärken hat der japanische Unterricht?
- Die Schüler erhalten systematisch großen Freiraum für **Eigenaktivitäten**. Die Gefahr einer ausufernden frontalen Erarbeitungsphase besteht nicht.
- Die Arbeit ist vornehmlich **problemlösend**, mit offenen Problemen, die vielfältige Lösungsmöglichkeiten besitzen, als Ausgangspunkt. Routineverfahren werden ausdrücklich aus dem Unterricht ausgeklammert. Dies geht allerdings nur, weil die Lehrerinnen und Lehrer davon ausgehen können, dass im Elternhaus den Kindern bei Haus- und Übungsaufgaben geholfen wird. (KEITEL 1998, S. 16)
- Mathematische Erkenntnis wird in individuellen Konstruktionsprozessen gewonnen. Jeder Schüler kann seinen individuellen Bedürfnissen und Kompetenzen entsprechend Methoden wählen oder ad hoc selbst erfinden. Insofern kann man den japanischen Unterricht als **genuin konstruktivistisch** bezeichnen.
- Der Unterricht macht die Existenz **verschiedener Schülerlösungen** zum Prinzip. Zum einen sehen Schüler in jeder Stunde aufs Neue, dass Mathematik nicht eindimensional und definitorisch ist. Zum anderen erfahren sie alle eine positive Rückmeldung zum Erfolg ihrer jeweiligen Verfahren. Eine Normierung und Bewertung wird weit gehend vermieden.
- Schüler diskutieren erst über einen Sachverhalt, nachdem sie **eigene Erfahrungen** damit gewonnen haben. Hier wird ein fundamentales Defizit der fragend-entwickelnden Methode umgangen. Auch in der Sammlungsphase läuft die gemeinsame Erarbeitung weit gehend ohne fragend-entwickelnde Tätigkeiten, sondern im Idealfall allein durch die Wahl der Reihenfolge der Schülerlösungen.

Angesichts der Standardisierung der Unterrichtsabläufe könnte man den Eindruck gewonnen haben, die Professionalität der japanischen Lehrer bestünde vornehmlich in der Verfeinerung einer handwerklichen Fähigkeit, die aus einigen wenigen Elementen besteht. (Genau dieses Tätigkeitsprinzip ist übrigens in Japan der Inbegriff jedes traditionellen künstlerischen Bestrebens – und nicht etwa die individualistische Selbstverwirklichung westlicher Künstler.) Um diesen einseitigen Eindruck abzuwehren und das Bild abzurunden, sollen hier noch einige Aspekte des **professionellen Berufsbildes des japanischen Lehrers** aufgeführt werden – woraus sich möglicherweise Lehren für die deutsche Lehreraus- und -weiterbildung ziehen lassen.
- Japanische Lehrerinnen und Lehrer haben ein Wochendeputat von 19 Unterrichtsstunden (à 50 Minuten), daneben aber zahlreiche andere Pflichten während ihrer ganztägigen Anwesenheitspflicht an der Schule.

- Zu diesen Pflichten zählt unter anderem die gemeinsame Unterrichtsplanung, bei der die Lehrer in so genannten *study groups* Stundenentwürfe erarbeiten und verbessern. Hierbei werden Unterrichtsstunden über Monate hinweg entwickelt und schließlich veröffentlicht. (KNOLL 1998)
- Lehrer werden für bestimmte Zeit zur Unterrichtsforschung an Institute abgeordnet. Ein Beispiel für eine als Forschungsarbeit entstandene Unterrichtsentwicklung, die zudem typische Aspekte der japanischen Unterrichtskultur widerspiegelt, ist der *open-ended approach* (s. S. 214).
- Kollegiale Lehrersupervision und die gemeinsame Reflexion von Lehrerkollegen über Unterricht ist sehr verbreitet. Daneben gibt es regelmäßige didaktische Fortbildungen, bei denen unter anderem Videoaufzeichnungen von „gutem" Unterricht vorgeführt, analysiert und diskutiert werden. (KEITEL 1998)

Zum Abschluss dieses Abschnitts sei noch einmal nachdrücklich darauf hingewiesen, wie zweischneidig der „unterrichtstechnologische" Blick auf ein fremdes Schulsystem wie das japanische ist. Mit der Konzentration auf die „Effizienz von Unterricht" und dem einseitigen Blick auf die TIMSS-Ergebnisse läuft man Gefahr, die gesamtgesellschaftliche Bedeutung des Bildungssytems und seine Wirkung auf das Individuum zu übersehen. ITO (1997, S. 449–451) resümiert hierzu kritisch:

Das japanische Bildungssystem besteht aus einer ‚Fassade' eines ministerial verordneten Harmonieprinzips und der ‚wirklichen Absicht' eines der selektiven Gesellschaft dienenden Konkurrenzprinzips. Zwar haben die japanischen Bildungsbehörden in einer Erziehungsreform Maßnahmen getroffen, die ‚Kreativität und Diversifikation' fördern sollen, diese Reformen sind jedoch in Ansätzen stecken geblieben. [...] Während der Westen aus dem idealisierten Bild des japanischen Bildungssystems etwas zu lernen versucht, beschäftigt sich Japan dauernd im bitteren Bewusstsein mit der Frage, wie sein verfehltes Bildungssystem nachholen könne, was zugunsten der Effizienz aufgegeben wurde [...] Was Japan dabei opfern musste, findet im Westen geringe oder bloß punktuelle Aufmerksamkeit. Die Vorbildlichkeit der japanischen Erziehung scheint sich in den Augen der westlichen Welt letztlich zu reduzieren auf ihre wirtschaftliche Auswirkung.

Zunächst einmal stellt man fest: Das japanische Bildungssystem befindet sich – nach eigenem Bekunden – ebenfalls in einer Krise. Da für das Individuum der spätere Erfolg im Beschäftigungssystem stark durch den schulischen Erfolg bestimmt ist, gelingt es der Schule nicht – besonders in Zeiten wirtschaftlicher Stagnation – sich aus dieser Funktionalisierung zu lösen. Der resultierende Prüfungs- und Examensdruck wird auch in Japan allenthalben beklagt.

Offenbar ist das *faktische* japanische Erziehungs- und Bildungssystem, wie es in der japanischen Gesellschaft verankert ist, mit unseren Bildungszielen nicht vereinbar. Diese beruhen auf Selbstverwirklichung und sozialer Verantwortung als zwei Stützpfeilern unserer Gesellschaftsordnung. Der Versuch einer allzu pauschalen Übertragung ist somit widersinnig. Zudem ist die naive Auffassung des Zusammenhangs zwischen einem (gemessen an TIMSS) erfolgreichen Bildungssystem und dem ökonomischen Erfolg einer Gesellschaft sicher kein guter Ausgangspunkt für eine Bildungsdiskussion. Das verhindert jedoch nicht, dass man einzelne methodische Elemente und Anregungen übernehmen und im Kontext der deutschen Bildungsziele interpretieren kann, z.B. die Förderung problemlösenden Denkens mit dem Ziel nicht nur höherer ökonomischer Effizienz der Gesellschaft, sondern auch mündiger Selbstständigkeit des Individuums.

Bei der Bewertung japanischen Unterrichts anhand von Videoaufzeichnungen ist es weiterhin wichtig sich zu vergegenwärtigen, dass bei der Video-Studie zahlreiche außerunterrichtliche Dimensionen des Lernens im japanischen Schulsystem nicht dokumentiert werden. So schildert SCHUBERT (1998, S. 401 f.) unter der Überschrift „kooperatives Lernen lernen?", wie

Selbstverantwortung und Gemeinsamkeit nicht abstrakt beschworen, sondern konkret organisiert werden: etwa durch die Aufteilung der verschiedenen organisatorischen Aufgaben im Schulalltag auf Kleingruppen oder einzelne Kinder [...]; durch die wiederum von Schülerinnen und Schülern geleiteten regelmäßigen Diskussionen von Schwierigkeiten und Problemen, die sich bei dieser Arbeit oder sonst in der Klasse ergeben; durch die gemeinsame Festlegung von Zielen [...]; oder durch die Anleitung zur individuellen und gemeinsamen Selbstevaluation ([...] ‚Sind wir eine Klasse in der Fehler gemacht werden dürfen?') [...] Die Schülerinnen und Schüler sind weder beim Lernen noch bei der Selbstkontrolle auf ihre ‚zufälligen' persönlichen Ressourcen oder die gelegentliche Unterstützung durch die Lehrperson angewiesen. Vielmehr können sie auf die stets präsente Unterstützung anderer rechnen.

Auch hier gibt es Ansatzpunkte für den heimischen pädagogischen Diskurs über Lernkultur.

Wie bringt man diese Aspekte an die Lehrerin und den Lehrer vor Ort?
Sicherlich anregender als eine breit angelegte theoretische Diskussion der TIMSS-Ergebnisse ist die **Vorführung der Videoaufzeichnungen**[9] im direkten Vergleich. Zum einen stößt man hier sicherlich allgemein auf starkes Interesse an den Besonderheiten des mittlerweile viel beschworenen japanischen Unterrichts, zum anderen ist die Eindrücklichkeit der Beobachtungen eine gute Basis für eine Auseinandersetzung mit Unterrichtsstilen.

Einige Anregungen für die Arbeit mit den Videoaufzeichnungen in einer Fachkonferenz sollen helfen, die Umsetzung produktiv zu gestalten:

- Der Präsentation vorweggeschickt werden sollte eine kurze Erläuterung zu den Umständen der Studie und den Stundeninhalten der vorzuführenden Stunden. Letzteres hilft bei der Wahrnehmung der Unterrichtsprozesse. Eine ausführliche Schilderung der Rahmenbedingungen japanischen Unterrichts sollte man aber eher nachreichen, um die Eindrücke der Videobeispiele nicht zu sehr zu kanalisieren.
- Als Strukturierungshilfen für die Beobachtung und zur Grundlage der nachfolgenden Diskussion können Leitfragen formuliert werden. Etwa: *„Welchen methodischen Gang nimmt der Unterricht? Welches Ziel hat er? Welches Bild von Mathematik vermittelt er? Wie kommunizieren Lehrer und Schüler miteinander? Welche Elemente sind befremdlich/vertraut? Was könnte man im eigenen Unterricht übernehmen/ausprobieren?"*

Die sich hieraus entwickelnde Diskussion über Unterrichtsverläufe kann den Weg zur Beobachtung des eigenen Unterrichts bahnen.

Kollegiale Unterrichtsbeobachtung

Die Sopranistin Renée Fleming berichtet darüber, warum sie immer noch zu Gesangslehrern geht: „Wir Sänger können leider nicht selbst hören, was wir machen. Es ist völlig anders im eigenen Ohr. Wir brauchen die Ohren der anderen, von außen. Es gibt natürlich viele Sänger, die das nicht mehr machen. Ich glaube, dass es für mich wichtig ist, das zu machen, weil ich keine natürliche Sängerin bin."

Damit ist schon ein maßgeblicher Grund dafür genannt, sich im Unterricht beobachten zu lassen. Wer ist schon ein „natürlicher Lehrer" und kann guten Gewissens dreißig Berufsjahre ohne die Augen und Ohren der ande-

---

[9] Video-CDs waren beim MPI erhältlich (www.mpib-berlin.mpg.de) und liegen inzwischen auch bei vielen Schulbehörden und Instituten vor.

ren auskommen? Dies ist aber nicht der einzige Grund, der für eine Praxis der Unterrichtsbeobachtung spricht.

Warum sollte man Unterricht beobachten und sich selbst beobachten lassen?
- Lehren Lernen in direkter Konfrontation mit realem Unterricht ist effektiver als die gemeinsame Reflexion über hypothetischen oder tatsächlichen, aber nicht erlebten Unterricht.
- Es gibt viele unterrichtsrelevante, aber nur schwer kommunizierbare Details: Handlungsroutinen, Körpersprache, Kommunikationsverhalten etc.
- Der Perspektivwechsel erlaubt über den distanzierten Blick auf andere einen Blick auf sich selbst.
- Als Beobachter ist man vom Handlungszwang entlastet, kann mehr Einzelheiten des Unterrichtsgeschehens wahrnehmen und hat größere Freiräume für Reflexion.
- Man kann aus *jedem* Unterricht vielfältige Anregungen für die eigene Praxis mitnehmen. Die Vielfalt der Persönlichkeiten und Unterrichtsstile ist eine ergiebige Quelle für Impulse, die man ansonsten nach abgeschlossener Ausbildung nicht wieder erhält.
- Die Unterrichtsbeobachtung und deren Vor- und Nachbereitung erfordern eine Auseinandersetzung mit didaktischen und methodischen Grundfragen und sind Bestandteil einer Schulentwicklung, die auf der Ebene des einzelnen Lehrers und der einzelnen Lehrerin ansetzt.

Unterrichtsbeobachtung bedeutet die direkte Beobachtung der Lehrkraft bei der alltäglichen Ausübung ihres Berufs. Ein solches Verfahren wird auch als **Supervision** bezeichnet. Die Vorbehalte, die der Supervision entgegengebracht werden, beschränken sich nicht allein auf die negativen Konnotationen des Begriffs (Supervision = Überwachung = Kontrolle) sondern sind vielfach auch auf schlechte Erfahrungen mit externer Supervision zum Zwecke der Leistungsüberprüfung zurückzuführen. Sie sind ein Grund dafür, dass die Supervision in Deutschland als Methode der Entwicklung von Unterrichtsqualität so gut wie keine Bedeutung hat.

Wie wird Supervision gesehen und was ist sie wirklich?
Unter Supervision wird ein Verfahren der Aus- und Fortbildung verstanden, das der Erweiterung der Einsicht in die eigene Persönlichkeit in Zusammenhang mit der Berufstätigkeit dient. Dabei werden unter Anleitung eines Experten (Supervisor) die persönlichen Wahrnehmungen und Interaktionen des Beobachteten (Supervisanden) mit dem Ziel einer Kompetenzerweite-

rung thematisiert – so weit die Theorie (zusammengefasst in Anlehnung an LINDEN 1994, S. 144–177). In der Schulpraxis ist die Supervision aus der Lehrerausbildung bekannt, als **Weiterbildungsverfahren** wird sie aber nur sehr wenig genutzt. Dies liegt unter anderem an den folgenden Erschwernissen (vgl. PALLASCH 1991, S. 66 ff.):

- Supervision wird oft in Verbindung mit **Kontrolle und Beurteilung** (z. B. durch die Schulaufsicht oder die Schulleitung) oder mit Belehrung (durch erfahrene Kollegen) wahrgenommen. In solchen Situationen tritt an die Stelle der Erweiterung der eigenen Kompetenzen eine bewusste Verdeckung von Problemen. Negative Erfahrungen mit Supervisionssituationen (z. B. Referendariat) prägen Misstrauen und Abwehr bei Lehrern.
- Die **berufliche Sozialisation** der Lehrerinnen und Lehrer (*pädagogische Freiheit*) trägt dazu bei, dass Supervision nicht als Instrument der Weiterbildung wahrgenommen wird. Oft wird die Supervision einfach nicht als Gewinn bringend angesehen.
- Persönliche Vorbehalte können sich auch in emotional gefärbten, **irrationalen Reaktionen** wie Selbstoffenbarungsangst, Problemverdrängung oder Projektionsmechanismen niederschlagen.
- Leicht gerät die Analyse der Beobachtungen zu einer **Deutung auf psychischer Ebene**. Unterrichtsprobleme werden personalisiert oder emotional umdefiniert. (Die Supervision hat eine lange Tradition in psychoanalytischen Kontexten.) Dies kann die Sicht auf eine professionelle, methodisch-didaktische Interpretation verstellen.

Diesen Vorbehalten muss man begegnen, wenn man ein Supervisionsverfahren installieren möchte. Um Missverständnissen vorzubeugen und eventuelle Vorurteile abzubauen, sollten daher unbedingt die folgenden Punkte beherzigt werden:

Grundsätze der Supervision

- Es geht um die methodisch-didaktische Komponente des Unterrichts.
- Die Reflexion soll vorurteilsfrei und nicht wertend durchgeführt werden.
- Bei der Kommunikation gilt das Prinzip der Gleichwertigkeit der Teilnehmer.
- Die Beobachtungsaufträge erwachsen aus den Bedürfnissen des Beobachteten.
- Der Umgang mit den Ergebnissen ist dem Beobachteten freigestellt.
- Die Teilnahme ist freiwillig.

Alle bisher genannten Aspekte bezogen sich ganz allgemein auf das Supervisions*verfahren*, wobei der Modus, das Arbeitsfeld und die Supervisionsziele nicht spezifiziert wurden. Im Folgenden soll mit Blick auf die Anregungen durch die TIMSS-Video-Studie ein spezielles Supervisionsverfahren für den Mathematikunterricht vorgeschlagen werden: die **gegenseitige, kollegiale Unterrichtshospitation**.

Wie funktioniert gegenseitige, kollegiale Unterrichtshospitation?
Das Ziel unterrichtlicher Hospitation sieht PALLASCH (1991, S.164) in der „systematischen Anregung und Anleitung zu Selbstreflexion und Selbstkontrolle des Lehrers durch einen Supervisor auf der Basis gleichwertiger Kommunikation mit dem Ziel, das berufliche Wissen zu erweitern, das methodisch-didaktische Können zu verbessern und pädagogische und persönliche Zielvorstellungen, Perspektiven, Einstellungen, Haltungen, Verhaltensweisen und Verhaltensmuster zu korrigieren."

Vieles spricht dafür, einen **Einstieg** in Unterrichtshospitationen **auf kollegialer Ebene** zu organisieren:

- Die geforderte offene, symmetrische Kommunikation über Unterrichtsprozesse gelingt am besten, wenn die Teilnehmer dieselbe Ausgangsposition und dieselben Interessen haben. Eine wirkliche Gleichwertigkeit der Teilnehmer wird bei externer Supervision oft nicht empfunden.
- Vorteilhaft ist ein breiter Einstieg, an dem mehrere Kollegen – im Team oder in Partnerstrukturen – bereit sind teilzunehmen. Die Supervisionsarbeit wird so nicht erst in Krisensituationen aufgenommen, womöglich mit der impliziten Vermutung, die beteiligten Kollegen hätten sie besonders nötig. Vielmehr lassen sich im größeren Kreis Erfahrungen mit der Methode austauschen.
- Der organisatorische Aufwand ist innerhalb einer Schule leichter zu bewältigen als bei Hinzuziehen äußerer Experten. Allerdings müssten in den Stundentafeln der beteiligten Kollegen hierfür Spielräume vorgesehen sein und der zeitliche Mehraufwand als zumutbar empfunden werden.
- Die Sonderrolle des Supervisors als Experte ist problematisch: Weder qualifiziert eine langjährige Erfahrung automatisch zur Supervisionsfunktion, noch gibt es eine solide theoretische Basis, die es hier zu beherrschen gäbe. PALLASCH (1991, S.57 f.) spricht von den *Mythen der Supervision*. Gerade externe Experten können sich als ungeeignet erweisen, entweder weil sie ihre eigenen Praxiserfahrungen vergessen haben oder weil sie die fachliche Dimension nur ungenügend überblicken und die psychologische Dimension der Beobachtungen zu sehr betonen.

- Anders als bei externer Supervision findet der professionelle Kompetenzzuwachs gleichzeitig bei Supervisor wie Supervisand statt, da beide mit gemeinsamem Interesse in den Supervisionsprozess eintreten. Gerade die abwechselnde Einnahme unterschiedlicher Rollen wirkt sich positiv auf das Selbstreflexionspotenzial aus.
- Die Ergebnisse der kollegialen Supervision sind ausschließlich für den Nutzen der beteiligten Kollegen bestimmt, nicht etwa durch außenstehende Interessen (Forschungsvorhaben, externe Evaluation von Schulqualität) diktiert.

Welchen Wert haben kollegiale Unterrichtshospitationen?

Chancen und Möglichkeiten einer kollegiumsinternen Supervision

- Schaffung einer kooperativen, kollegialen Atmosphäre als Handlungsbasis
- Steigerung der Selbst- und Fremdwahrnehmung
- Klärung und Erweiterung fachlicher und persönlicher Perspektiven
- Psychische Entlastung, Verhinderung von „Trott und Stress"
- Erschließen der Ressourcen des gesamten Kollegiums
- Ermöglichen modellhafter Lernerfahrungen
- Erweiterung der Kompetenzen des Einzelnen
- Unterstützung schulischer Innovation, Aufbau einer Beratungskultur
- Erweiterung des fachlichen und fachmethodischen Horizontes
- Anknüpfungspunkte für fächerübergreifendes Lernen
- Demonstration des fächerübergreifenden Interesses, auch vor Schülern

(Zusammenstellung z. T. nach LINDEN 1994, S. 313f)

Wie kann man eine Supervisions-/Hospitationsphase strukturieren?
Im Folgenden werden idealtypische Phasen der allgemeinen unterrichtlichen Supervision nach PALLASCH (1991, S. 159 ff.) für die konkrete Form der gegenseitigen kollegialen Hospitation spezifiziert.
1. Sondierungs- bzw. Entscheidungsphase: Hier geht es darum, zu klären, ob und inwieweit Interesse an Unterrichtshospitationen besteht, und welche Ressourcen auf organisatorischer und persönlicher Ebene zur Verfügung stehen. Will man beispielsweise bestimmte innovative Unterrichtsformen entwickeln, so sollte man sich im Voraus darüber klar werden, ob hierzu die Hospitation eine günstige Methode darstellt – hierbei darf allerdings nicht die Zeitökonomie das Hauptkriterium sein. Ebenso sollte die Bereitschaft der beteiligten Kollegen sichergestellt sein, etwa wenn es um eine Verbesserung des fragend-entwickelnden Unterrichtsgesprächs geht.

2. **Klärungsphase:** Ohne genaue Zielsetzung in eine Hospitation zu gehen, führt zu allseits unbefriedigenden Ergebnissen – das stellt sich spätestens bei der Nachbesprechung heraus, wenn niemand so recht weiß oder alle sich herzlich uneinig darüber sind, worauf man näher eingehen sollte. Es gilt also, im Voraus die Fragestellung genau einzugrenzen, etwa in Form eines konkreten, im Konsens erzielten Beobachtungsauftrags. Bei partnerschaftlicher Hospitation könnten beispielsweise die beiden zusammenarbeitenden Kollegen einen Beobachtungsbogen mit Leitfragen erstellen. Diese werden dann vom jeweiligen Supervisor ausgefüllt. Zentral ist dabei das Prinzip, dass die Prioritäten immer von der lehrenden Person, nicht vom Beobachter ausgehen.

Die Beteiligten können sich zum Beispiel auf bestimmte **Leitfragen** einigen: Frageverhalten des Lehrers, Benutzung der Tafel, Steuerung des Gesprächs zwischen Schülern, Einbeziehung aller Schüler, Gelingen der Differenzierung, Gestaltung der Lernschritte etc.

Den **Beobachtungsmodus** kann man flexibel nach den Bedürfnissen gestalten:
- in kurzen oder langen Zeiträumen abwechselnde, regelmäßige Beobachtung
- einmalige Einzelbeobachtungen mit spezifischen Zielsetzungen (z. B. um eine bestimmte, neue Unterrichtsmethode kennen zu lernen)
- Gruppenhospitation mit wechselndem Supervisanden, z. B. in Form eines Supervisionstages. Denkbar ist auch die Beteiligung von Kollegen benachbarter Schulen.
- Videoaufzeichnungen, entweder als Ergänzung oder bei organisatorischen Problemen als Ersatz für die persönliche Hospitation.

3. **Informationsphase:** Wie die Datensammlung während der Hospitation aussehen soll, darüber herrschen sehr individuelle Ansichten. Man kann etwa im Voraus eine Checkliste mit vorstrukturierten Beobachtungsaufträgen (etwa zur Zahl der Wortmeldungen oder Dauer von Redebeiträgen) anfertigen, um sicherzustellen, dass alle Beobachter auf gewisse Aspekte achten. Ebenso kann man ein chronologisches Protokoll erstellen. GRELL/GRELL (1993, S. 297) führen unter ihren Vorschlägen für ein brauchbares Unterrichtsprotokoll etwa auf: „Sammeln Sie so viele Informationen, wie Sie können! Beschreiben Sie, was passiert, und zwar so genau wie möglich!" Ein sinnvolles Raster ist sicherlich eine Aufteilung nach *Lehreraktivitäten*, *Schüleraktivitäten* und *Bemerkungen* (vgl. MILLER 1996). Dies gewährleistet vor allem eine **Trennung von Beobachtung und Interpretation**.

4. Gewichtungsphase: Vor einer Rückmeldung an den Supervisanden kann es angeraten sein, die gesammelte Information mit Blick auf die Fragestellungen der Untersuchung zu gewichten, Wichtiges von Unwichtigem zu trennen und sich ein Konzept für die strukturierte Darstellung der Beobachtungen zu überlegen.

5. Rückmeldephase: Auch die konkrete Gestaltung der Rückmeldephase hängt von der Problemstellung ab. Einige Leitlinien können helfen, diese Phase produktiv zu gestalten. Bei der Reihenfolge der Wortbeiträge ist es ratsam, sich nicht nur auf eine bestimmte Reihenfolge, sondern auch auf einen gewissen Gesprächskodex zu einigen. Als hilfreich haben sich hier besonders die folgenden beiden Prinzipien erwiesen:

- Der oder die Beobachtete sollte immer zuerst die Gelegenheit zur Äußerung haben, dann erst die Beobachter.
- Im Verlaufe des Gesprächs sollten zunächst nur Beobachtungen, dann Interpretationen und erst zuletzt Schlussfolgerungen ausgetauscht werden.

Wichtige Voraussetzung ist auch ein Klima der Offenheit. Im Vordergrund stehen die Bedürfnisse des Beobachteten. Man könnte von der Wahrung einer **konstruktivistischen Grundhaltung** sprechen: Es gibt keine „wahren Lösungen" oder „falschen Handlungen". Gerade die Unterschiede zwischen verschiedenen Auffassungen können die Quelle von neuen Anregungen sein.

6. Strategiephase: Geht man davon aus, dass der Supervisand bei seiner Arbeit Defizite empfunden hat, so müssten nun Planungen einsetzen und Strategien entworfen werden. Gerade in der Anfangsphase der kollegialen Hospitation sollte aber von vorschnellen Wertungen und Umsetzungsvorhaben Abstand genommen werden, beispielsweise indem zunächst einmal die Beobachtung aller Beteiligten abgeschlossen wird. Die Entscheidung über Veränderungen im eigenen Unterricht muss auch nicht in der Gruppe erfolgen. Dies sollte insbesondere dann vermieden werden, wenn erst eine Atmosphäre des Vertrauens (ineinander und in die Methode) aufgebaut werden muss.

7. Umsetzungs- und Kontrollphase: Je konkreter die in der vorangegangenen Phase vereinbarten Strategien sind, desto sinnvoller ist eine direkte Kontrolle der Umsetzung durch weitere Hospitationen. Dies kann aber wiederum nur mit dem Einverständnis des Beobachteten stattfinden. Ebenso gut lassen sich Folgeerfahrungen und Veränderungswahrnehmungen im Gespräch austauschen. Eine erfolgreiche Supervisionsphase erkennt man an ihrer Nachhaltigkeit, d.h. daran, dass die Beteiligten die Effekte der Supervisionsarbeit noch über einen längeren Zeitraum verspüren.

Literaturverzeichnis

ABBOTT, EDWIN ABBOTT (1884): Flatland. Princeton University Press, 1991
AEBLI, HANS (1985): Das operative Prinzip. In: Mathematik Lehren 8/85, S. 44–47
ALTRICHTER, HERBERT/MESSNER, ELGRID (1998): Wenn Schulen sich den Spiegel vorhalten. In: Pädagogik, Jg. 50, H. 6, S. 30–33
ANDELFINGER, BERNHARD (1986): Historisches in Mathe? In: Mathematik Lehren 12/86, S. 15
ANDREWS, PAUL (1999): Looking Behind the Rhetoric: Some New Insights From Hungary. In: Mathematics Teaching 167, 6/99, S. 6–10
ARONSON, ELLIOT et al. (1978): The jigsaw classroom. Sage, Beverly Hills
ASCHERSLEBEN, KARL (1985): Moderner Frontalunterricht. Neubegründung einer umstrittenen Unterrichtsmethode. Lang, Frankfurt
ASCHERSLEBEN, KARL (1999): Frontalunterricht klassisch und modern. Luchterhand, Neuwied
BARROW, JOHN D. (1992): Pi in the Sky. Oxford University Press. [Dt. Taschenbuchausgabe (1999): Ein Himmel voller Zahlen, Rowohlt, Reinbek]
BARZEL, BÄRBEL (1998): Ich bin eine Funktion. In: Mathematik Lehren 98, 6/98, S. 39–40
BAUER, ROLAND (1997): Lernen an Stationen in der Sekundarstufe I. Kopiervorlagen und Materialien: Geometrische Körper, 5. Schuljahr. Cornelsen Scriptor, Berlin
BAUER, ROLAND (1997a): Schülergerechtes Arbeiten in der Sekundarstufe I. Lernen an Stationen. Cornelsen Scriptor, Berlin
BAUMANN, RÜDIGER (1996): Computeralgebrasysteme erweitern den methodischen Spielraum – demonstriert am Beispiel Integralrechnung. Mathematik in der Schule 34, 7&8/96, S. 429–443
BAUMERT, JÜRGEN/BOS, WILFRIED/WATERMANN, RAINER (1998): *TIMSS/III – Schülerleistungen in Mathematik und den Naturwissenschaften am Ende der Sekundarstufe II im internationalen Vergleich; Zusammenfassung deskriptiver Ergebnisse.* Max-Planck-Institut für Bildungsforschung, Berlin
BECKER, JERRY P./SHIMADA, SHIGERU (1997): The open-ended approach: A new proposal for teaching mathematics. National Council of Teachers of Mathematics, Reston
BILDUNGSKOMMISSION NRW (1995): Zukunft der Bildung – Schule der Zukunft. Luchterhand, Neuwied/Kriftel/Berlin
BLK (1997): Expertise „Steigerung der Effizienz des mathematisch-naturwissenschaftlichen Unterrichts". Bundesministerium für Bildung, Wissenschaft, Forschung und Technologie. erhältlich bei *blk.mat.uni-bayreuth.de/blk/blk/* und *blk.mat.uni-bayreuth.de/blk/blk/material/ipn.html* (IPN)
BLUM, WERNER/NEUBRAND, MICHAEL (Hg.) (1998): TIMSS und der Mathematikunterricht. Schroedel, Hannover
BÖER, HEINZ (1995): Wasser sparen. In: Mathematik Lehren H. 72, 10/96, S. 12–16
BÖER, HEINZ (1996): Projekt Schätzen und Recherchieren. In: Mathematik Lehren, H. 79, 12/96, S. 52–53
BÖER, HEINZ (2000): Offene und lebensrelevante Aufgaben. In: Mathematik Lehren, H. 100, 6/00, S. 60–62
BÖHMER, ANNETTE (2000): Variationen einer Textaufgabe. In: Mathematik Lehren, H. 100, 6/00, S. 15–16
BRÜGELMANN, HANS (Hg.) (1999): Was leisten unsere Schulen? Zur Qualität und Evaluation von Unterricht. Kallmeyer, Seelze
BSJB (1999) = Behörde für Schule, Jugend und Berufsbildung, Amt für Schule Hamburg: Beispielaufgaben für Vergleichsarbeiten und mündliche Überprüfungen

BURKARD, CHRISTOPH/EIKENBUSCH, GERHARD (2000): Praxishandbuch Evaluation in der Schule. Cornelsen Scriptor, Berlin

CZERWENKA, KURT (2000): Der Auftrag der Schule – heute. In: SEIBERT/SERVE/TERLINDEN (Hg): Problemfelder der Schulpädagogik. Klinkhardt, Bad Heilbrunn, S. 153–172

DENNETT, DANIEL C. (1996): Bewusstsein hat mehr mit Ruhm als mit Fernsehen zu tun. In: MAAR, CHR./PÖPPEL, E./CHRISTALLER, TH. (Hg.): Die Technik auf dem Weg zur Seele. Rowohlt, Reinbek

DITTON, HARTMUT (2000): Qualitätskontrolle und Qualitätssicherung in Schule und Unterricht. In: Zs. für Pädagogik, 41. Beiheft, S. 73–92

DOCKHORN, CHRISTIAN (2000): Schulbuchaufgaben öffnen. In: Mathematik Lehren, H. 100, 6/00, S. 58–59

DÖRING, NICOLA (1997): Das WWW im Unterricht. In: JENATZKO/SCHODER/MATTINGLEY-SCOTT/ STRUBE (Hg.): CAW'97. Beiträge zum Workshop ‚Cognition & Web'. IIG-Berichte '97, Freiburg (auch über *http://www.nicoladoering.net* erhältlich)

DUBS, ROLF (1995): Konstruktivismus: Einige Überlegungen aus der Sicht der Unterrichtsgestaltung. In: Zs. für Pädagogik, 41.Jg., H. 6, S. 889–903

DUIT, REINDERS (1995): Zur Rolle der konstruktivistischen Sichtweise in der naturwissenschaftsdidaktischen Lehr- und Lernforschung. In: Zs. für Pädagogik, 41. Jg, H. 6, S. 905–923

EIGEL, STEFAN (2000): Lernzirkel Mathematik, 3–7.Jahrgangsstufe. Auer, Donauwörth (s. auch *http://www.stepnet.de/privat/seigel*)

EIGEN, MANFRED/WINKLER, RUTHILD (1985): Das Spiel. Piper, München

EIKENBUSCH, GERHARD (1998): Praxishandbuch Schulentwicklung. Cornelsen Scriptor, Berlin

ELSCHENBROICH, HANS-JÜRGEN (1999): Treffer: Der Mathe-Treff im Internet. In: Mathematik Lehren 2/99, S. 18–21 (s. auch: *www.brd.nrw.de/BezRegDdorf/hierarchie/lerntreffs/ mathe/structure/home/homepage.php*)

ENZENSBERGER, HANS MAGNUS (1997): Der Zahlenteufel. Hanser, München/Wien

FEND, HELMT (1998): Qualität im Bildungswesen. Juventa, München

FOERSTER, HEINZ VON (1993): Wissen und Gewissen. Suhrkamp, Frankfurt/Main

FOERSTER, HEINZ VON (1998): Wahrheit ist die Erfindung eines Lügners. Auer, Donauwörth

FRANK, A. (1997): „Clustering" und „Mind-Mapping". In: Friedrich Jahresheft 1997, S. 14

FREY-ELLING, ANGELA/FREY, KARL (1999): Das Gruppenpuzzle. EducETH, ETH Zürich. *http://educeth.ethz.ch/didaktik/puzzle*

FRITSCH, RUDOLF/FRITSCH, GERDA (1994): Der Vierfarbensatz. Geschichte, topologische Grundlagen und Beweisidee. Bibliographisches Institut, Mannheim/Leipzig/Wien/ Zürich

FÜHRER, LUTZ (1984): Die Winkelsumme im Dreieck – eine Wiederholungsstunde in Klasse 7. In: Mathematik Lehren 5/84, S. 47–48

FÜHRER, LUTZ (1986): Anwendungsorientierung der Mathematik aus geschichtlicher Sicht. In: Mathematik Lehren 12/86, S. 15

FÜHRER, LUTZ (1997): Pädagogik des Mathematikunterrichts. Vieweg, Frankfurt/Main

FULLAN, MICHAEL (1985): Change process and strategies at the local level. In: Tähe Elementary School Journal, H. 3, 391–420

GAGE, NATHANIEL L./BERLINER, DAVID C. (1986): Pädagogische Psychologie. Beltz, Weinheim/ Basel

GALLIN, PETER/RUF, URS (1994): Ein Unterricht mit Kernideen und Reisetagebuch. In: Mathematik Lehren 6/94, S. 51–57

GEISSLER, KARLHEINZ A., (1998): Alles nur ein Spiel. Spiele zum Lernen – eine Beleidigung für das Spiel. In: Pädagogik 1/98, S. 29–30

Literaturverzeichnis

GERSTENMAIER, JOCHEN/MANDL, HEINZ (1995): Wissenserwerb aus konstruktivistischer Perspektive. In: Zs. für Pädagogik, 41.Jg.1995, H. 6, S. 867–888

GLASERSFELD, ERNST VON (1992): Konstruktion der Wirklichkeit und des Begriffs der Objektivität. In: DERS., Einführung in den Konstruktivismus. Piper, München

GLASERSFELD, ERNST VON (1995): Die Welt als ‚black box'. In: BRAITENBERG/HOSP (Hg.), Die Natur ist unser Modell von ihr Rowohlt, Reinbek

GOULD, STEPHEN JAY (1996): Traditionen der Darstellung und die Rolle der Bilder. In: SILVERS, TOBERT B. (Hg.): Verborgene Geschichten der Wissenschaft. Berlin Verlag, Berlin

GRÄBER, WOLFGANG/KLEUKER, UTE (1998): Entwicklung von Aufgaben für die Kooperation von Schülern. In: BLK (1997), Modul 8, Beiträge des IPN

GRELL, JOCHEN (1994): Techniken des Lehrerverhaltens. Beltz, Weinheim/Basel

GRELL, JOCHEN/GRELL, MONIKA (1993): Unterrichtsrezepte. Beltz, Weinheim/Basel

GREVING, JOHANNES/PARADIES, LIANE (1996): Unterrichtseinstiege. Cornelsen Scriptor , Berlin

GUDJONS, HERBERT (1997): Handlungsorientiert lehren und lernen. Klinkhardt, Bad Heilbrunn

GUDJONS, HERBERT (1998): Frontalunterricht – gut gemacht ... In: Pädagogik 5/98, S. 6–8

HEFENDEHL-HEBEKER, LISA (1998): Nummern für die Brüche – was gedankliches Ordnen vermag. In: Mathematik Lehren 98, S. 20–22

HEMME, HEINRICH (1990): Mathematik zum Frühstück. Vandenhoek & Rurecht, Göttingen

HENTIG, HARTMUT VON (1993): Die Schule neu denken. Hanser, München/Wien

HERGET, WILFRIED (2000): Rechnen können reicht ... – eben nicht! In: Mathematik Lehren, H. 100, 6/00, S. 4–10

HERGET, WILFRIED/SCHOLZ, DIETMAR (1998): Die etwas andere Aufgabe. Kallmeyer, Seelze

HEYMANN, HANS WERNER (1989): Allgemeinbildender Mathematikunterricht, was könnte das sein? In: Mathematik Lehren 33, 4/89, S. 4–9

HEYMANN, HANS WERNER (1996): Allgemeinbildung und Mathematik. Beltz, Weinheim/Basel

HEYMANN, HANS WERNER (1996): Sind sieben Jahre Mathematik genug? Eine Pressemeldung und die Folgen. In: Mathematik in der Schule 34/96, S. 321–331

HEYMANN, HANS WERNER (1997): Mathematikunterricht und sein (möglicher) Beitrag zur Allgemeinbildung. In: Pädagogik 1/97, S. 46–49

HUTH, MANFRED/SCHRÖDER, CHRISTOPH-JOACHIM: Was sollen SchülerInnen lernen? In: BÜTTNER, M. (Hg.): Neue Lerninhalte für eine neue Schule. Luchterhand, Berlin/Neuwied, S. 90–107

IFRAH, GEORGES (1989): Universalgeschichte der Zahlen. Campus Verlag, Frankfurt/New York

ISTRON (1990–2000). Materialien für einen realitätsbezogenen Mathematikunterricht. Bd. 1–6. Verlag Franzbecker, Hildesheim

ITO, TOSHIKO (1997): Zwischen ‚Fassade' und ‚Wirklicher Absicht': Erziehungsreform in Japan. In: Zs. für Pädagogik 32, 3/97, S. 449–466

JAHNKE, THOMAS (1995): Warum sollen Schüler (nicht) Mathematik lernen? Mathematik in der Schule 33, 6/95, S. 322–328

JANK,WERNER/MEYER, HILBERT.(1991): Didaktische Modelle. Cornelsen Scriptor, Berlin

KAHL, REINHARD (1998): Triff eine Unterscheidung. Begegnungen mit Heinz von Foerster. In: Pädagogik, 7–8/98, S. 65–68

KÄMMERER, ELKE (1990). Aber doch nicht in der Zehn! In: Mathematik Lehren (1996), S. 19–10

KAHN (1929): Das Leben des Menschen. Franck, Stuttgart

KAPLAN, ROBERT (1999): Die Geschichte der Null. Campus, Frankfurt/New York
KEITEL, CHRISTINE (1998): Was ist das Geheimnis des japanischen Mathematikunterrichts? In: Mathematik Lehren 90, 10/98, S. 13–17
KERSTAN, THOMAS (1999): Zeugnis für die Schule. In: Die Zeit 12/99
KIPPENHAHN, RUDOLF (1999): Verschlüsselte Botschaften. Geheimschrift, Enigma und Chipkarte. Rowohlt, Reinbek
KLAFKI, WOLFGANG (1985): Neue Studien zur Bildungstheorie und Didaktik.. Beltz, Weinheim/Basel
KLEMM, KLAUS (1998): Steuerung der Schulentwicklung durch zentrale Leistungskontrollen. In: ROLFF, HANS-GÜNTER u.a.: Jahrbuch der Schulentwicklung. Band 10. Juventa, S. 271–294
KLEMM, KLAUS (1999): Rahmenkonzept Qualitätsmanagement in den Schulen des Landes Rheinland-Pfalz. Referat anlässlich der Fachtagung des Ministeriums für Bildung, Wissenschaft und Weiterbildung am 11.6.1999 in Mainz
KM-N (=Kultusministerium Niedersachsen) (2000): Fachbezogene Leistungsüberprüfungen für das Gymnasium Schuljahrgang 10 – Mathematik
KNOLL, STEFFEN (1998): Anforderungsgestaltung im Mathematikunterricht. In: Mathematik Lehren 90, 10/98, S. 47–51
KÖHLER, EKKEHART (1995): Mathematische Schulbildung 2001: Computereinsatz oder Lebensbildung? In: Mathematik in der Schule 33,6, S. 385–391
KÖHLER, EKKEHART u.a. (1995): Rechnen für die Umwelt. In: Schriftenreihe der Vereinigung Deutscher Gewässerschutz. VDG Bonn
KÖHLER, REINHARD (1995). Symbolverarbeitende mathematische Software: Anlass für eine Neubesinnung zu Zielen, Inhalten und Methoden des Unterrichts? In: Mathematik in der Schule 33, 12/95, S. 691–699
KÖHLER, REINHARD (1998): TIMSS und die Folgen: Was kann man in der Praxis ändern? In: BLUM/NEUBRAND (1998)
KRÄMER, WALTER (1996): Denkste. Trugschlüsse aus der Welt der Zahlen und des Zufalls. Campus, Frankfurt/Main [Taschenbuchausgabe (1998): Piper, München]
LANGHAMMER, RALF (1998): Lehrvortrag – „gut" gemacht. In: Pädagogik 5/98, S. 17–22
LEHMANN, RAINER/PEEK, R. (1997): Aspekte der Lernausgangslage von Schülerinnen und Schülern der fünften Klassen an Hamburger Schulen. Hamburg
LEPPMEIER, MAX (1997). Kugelpackungen – von Kepler bis heute. Vieweg, Braunschweig/Wiesbaden
LERGENMÜLLER, ARNO/SCHMIDT, GÜNTER (2000): Mathematik Neue Wege. Schroedel, Hannover
LINDEMANN, HOLGER (1999): Die Behinderung liegt im Auge des Betrachters. Konstruktivistisches Denken für die pädagogische Praxis. Luchterhand, Neuwied
LINDEN, CHRISTIANA (1994): Supervision in Lehrergruppen. Die blaue Eule, Essen
LIPP, U. (1994): Mind-Mapping in der Schule. Gedanken-Landkarten als visuelle Lernhilfe. In: Pädagogik 46, 10/94, S. 22–26
LIVINGSTON, CHARLES (1995): Knotentheorie für Einsteiger. Vieweg, Braunschweig/Wiesbaden
LSW (= Landesinstitut für Schule und Weiterbildung, Soest) (2000): Qualitätsentwicklung und Qualitätssicherung von Unterricht in der Sekundarstufe I. *http://www.learn-line.nrw.de/angebote/qualitaetsentwicklung/mathematik/mathematik.htm*
LUDWIG, MATTHIAS (1999): Ein Schuljahr mit EUKLID. In: Mathematik in der Schule 37, 5/99, S. 297 ff.

Literaturverzeichnis 237

LUDWIG, MATTHIAS (1999a): Projekte im Mathematikunterricht des Gymnasiums. Franzbecker, Hildesheim

MATHEMATIK LEHREN (9/86): Geschichte – Geschichten. Friederich, Seelze

MATHEMATIK LEHREN (10/94): ... noch mehr Spiele. Friederich, Seelze

MATHEMATIK LEHREN (12/90): Spiele im Mathematikunterricht. Friedrich, Seelze

MATHEMATIK LEHREN (1996): Spiele – Sammelband. Friederich, Seelze

MATHEMATIK LEHREN (10/98): H. 90: TIMSS – Anstöße für den Mathematikunterricht. Friederich, Seelze

MATHEMATIK LEHREN (8/99): Sport – Beispiele projektartigen Unterrichts. Friederich, Seelze

MATHEMATIK LEHREN (6/00): Aufgaben öffnen. Friederich, Seelze

MATURANA, HUMBERTO R./VARELA, FRANCISCO J. (1987): Der Baum der Erkenntnis. Die biologischen Wurzeln menschlichen Erkennens. Scherz, Berlin/München

MEISSNER, ANDREAS (1999): Grafikfähige Taschenrechner im Mathematikunterricht bis Klasse 10. In: Mathematik in der Schule 37, S. 37–45

MÉRÖ, LÁSZLÓ (2000): Die Logik der Unvernunft. Spieltheorie und die Psychologie des Handelns. Rowohlt, Reinbek

MEYER, HILBERT (1987). Unterrichtsmethoden. II. Praxisband. Cornelsen Scriptor, Berlin

MILLER, REINHOLD (1996): Unterrichtshospitation als Kollegenberatung. Pädagogik 10/96, S. 32–34

MONKA, MICHAEL/TIEDE, MANFRED/VOSS, WERNER (1999): Gewinnen mit Wahrscheinlichkeit. Statistik für Glücksritter. Rowohlt, Reinbek

MORTIMORE, P./SIMMSONS, P./STOLL, L. u.a. (1988): School Matters: The junior years. Open Books, Somerset

MOSER, URS/RAMSEIER, ERICH/KELLER, CARMEN/HUBER, MAJA (1997): Schule auf dem Prüfstand. Rüegger, Chur/Zürich

MSWWF-NRW = Ministerium für Schule, Weiterbildung, Wissenschaft und Forschung des Landes NRW

MSWWF-NRW (1993): Richtlinien und Lehrpläne für das Gymnasium Sekundarstufe I in NRW. Ritterbach, Frechen

MSWWF-NRW (Hg.) (1998): Qualitätsentwicklung und Qualitätssicherung durch Parallelarbeiten und Aufgabenbeispiele. Ritterbach, Frechen

MSWWF-NRW (Hg.) (1998a): Qualität als gemeinsame Aufgabe – Rahmenkonzept „Qualitätsentwicklung und Qualitätssicherung schulischer Arbeit". Ritterbach, Frechen

MSWWF-NRW (1998b): Mut zu Mathe und zum naturwissenschaftlich-technischen Aufgabenfeld. Ritterbach, Frechen

MSWWF-NRW (1998c): Zweieinhalb Jahre Dialog mit der Denkschrift „Zukunft der Bildung – Schule der Zukunft"

MSWWF-NRW (1999): Richtlinien und Lehrpläne für die Sekundarstufe II – Gymnasium/Gesamtschule in NRW. Ritterbach, Frechen

MSWWF-NRW = Ministerium für Schule, Weiterbildung, Wissenschaft und Forschung des Landes NRW

MUCKENFUSS, HEINZ (1995): Lernen im sinnstiftenden Kontext. Entwurf einer zeitgemäßen Didaktik des Physikunterrichts. Cornelsen, Berlin

MUED (1998): Stellungnahme der MUED zur TIMS-Studie. In: Mathematik in der Schule 36 4/98, S. 194–197

NEUBRAND, JOHANNA (1998): Japanischer Unterricht aus mathematikdidaktischer Sicht. In: Mathematik Lehren 90, 10/98, S. 52–55

NEUNZERT, HELMUT/ROSENBERGER, BERND (1997): Oh Gott, Mathematik!? Teubner, Stuttgart

OERTER, ROLF/MONTADA, LEO (Hg.) (1995): Entwicklungspsychologie. Beltz, Weinheim

PALLASCH, WALDEMAR (1991): Supervision. Juventa, Weinheim

PEITGEN, HEINZ-OTTO/JÜRGENS, HARTMUT/SAUPE, DIETMAR (1992): Bausteine des Chaos: Fraktale [engl. Orig: Fractals for the Classroom]. Springer, New York [Dt. Taschenbuchausgabe (1998) Rowohlt, Reinbek]

PESCHEK, W. et al (1981): Mathematikunterricht und Qualifizierung. Teubner, Stuttgart

PIATTELLI-PALMARINI, Massimo (1997): Die Illusion zu wissen. Was hinter unseren Irrtümern steckt. Rowohlt, Reinbek

PÓLYAS, GEORGE (1945): How to solve it. Princeton University Press. [Dt. Taschenbuchausgabe (1995): Schule des Denkens. Francke, Tübingen]

PORTER, A.C./BROPHY, J.E. (1988): Synthesis of research on good teaching: Insights from the work of the 'Institute of Research and Teaching'. In: Educational Leadership, H. 8, S. 74–85

POSCH, PETER/ALTRICHTER, HERBERT (1997): Möglichkeiten und Grenzen der Qualitätsevaluation und Qualitätsentwicklung im Schulwesen. Studien-Verlag, Innsbruck/Wien

POSCH, PETER/ALTRICHTER, HERBERT (1999): Schulqualität. Merkmale schulischer Qualität in der Perspektive verschiedener Bezugsgruppen. *http://www.qis.at*

POSTMAN, NEIL (1992): Das Technopol. Die Macht der Technologien und die Entmündigung der Gesellschaft. Fischer, Frankfurt/Main

POTTHOFF, JÖRG/POTTHOFF, WILLY (1995): Freiarbeit und Lernzirkel im Mathematikunterricht der Sekundarstufe. Akademie für Reformpädagogik, Freiburg

POTTHOFF, ULRIKE (2000): Gespräche mit Kindern: Gesprächssituationen, Methoden, Übungen, Kniffe, Ideen. Cornelsen Scriptor, Berlin

POTTHOFF, WILLY (1996): Lernen und üben mit allen Sinnen – Lernzirkel in der Sekundarstufe. Akademie für Reformpädagogik, Freiburg

PROFKE, LOTHAR (1995): Brauchen wir einen Mathematikunterricht? In: Mathematik in der Schule 33, 3/95, S. 129–136

QUAK, UDO (Hg.) (1998): Fundgrube für den Mathematikunterricht. Cornelsen Scriptor, Berlin

REICH, KERSTEN (1998): Thesen zur konstruktivistischen Didaktik. In: Pädagogik, 7–8/98, S. 43–46

REUTER, FRANK (1992): Problemlösen am Praxisgegenstand – Bestimmung der Flussbreite. In: Mathematik Lehren 52, 6/92, S. 14–21

RÖHRIG, ROLF (1996): Mathematik mangelhaft. Fehler entdecken, Ursachen erkennen, Lösungen finden. Arithmasthenie/Dyskalkulie. Neue Wege beim Lernen. Rowohlt, Reinbek

SCHAARSCHULZ, WOLFGANG (1996): Geometrische Folgen in der Musik.. In: Mathematik in der Schule 34, S. 51–55

SCHEERENS, JAAP (1992): Effective Schooling. Research, Theory and Practice. Cassell, London

SCHMIDT, CHRISTA (1990): Kommentierte Listen von Spielen für den Mathematikunterricht in der Sekundarstufe I. In: Mathematik Lehren 12/90, S. 48–55

SCHMIDT, GÜNTER (2000): Welchen Beitrag kann das Schulbuch leisten? In: Mathematik Lehren, H. 100, 6/00, S. 17–22

SCHUBERT, VOLKER (1998): Kooperatives Lernen lernen? Zur Diskussion über das Bildungswesen in Japan. In: Zs. für Pädagogik 44, 3/98, S. 397–409

SCHULZ VON THUN, FRIEDEMANN (1981, 1989, 1998): Miteinander reden Bd. 1–3. Rowohlt, Reinbek

SCHULZ, WOLFGANG (1988): Die Perspektive heißt Bildung. In: Friedrich Jahresheft IV S. 6–11

SCHULZ-ZANDER, RENATE (1997): Lernen in der Informationsgesellschaft. In: Pädagogik 3/97, S. 9–12

SCHWEITZER, JOCHEN (1998): Nach dem „Sputnik-Schock" der „TIMSS-Alarm"? In: Pädagogik 6/98, S. 36–39

SCHWIER, MANFRED (1995): Zum Arbeiten mit Zufallszahlen im Mathematikunterricht. In: Mathematik in der Schule 33, 12/95, S. 677 ff.

SCHWIER, MANFRED (1999): Grafikfähige Taschenrechner – Grenzen und Möglichkeiten. In: Mathematik in der Schule 37, 12/99, S. 46–49

SELMA (2000): Selbstlernen im Mathematikunterricht. http://www.learnline.de/angebote/selma

SINGH, SIMON (1998): Fermats letzter Satz. Hanser, München/Wien

SINGH, SIMON (2000): The Code Book. Fourth Estate, London [dt.: Geheime Botschaften. Hanser]

Snow, C.P. (1959): The Two Cultures. Reprint 1993, Cambridge University Press

SOBEL, DAVA (1996): Der Längengrad. Berlin Verlag, Berlin

SPIESS, HELLMUTH (1991): Begriffsbildungsprozesse im Mathematikunterricht. In: Mathematik Lehren 12/91, S. 18–22

STEPS, M. (1997): Mind Mapping im Unterricht. In: Praxis Schule 5–10, 5/97, S. 25–29

STEWART, IAN (1990): Mathematik, Probleme–Fragen–Antworten [engl. Orig.: The Problem of Mathematics]. Birkhäuser, Basel/Boston/Berlin

STEWART, IAN (1995): Die Reise nach Pentagonien. 16 mathematische Kurzgeschichten. dtv, München

STIEGLITZ, RAINER (1994): Systemorientierte Modellbildung im fächerübergreifenden Unterricht. Landesinstitut für Schule und Weiterbildung, Soest

SYGUSCH, HAJO (1999): Bildung und Leistung gehören zusammen! In: Die deutsche Schule 2/99

SYLVESTER, THOMAS/KATZENBACH, MICHAEL (Hg.) (1996): Mathematik in der Zeitung. In: Mathematik Lehren, H. 74, 2/96

SZTRÓKAY, VERA (1998): Problemlösen in Lehrerausbildung und Schule. In: Mathematik in de Schule 36 5/98, S. 263–269

TASCHNER, RUDOLF (1995): Das Unendliche. Mathematiker ringen um einen Begriff. Springer Verlag, Berlin

THOMAS, GOTHILD u. KRISTINA (1999): Reisegast in Japan. Iwanowski, Dormagen

TIETZE, UWE-PETER/KLIKA, MANFRED/WOLPERS, HANS (1997, 2000): Mathematikunterricht in der Sekundarstufe II, Bd. 1 & 2. Vieweg, Braunschweig/Wiesbaden

TILLMANN, KLAUS-JÜRGEN (1999): ‚Schulqualität sichern' – erziehungswissenschaftliche Anmerkungen zur aktuellen bildungspolitischen Diskussion. In: BRÜGELMANN (1999), S. 77–82

VARELA, FRANCISCO J. (1982): Die Biologie der Freiheit. In: Psychologie heute 9/82, S. 82–95

VERNAY, RÜDIGER (1996): Mit Kopf und Körper. In: Mathematik Lehren, S. 16–19

WATZLAWICK, PAUL (1982): Die Unsicherheit der Wirklichkeit. Piper, München

WEIGAND, HANS-GEORG (1995): Brauchen wir ein Krisenmanagement für die mathematische Schulbildung 2001? In: Mathematik in der Schule 33, 9/95, S. 451–457

WEIGAND, HANS-GEORG (1997): Computer – Chance und Herausforderung für den Geometrieunterricht. In: Mathematik Lehren 6/97, S. 4–8

WEIGAND, HANS-GEORG (1997): Überlegungen zur TIMSS-Studie. In: Mathematik in der Schule 35, 10/97, S. 513–530

WEIGAND, HANS-GEORG (1997): Was können wir aus der Vergangenheit über den zukünftigen computerunterstützten Unterricht lernen? In: Mathematik in der Schule 35, 6/97, S. 322–330

WERNING, ROLF (1998): Konstruktivismus – eine Anregung für die Pädagogik. In: Pädagogik, 7–8/98, S. 39–41

WILDT, MICHAEL (1998): Ein konstruktivistischer Blick auf den Mathematikunterricht. In: Pädagogik, 7–8/98, S. 48–51

WIMMERS, RALF (2000): Lehrer-Kursbuch Internet. Cornelsen Scriptor, Berlin

WITTMANN, ERICH (1974): Grundfragen des Mathematikunterrichts. Vieweg, Braunschweig /Wiesbaden

WITTMANN, ERICH (1991): Mathematikunterricht zwischen Skylla und Charybdis. In: Mitteilungen der Mathematischen Gesellschaft in Hamburg, Band XII, Festschrift zum 300-jährigen Bestehen der Gesellschaft (Dritter Teil), S. 663–679

WOLNY, DIETER (1990): Glück oder Strategie? In: Mathematik Lehren 12/90, S. 44–47

WURM, CHRISTIAN (1996): Stochastikexperimnete mit einem Tabellenkalkulationsprogramm. Mathematik in der Schule 34, 4/95, S. 235–249

WYNANDS, ALEXANDER (1996): Beginnt die Zukunft des Mathematikunterrichts mit DERIVE? In: Mathematik in der Schule 34, 7&8/96, S. 405–428

ZIEGENBALG, JOCHEN (1996): Algorithmen. Spektrum Akademischer Verlag, Heidelberg/Berlin/Oxford

Schlagwortverzeichnis zu den Aufgaben

Das folgende Schlagwortverzeichnis erleichtert den Zugriff auf die vielfältigen praxisorientierten Materialien dieses Buches.

Alltagssituationen 105, **109**
Aufgaben (Probleme) **100**
   Anwendungs- 122, 157
   aktuelle 107, **124**
   authentische 100
   enaktive 138
   fachübergreifende 162
   innermathematische 139, 156
   offene 102, **111**, **119**, 214
   öffnen 118
Brainstorming 175
Curriculumentwicklung 216
Evaluation **29**, 158, 200
Experiment 169
Fachübergreifendes Lernen 162, **193**
Fehler **83**, 113
Fermi-Fragen **103**
Ganzheitliches Lernen **187**
Geometrie 132
Gruppenpuzzle **179**
Handlungsorientierung **167**, 187, 190
Heuristik **212**
Hospitation **227**
Japan **218**, 221
Kognitiver Konflikt 71,**128**
Kooperatives Lernen **179**
Kreativitätstechniken 175
Lehrervortrag **160**
Lösungen, mehrere 114, 116

Mathematisieren 115
Methoden **147**
   diskursive **156**
Mind-Mapping 176
Open Ended Approach 214
Problemlösen **211**
Produktorientierung 192
Projekt **189**
Protokoll **165**
Referat **163**
Schätzen 103
Schülererfahrungen **133**
Schülervortrag **163**
Spiel **167**, 137
Stationenlernen **187**
Stochastik **130**, 158, 169
Streitgespräch **156**
Üben 168
Unterrichtsbeobachtung **227**
Unterrichtsgespräch **146**
Videobeobachtung **218**
Visualisieren **178**
Weiche Mathematik 103, **116**
Zeitungsmathematik **107**
Projekt 108